戰亂 × 極權 × 暴政 × 偏見，一部人類的「不寬容」史

寬

Hendrik Wille
亨德里克・威廉

端木杉

TOLERANCE

容

房龍
經典代表作

溯自古希臘至今，追尋思想自由的艱辛歷程
一段人類在對抗不寬容中不懈努力的歷史紀錄

想家以理性對抗暴政與偏見，將寬容理念推向歷史高潮
文藝復興到啟蒙運動，度過一次次戰亂與極權陰霾
容思想火種永不熄滅，引領人類走向更開明的社會

目錄

文前插畫

柏拉圖的《理想國》（*The Republic*）殘卷，約西元 3 世紀
在古代眾多的哲學家中，柏拉圖是唯一的一個從對完美精神世界的熱愛轉向鼓吹寬容理
念的學者。

狄德羅

狄德羅不但主張生活的目的應該是「做好事，尋找真理」，而且也真正實踐了自己的座右銘，他敞開大門招待飢餓的人；為了人性的解放，他每天工作長達二十個小時，而他除了要求有一張床、一張書桌和一疊紙外，從沒有要求過任何報答。

笛卡兒

摒棄了舊宗教設下的狹隘界線，以百萬星辰為基石，建立起了自己的嶄新的思想體系。

伏爾泰 70 歲的時候，W. 達格代爾，1843 年
伏爾泰：「我沒有王權又有什麼關係？我有一支筆。」他盡情地領略人間的快樂，
年復一年、日復一日地過著奇怪的、豐富多彩的生活。

克利俄，希臘神話中九個繆斯女神之一，司掌歷史，1632 年
歷史迄今只是少數人的消遣之物。

馬丁・路德，16 世紀歐洲宗教改革倡導者，基督教新教路德宗創始人，老盧卡斯・克拉納赫（Lucas Cranach the Elder），1529 年
到了教會統治世界的時候，快樂的時光一去不復返了。

蘇格拉底之死，雅克-路易‧人衛（Jacques-Louis David），1787 年
蘇格拉底對周圍人們奉若神明的東西是持否定態度的，對事物既有的約定俗成的秩序也缺乏應有的尊重。一群狼不會容忍一隻與眾不同的狼，總是盡一切可能除掉這個不受歡迎的夥伴。

十字軍征服耶路撒冷
宗教對他們來說意味著解脫與希望，可以逃離生命的苦海。
他們期待死亡瞬間的愉悅……

《格拉納達的屈服》（*The Surrender of Granada*），
法蘭西斯科·普拉蒂納（Francisco Pradilla），1882 年
穆斯林與基督徒之間在葡萄牙和西班牙地區的戰爭，一直持續到 15 世紀。1492 年 1 月，
穆罕默德十二世（Muhammad XII）向基督徒投降。雙方簽訂《格拉納達條約》（*The Treaty of Granada*），基督徒承諾宗教寬容政策。

哥倫布於 1492 年 10 月 12 日在聖薩爾瓦多登陸
操縱人類發展的神祕法則常常以怪異的或偽裝的形式出現，披上拙劣的外衣，高喊對人類的愛、對上帝的忠實和給絕大多數人帶來最大好處的謙卑願望。但是在美麗的外殼下面卻一直藏有並繼續藏有原始法則的嚴酷真理：人的第一職責是生存。

序言

在安寧寂靜的無知山谷裡，人們過著幸福的生活。

永恆的山脈向東西南北各個方向綿延橫亙。

一條知識的小溪沿著幽深荒涼的山谷緩緩地流淌著。

它發源於昔日的荒山。

消失在未來的沼澤中。

小溪潺潺，不像江河那樣水勢浩大，波濤滾滾，但對於需求微小的村民來說，已經綽綽有餘了。

晚上，牲畜飲完水後，村民們把自家的木桶注滿，然後便心滿意足地坐下來，盡情地享受生活。

長老們被攙扶出來，他們在陰涼角落裡度過了整個白天。對著一本神祕莫測的古書苦思冥想。

他們向兒孫們叨嘮著古怪的字眼，可是孩子們卻總是惦記著去玩耍那些從遠方捎來的漂亮的石子。

這些古怪字眼的含意往往模糊不清。

然而，它們是一千年前由一個已不為人所知的部族寫下的，因此神聖而不可褻瀆。

在無知山谷裡，只要是古老的東西都會受到尊重。誰要是膽敢否認祖先的智慧，誰就會遭到那些體面人的冷落和疏遠。

所以，大家都和睦相處，山谷裡一直保持著慣有的和平。

恐懼總是陪伴著人們 —— 要是分享不到園子裡收獲的果實，又該怎麼辦呢？

深夜，在小鎮的狹窄街巷裡，人們低聲講述著含混模糊的往事，講述那些勇於提出問題的男男女女。

這些人後來走了，再也沒有回來。

另一些人曾試圖攀登擋住太陽的巉巖峭壁。

但他們最後都陳屍石崖腳下，白骨纍纍。

歲月流逝，年復一年。

在安寧寂靜的無知山谷裡，人們過著幸福的生活。

空曠的原野一片漆黑，一個人正在緩緩爬行。

他手上的指甲已經磨破。

腳上纏著破布，布上浸染著長途跋涉留下的血漬。

他跌跌撞撞來到附近一間草房，敲了敲門。

然後他就昏迷了過去。在搖曳的燭光裡，他被抬上一張吊床。

天一亮，全村的人都已知道：「他回來了。」

鄰居們站在他的周圍，搖著頭嘆息。因為他們早就清楚，結局肯定會是這樣的。

對於勇於離開山腳的人，等待他的只有屈服和失敗。

在村子的一個角落裡，長老們搖著頭，低聲嘟囔著憤怒的詞句。

他們並不是天性殘忍，但律法畢竟是律法。他違背了長老的意願，犯了彌天大罪。

他的傷一旦治癒，就必須接受審判。

長老們也想對他仁慈，對他寬厚。

他們沒有忘記他母親的那雙奇異閃亮的眸子，也回憶起他父親三十

年前在沙漠裡失蹤的悲劇。

不過，律法畢竟是律法，律法必須要遵守。

長老們將保證律法的執行。

他們把他帶到集市場，人們默默無聲地站在周圍，心裡滿懷著敬畏。

由於飢餓和乾渴，他的身體還很虛弱，長老們讓他坐下。

他拒絕了。

他們不准他講話。

但他偏要說話。

他轉過身，背對著長老。他的眼睛在圍觀的人群中尋找著。尋找那些不久以前還與他志同道合的人。

「聽我說，」他懇求道，「聽我說吧，歡呼吧！我剛從山的那一邊回來，我的腳踏上了新鮮的土地，我的手感覺到了異族的撫摸，我的眼睛看到了奇妙的景象。

當我還是孩子的時候，父親的花園就是我的整個世界。

創世伊始，花園東面、南面、西面和北面的疆界就定下來了。

只要我問疆界那邊還有什麼，大家就不住地搖頭，默不作聲。可我偏要刨根問底，尋個究竟。於是他們就把我帶到那塊岩石下，讓我看那些勇於違抗神靈旨意的人留下的嶙嶙白骨。

當我高喊『一派謊言！神喜歡勇敢的人！』於是長老就過來了，向我宣讀他們手中的聖書。他們說，神的旨意已經決定了天上和人間所有萬物的命運。山谷是我們的，需要由我們掌管和固守；走獸飛禽、花朵和果實以及水中的魚蝦，都歸我們所有，依照我們的意志進行支配。但是大山是神的，對山那邊的事物我們應該一無所知，這種神祕感要一直保持，直到世界的末日。

他們在撒謊。他們欺騙了我，就像欺騙了你們一樣。

山的那邊有寬廣無垠的牧場，有一望無際的青草，還有和我們一樣有血有肉的男人和女人；那裡有經過千百年的建設而成就的美輪美奐、光彩奪目的城市文明。

我已經找到一條通往更美好的家園的道路，我已經看到更加幸福的生活就在我們的前頭。跟我來吧，我帶領你們奔向那裡。神祇的笑容不只是在這裡，也在其他地方。」

他停了下來。人群裡發出恐怖的叫聲。

「褻瀆，這是對神的褻瀆。」守舊老人叫喊著。「褻瀆神靈，罪不可恕。給他的罪行以應有的懲罰吧！他已經喪失理智，居然敢嘲弄一千年前定下的律法。他該被處死！」

於是人們舉起了沉重的石塊。

於是人們砸死了他。

他的屍體被扔到山崖腳下，殺一儆百，以此來警告那些膽敢質疑祖先智慧的大膽狂徒們。

沒過多久，一場特大的旱災降臨到這個山谷。知識的小溪乾涸了，牲畜因乾渴而死去，莊稼在田野裡枯萎。於是無知的山谷裡飢聲遍野。

然而，全知的長老們卻不為所動。他們預言說，一切問題都會化解，一切都會轉危為安，因為那些聖典裡就是這樣寫的。

況且，長老們已經垂垂暮年，只要一點食物就足夠了。

冬天來臨了。

村莊裡空蕩蕩的，人煙稀少。

半數以上的人由於飢寒交迫離開了人世。

對於活著的人來說，山的那一邊是他們唯一的希望。

但是律法卻說，「不行！」

律法必須要遵守。

一天晚上，村子裡爆發了叛亂。

因為看不到希望，那些由於恐懼而逆來順受的人們終於鼓足了勇氣。

全知的長老們發出自己的抗議。

他們被推到一旁，無人理睬。他們一肚子牢騷，嘴裡不停地抱怨自己的命運不濟，對小輩們的忘恩負義心懷怨憤。可是，當最後一輛馬車駛出村子時，他們攔住了車伕，好歹讓他把他們帶走。

就這樣，邁向未知世界的旅程開始了。

這時，距離那個漫遊者回來的事情已經過去很多年了，所以要找到他當年走過的路並不是一件容易的事。

成千上萬的人死了，人們踏著他們的屍骨，才找到第一座用石子堆起的路標。

此後，旅程中的磨難少了一些。

那個細心的先驅者已經在叢林和無際的荒野中用火燒出了一條路徑。

沿著這條小路，人們找到了新的綠色牧場。

大家相視無言。

「原來他說的是對的，」人們說道，「他對了，長老們錯了。」

「他講的是真話，長老們在撒謊……」

「他的屍首還在山崖下腐爛，長老們卻坐在我們的車裡，唱那些老掉牙的歌。」

「他救了我們，我們反倒殺死了他。」

「對這件事我們的確感到愧疚，不過，假如當時我們知道真相的話，當然就……」

他們解下馬和牛的套具，把奶牛和山羊趕進草原放牧；他們為自己建造起房屋，開墾了耕地。從次以後，人們又過著快樂幸福的生活。

幾年後，人們為智慧老人建起了一座嶄新的紀念館，並決定把那位勇敢先驅者的遺骨移葬在裡面。

大隊人馬滿懷莊嚴肅穆的情感，浩浩蕩蕩回到了早已荒無人煙的山谷。但是，當他們來到先驅者原先留下屍骨的山腳下時，這裡卻是空空如也。先驅者的屍骨蹤跡皆無。

飢餓的豺狗早已把屍骨拖入自己的洞穴。

於是，人們把一塊石頭放在先驅者踏出的小徑的盡頭（現在已經成了一條寬廣的大道），石頭上刻著這個首先向未知世界的黑暗和恐怖挑戰的先驅者的名字。是他把人們引向了新的自由的生活。

石上還寫明，它是由前來感恩朝禮的後代所建。

這樣的事情發生在過去，也發生在現在，希望將來不再發生。

第一章

無知的暴政

西元 527 年，弗雷維厄斯·阿尼西厄斯·查士丁尼 [001] 成為東羅馬帝國的統治者。

這位塞爾維亞的農夫，對書本知識一無所知，認為讀書無用。正是出於他的命令，古代雅典的哲學學派最後才被壓制下去。也正是他，關閉了唯一的一座埃及寺廟。自從信仰新基督教的信徒侵入尼羅河谷之後，這座廟宇香火不斷，已有數百年了。

廟宇坐落在一個叫菲萊的小島上，離尼羅河的第一個大瀑布不遠。從人類的記憶所及之時起，這個地方就是朝拜愛希斯 [002] 的聖地。不知什麼原因，當供奉著非洲、希臘和羅馬諸神的廟宇都銷聲匿跡了，只有這個女神廟靈光不滅，得以保存。直到西元六世紀，這裡成為古老而神聖的象形文字仍然通行的唯一場所，為數不多的教士繼續從事著在其他地方早已被忘卻的工作。

可是現在，因為一個大字不識的文盲皇帝的命令，廟宇和毗鄰的學校變成了國家的財產，廟裡的神像和繪畫被送到君士坦丁堡的博物館裡，教士和象形文字專家被投入監牢。當他們中最後一個人在飢寒交迫中死去以後，具有悠久傳統的象形文字便成為一門失傳的藝術。

這一切真的太可惜了。

假如查士丁尼（這個該死的傢伙）做得不那麼決絕，把些許老象形文字專家搶救到類似「諾亞方舟」的安全地方，那歷史學家的工作將會容易得多。我們雖然能再次拼寫出古怪的埃及詞彙（這全靠商博良 [003] 的天才），但要真正理解這些符號的內在含義，卻是極其困難的。

---

[001] 查士丁尼一世（Flavius Anicius Justinianus, 483-565），東羅馬帝國皇帝，西元 527 年至 565 年在位，完成了著名的《查士丁尼法典》（*The Code of Justinian*），發動戰爭向西擴張。
[002] 愛希斯（Isis），埃及神話中掌管生育的女神。
[003] 商博良（Champollion, 1790-1832），法國人，研究古埃及的學者，是第一個揭開古埃及象形文字的人。

在古代社會的其他國家民族中，這類事情太多了。

那些蓄著奇特大鬍子的巴比倫人給我們留下了大量刻滿宗教經文的印刷用的泥板。他們曾經虔誠地疾呼：「將來有誰能夠理解天國中神靈的忠言？」他們不斷祈求神靈的庇護，他們竭力詮釋神靈的法則，把神靈的旨意刻在最神聖城市的大理石柱上。可是，他們又是怎樣對待這些神靈的呢？懷著怎樣的情感呢？他們忽而虛懷若谷，鼓勵教士研究天國，探索陸地和海洋；忽而又變成凶狠的劊子手，對他們的鄰人施以殘酷的懲罰，只因稍微疏忽了一些宗教禮節，而這些宗教禮節在今天已無人在意。這又是什麼原因呢？

我們到現在還沒有弄明白。

我們派出了探險隊去尼尼微[004]，在西奈的沙漠上挖掘，譯釋的楔形文字書版足有幾英哩長。在美索不達米亞和埃及各地，我們都竭盡全力尋找開啟神祕的智慧寶庫大門的鑰匙。

突然，純粹是偶然的機緣，我們發現了寶庫的後門，其實它一直對人們敞開著，我們隨時都可以登堂入室。

然而，這扇小小的方便之門並不在阿卡德[005]或孟菲斯[006]附近。

它隱藏在叢林的深處。

異教神廟的木柱幾乎把它遮擋得風雨不透。

我們的祖先在尋找易於搶掠的對象時，和那些他們樂於稱之為「野蠻人」的人打上了交道。

他們的接觸並不愉快。

這些可憐的野蠻人，誤解了白人的真實用心，揮舞著長矛和弓箭「歡迎」他們。

---

[004] 尼尼微，亞述古城，在底格里斯河畔。
[005] 阿卡德，古代美索不達米亞的一座城市。
[006] 孟菲斯，古代埃及城市。

來訪者卻用大口徑短槍作為回敬。

從那以後，平心靜氣的、不帶任何偏見的思想交流變得十分渺茫。

野蠻人總是被描寫成一群骯髒懶惰的廢物，他們信奉鱷魚和枯死的樹枝，任何災難對他們都是應得的報應。

隨後就迎來了十八世紀的轉機。尚 - 雅克·盧梭[007]首先透過朦朧的傷感淚水來觀察和思考這個世界。同時代的人被他的思想打動了，也掏出手絹加入流淚的行列。

愚昧無知的野蠻人成為他們最喜歡的話題，在他們看來（儘管他們從未見過野蠻人），野蠻人不幸地成為環境的犧牲品，是真正能展現人類各種美德的人，而三千年的腐朽文明制度已經將人類的這些美德剝奪殆盡。

今天，至少在這個特定的考察領域裡，我們知道的更多了。

要研究原始人，我們可以研究被高度馴化的動物，其實二者並無太大的區別。

多數情況下，我們付出的辛勞總能帶給我們豐厚的回報。野蠻人實際上正是我們自己在惡劣環境中的自我展現，區別只不過是他們還沒有得到上帝的恩典而已。透過對野蠻人的仔細研究，我們就能開始理解了尼羅河谷和美索不達米亞半島上的早期原始社會；對野蠻人研究得越透澈，我們就越能了解人類很多怪異的本性；而如今這些本性卻深深地隱藏在最近五千年內形成的禮儀和習慣所建構的一層薄薄的外殼之下。

這些發現雖不能讓我們足夠自豪，但我們了解了我們好不容易擺脫

---

[007] 尚 - 雅克·盧梭（Jean-Jacques Roussea, 1712-1778），法國著名啟蒙思想家、哲學家、教育家、文學家。十八世紀法國大革命的思想先驅，啟蒙運動最卓越的代表人物之一。主要著作有《論人類不平等的起源和基礎》（*Discourse on the Origin of Inequality Among Men*）、《社會契約論》（*The Social Contract*）、《懺悔錄》（*Confessions*）等。

了的惡劣環境，欣賞了我們已經完成的許多業績，這足夠使我們以新的勇氣來對待手中的工作，除此之外如果還有別的收穫，那就是對落伍的異族兄弟們要採取更寬容的態度。

這本書不是一本人類學手冊。

這是一本探討「寬容」的書。

不過，寬容是個很廣泛的命題。

信馬遊韁、天馬行空的思維和行文，實在是具有很大的誘惑力，一旦跑題，天知道會在哪裡停下來。

因此，還是讓我用半頁的篇幅，來詮釋我所理解的寬容吧。

語言是人類最具欺騙性的發明之一，一切的定義都難免武斷。既然如此，不妨藉助於權威典籍，因為其權威性已被大多數說這種語言的人接受了，而且這本權威典籍也是用這種語言寫就的。

我說的就是《大英百科全書》（*Encyclopedia Britannica*）。

該書第二十六卷 1,052 頁這樣寫道：「寬容（來源於拉丁字 *tolerare* —— 忍受）：容許別人有行動和判斷的自由。對不同於自己或傳統觀點的見解能夠容忍和接受。」

對寬容一詞也可能還有其他的詮釋，不過就本書而言，將以《大英百科全書》的定義為準。

給自己定下了一個明確的準則之後，我還是回到野蠻人這個話題上來，讓我告訴你，我從已有記載的最早期的社會形態中發現了什麼樣的寬容吧。

人們通常以為，原始社會非常簡單，原始語言不過是幾聲簡單的嘟囔。一開始，原始人擁有一定的自由，只是在社會變得「複雜」以後，這種自由才喪失了。

近 50 年來，探險家、傳教士和醫生，他們在中非、北極地區以及波里尼西亞，對當地的土著居民進行了廣泛的調查。得出的結論卻和人們以前的認識截然相反。原始社會非常複雜，原始語言的詞形、時態和變格比俄語和阿拉伯語還要多。原始人不僅是現實的奴隸，也是過去和未來的奴隸。簡而言之，他們是淒涼悲慘的生靈，在恐懼中求生，在戰慄中死去。

這似乎與大多數人心目中原始人的形象相差甚遠。人們通常把原始人想像成一群紅膚色的人，悠閒自得地在大草原上漫步，尋找野牛和戰利品。而我所講的這些顯然更加接近事實真相。

事情怎麼可能是別的樣子呢？

我讀過許多關於奇蹟的書。

但是唯獨缺少一個奇蹟 —— 人類能夠活下來的奇蹟。

人類，這個在所有哺乳動物中防禦能力最弱的種群，為什麼能夠在小至微生物細菌，大至乳齒象等眾多生物中存活下來？又為什麼能夠抵禦冰雪嚴寒和灼熱酷夏的侵襲，最後成為萬物的主宰？他們到底是透過什麼方式和方法做到這些的呢？諸如此類的問題，在這裡我就不再贅述。

不過，有一點是確鑿無疑的，所有這一切不是一個人所能單獨完成的。

當時的人，為了獲得成功，不得不把自己的個性融合在複雜的部落生活中。

主宰並貫穿整個原始社會的只有一個信念 —— 生存壓倒一切。

做到這一點實屬不易。

因此，所有其他的欲望都得服從於這一至高無上的要求 —— 活下來。

個人是無足輕重的，集體卻至關重要。部落成為一個移動的堡壘。

它自成體系，依靠群力，為己謀利。只有排除了一切外在的威脅，才能獲得安全。

但是問題比剛才說的還要複雜。

我所說的只適用於可以看到的世界，但是在人類發展初期，看得見的世界與看不見的世界相比，簡直是微不足道。

為了充分理解這一點，我們必須記住，原始人與我們現代人大不相同，他們根本不懂因果法則。

假如我坐在了有毒的常春藤上，我會為自己的粗心與疏忽懊惱不已，我會派人去請醫生，並讓兒子趕快清除那些毒藤。辨明因果關係的這種能力讓我意識到：有毒的常春藤會引起皮疹，醫生會給我開止痛止癢的藥，清除毒藤可以避免這類痛苦的事情再次發生。

真正的野蠻人的反應卻迥然不同。他不會把皮疹和毒藤連繫起來。在他生活的世界中，過去、現在和將來盤根錯節地糾纏在一起。死去的首領變成了神靈，死去的鄰居變成了幽靈，他們仍然是部族中看不見的成員，一步不離地陪伴著活著的人。他們和他吃在一起，睡在一起，為他看守大門。如何保證與他們須臾不離，並獲得他們的友誼，這些是活人需要考慮的問題。如果做不到這些，馬上就會遭到懲罰。由於他無法知道怎樣才能取悅於所有的神靈和幽靈，便總是處於恐懼之中，擔心神靈對他進行報復，將厄運降臨在自己頭上。

所以，野蠻人把一切異常的事情都看作是看不見的神靈在操控，而不是歸結於導致這種事情發生的最初原因。他發現手臂上起了皮疹時，不是說：「該死的毒藤！」而是喃喃自語：「我得罪了神靈，神在懲罰我。」他跑去找醫生，不是去討要消除常春藤毒性的藥，而是去討要一張符，這個符還必須比憤怒的神靈（不是毒藤）施在他身上的那張符更加靈驗。

至於那個使他遭罪的罪魁禍首——有毒的常春藤，他卻不予理睬，依然讓它像往常一樣生長。如果碰巧有個白人拿來一桶煤油把它燒了，他還會罵那個白人多管閒事。

因此，在一個社會中，如果一切事情都被認為是由看不見的神靈操縱的，那麼這個社會要維持下去，就必須絕對服從和遵守那些能夠平息神靈怒火的律法。

依照野蠻人的觀點，這麼一個律法的確存在著。祖先制定了律法，把它餽贈給後人，因此，保護律法完好無缺，並將它原封不動地傳給下一代，就成了他們最神聖的職責。

在我們看來，這當然是無比荒謬的。我們相信的是進步，是發展，是持續不斷的改進。

不過，「發展」是近年來才形成的概念，而低階社會形態的特點是，人們認為現狀已經非常完美了，沒有任何理由再做什麼改進，因為他們從未見過別的世界，也根本不知道還有其他世界的存在。

如果上述的這些都是真的，那麼如何才能防止律法和已定的社會形態發生改變呢？

答案很簡單。

一旦有人拒絕遵從那些展現神的意志的公共法則，就應該立刻對他進行嚴厲的懲處。通俗地來講，就是採用嚴酷僵化的專制的體制。

如果我據此聲稱野蠻人是最不寬容的，那麼我本意絕非是要侮辱他們，因為我馬上要補充一句，在他們當時賴以生存的環境裡，專制是理所當然，不容置疑的事。如果他們一味容忍那些用來保護他們人身安全、保持頭腦純潔、保障部落生活的諸多律法任人踐踏，那麼部落成員的生命立刻就會處於危險之中，使他們遭受滅頂之災。而這，無疑才是

最大的罪過。

但是（這個問題值得探討），數量相對有限的一群人，又是怎樣保護了僅靠口口相傳的一整套律法條例呢？要知道，當今社會中，即便是捍衛為數不多、清晰明白的法律，動用成千上萬的警察、數以百萬計的軍隊，卻仍然覺得困難重重。

答案同樣很簡單。

野蠻人比我們聰明得多，他們透過精明地估算，完成了用武力無法完成的事情。

他們發明了「忌諱」（Taboo）這個概念。

也許「發明」這個詞有些不妥，這樣的成就不可能是靈光一閃的產物。它們是長年累月的累積和實踐的結果。不管怎樣，非洲和波里尼西亞的野蠻人想出了「忌諱」這個概念，從而省去了不少麻煩。

「忌諱」這個詞起源於澳洲。我們或多或少都知道它的含義。如今的世界裡也充滿了忌諱，也就是不能做的或不能說的事情，譬如在吃飯時談及剛剛做完的一次手術，或者把小勺扔在咖啡杯裡，等等。不過我們的忌諱本質上沒有什麼非常重要和嚴肅的內容，它們只是一些禮節，無足輕重，不會影響生活的品質和幸福感。

但是，對於原始人來說，忌諱卻是至關重要的。

它意味著某些人或沒有生命的物體，是超然於這個世界的，他們（用希伯來語說）是「神聖」的，因此，人們絕不能冒著要麼即刻死去，要麼承受永恆磨難的代價來談論或觸及這些忌諱。它（指這些忌諱）是一個相當龐大的體系，涵蓋所有的領域，專門懲罰那些膽敢違抗祖先意志的人。

究竟是教士發明了忌諱，還是為了維護忌諱才產生教士這個職業，

這是一個迄今尚待解決的問題。由於傳統的歷史遠比宗教的歷史更為久遠，因此忌諱很可能早在男巫師和女巫婆問世之前就已經存在了。但是巫師一在世上露面，就成為忌諱的頑固而堅定的支持者，他們非常嫻熟地運用「忌諱」這個概念，使之成為史前社會的標誌與象徵。

在我們第一次聽聞巴比倫和埃及的名字時，這兩個國家還處於發展時期，其中忌諱還扮演著舉足輕重的角色。這種忌諱並不像後來在紐西蘭發現的那種粗糙、野蠻的原始形態的忌諱，而是帶有「汝等不能……」這樣字眼的戒律。它們是約束人類行為的嚴肅而莊重的行為禁忌準則，就如跟我們所熟知的基督教《摩西十誡》[008] 中的六條聖諭一樣。

不用說，在這兩個國家的早期歷史中，寬容的理念根本不為人知。

有時，我們所看到的寬容，其實不是真正意義上的寬容，而只是由於無知導致的麻木不仁和漠不關心而已。

但是，我們不難發現，無論是國王還是教士，沒有一絲誠意（哪怕是微不足道的）願意讓別人行使「自由行動和作出判斷的權利」，也完全不可能「耐心地公正客觀地容忍不同於自己或傳統觀點的見解」，而這種自由和寬容無疑是現代社會的理念。

由此看來，本書的研究興趣並不在那些一般稱之為史前的歷史，或者所謂的「古代歷史」。

為寬容而進行的鬥爭，是從人的覺醒即個性發現以後才開始。

這無疑是所有現代啟示中最偉大者之一，其功勞則要歸於希臘人。

---

[008] 據《聖經・舊約》(*Old Testament*) 記載，摩西（Moses）乃希伯來人的先知。帶領以色列人出埃及，在西奈山上接受了上帝的十個諭令，也就是《摩西十誡》(*Ten Commandments*)。

第二章

希臘人

在地中海偏僻的角落裡，有一個小小的岩石半島。它在不到兩百年的時間裡，竟然為當今世界的生活奠定了完整的基礎，包括政治、文學、戲劇、雕塑、化學、物理乃至宗教等諸多方面。為什麼呢？這個問題一直困擾著人們。多少世紀以來，人們百思不得其解，幾乎每位哲學家都在其學術生涯中無不嘗試給出一個令人信服的答案。

受人尊重的歷史學家和那些化學、物理、天文和醫學的專家看待問題的角度不同，他們以一種毫不掩飾的蔑視態度來看待人們力圖發現「歷史法則」的努力。在研究蝌蚪、細菌和流星中適用的東西，在研究人類領域中似乎毫無用武之地。

也許是我錯了，但我還是認為在人類社會中這種法則也應該存在。雖然迄今為止我們收穫甚微，這的確是事實。不過，我們探索的努力是遠遠不夠的。人們一直忙於累積知識和實踐，卻沒有時間使之沸騰，讓它們液化、昇華，再從中提煉出對我們人類社會有價值的智慧結晶。

我涉足到這個嶄新的研究領域，不免小心翼翼、誠惶誠恐。這裡我不妨借用科學家的研究方式，找出歷史學自身的規律和原理。

根據現代科學家的最可靠最傑出的研究成果，當所有物理和化學的元素完全就緒，達到形成第一個細胞的理想比例時，生命（區別於非生物的有生物）就開始了。

將這句話用歷史學的概念來表述，就是：「只有當一切種族的、氣候的、經濟的和政治的諸多條件達到或接近一種理想比例，亦或在不太完美的世界，這些因素盡可能處在一個理想比例的時候，高階形式的文明才會突然地、貌似自發地脫穎而出。」

我舉一些反面事例來詳細論述這個觀點。

大腦發育還處於穴居人水準的種族是不會繁榮興盛的，哪怕是身處

天堂也不會。

　　如果是出生在烏佩納維克島[009]附近的愛斯基摩人的圓頂茅屋裡，一天到晚只是一味地盯著冰上的海豹洞穴，那麼在這種環境下，即便是林布蘭（Rembrandt）也繪不出傳世的名畫，巴哈（Bach）也譜不出動聽的名曲，普拉克西特列斯[010]也塑不出雕像。

　　如果達爾文（Charles Darwin）被限制在蘭卡夏郡的棉紡廠裡幹活謀生，那他就不可能在生物學上做出重大貢獻；亞歷山大‧格拉漢姆‧貝爾[011]如果是一個沒有人身自由的奴隸，住在羅曼諾夫[012]領地的一個偏僻村莊，那他也根本不可能發明電話。

　　埃及，高階文明的發祥地之一，那裡氣候條件優越，適宜居住，但原住民的體魄卻不很健壯，進取心也不強，政治和經濟環境更是糟糕。巴比倫和亞述王國的情況也是如此。閃米特族人體格魁梧，強壯彪悍，後來遷居到底格里斯河和幼發拉底河流域，氣候條件不錯，不過政治和經濟的環境卻很不理想。

　　巴勒斯坦的氣候堪稱一般，農業相當落後，除了連線亞洲和非洲的大篷車道作為商旅路線之外，商業十分凋敝。並且，巴勒斯坦的政治完全被耶路撒冷的寺院所操控把持，這當然無益於個人才幹與事業的進取和發展。

　　腓尼基[013]的氣候倒是無足輕重，腓基尼人也強壯，商貿往來十分興盛。但是，這個國家的經濟體系嚴重失衡。船主階層幾乎把持掌控了全

---

[009]　烏佩納維克島，西格陵蘭的一個島嶼，面積約 540 平方公里。
[010]　普拉克西特列斯（Praxiteles, 390-330 B.C.），古希臘偉大的雕塑家。
[011]　亞歷山大‧格拉漢姆‧貝爾（Alexander Graham Bell, 1847-1922），美國發明家，電話的發明者。
[012]　羅曼諾夫，十七世紀初至二十世紀初俄國的皇族。彼得大帝（Peter the Great）、凱薩琳大帝（Catherine The Great）等沙皇均出自該家族。
[013]　腓尼基，古代地中海東部的一個狹長地帶，大致位於現在的黎巴嫩。

部財富，還建立了森嚴的商業壟斷。於是，早期推羅和西頓的政權就落入富人手中。窮人被剝奪了一切從事商業活動的權利，他們變得麻木，對一切事物漠不關心。最終，腓尼基亦步迦太基[014]之後塵，在統治者的短見和自私貪婪的驅使下而消亡。

總而言之，在每一個早期的文明中心，成功的某些必要因素總是缺失。

西元前五世紀時，諸要素完美平衡的奇蹟在希臘出現了，這不免令人嘆服。但它只存續了很短的時間，而且令人驚奇的是，這些奇蹟不是發生在宗主國本土，而是出現在愛琴海彼岸的希臘殖民地。

在我的另一本著述中，我曾詳細地描述了那些著名的造成橋梁作用的島嶼[015]，它們連繫了亞洲大陸和歐洲大陸。在人類還沒有文字記載的時候，埃及、巴比倫和克里特商人就經過這些島嶼來到歐洲。他們的到來既接通了商貿，又把亞洲的思想文化帶到歐洲。他們的足跡留在了小亞細亞西海岸的一個狹長地帶上，這個地方叫作愛奧尼亞 [8]。

特洛伊戰爭前幾百年，來自希臘大陸的一些部落征服了這塊長九十英哩、寬僅數英哩的狹窄山地。他們在那裡先後建立了若干殖民城市，其中最著名的有以弗所[016]、福基斯、埃律特萊亞和米利都。在這些城市沿線，文明興盛所必需的條件以及各個要素，以完美的比例呈現並日臻成熟，以致後世的文明鮮有與之匹敵者，更不要說將其超越了。

首先，這些殖民城市，居住的是來自十多個不同國家和民族的最活躍、最有進取心的人。

---

[014] 迦太基，非洲北海岸的一座古城。約西元前九世紀末由腓基尼人建立，成為商貿中心。第三次布匿戰爭（西元前 149 年至西元前 146 年）中被毀。

[015] 指愛琴海中南部的幾個群島。

[016] 愛奧尼亞，古希臘時代對今天土耳其安那托利亞西南海岸地區的稱呼，即愛琴海東岸的希臘愛奧尼亞人居住地。

其次，在新舊世界之間、歐亞大陸之間，因互通貿易而獲得了巨大的財富。

最後，代表宗主利益的殖民政府，其統治方式給予廣大的自由民以充分發揮自身才能的機會。

我不提及氣候也是有原因的，因為對於專注發展商貿的國家來說，氣候無足輕重。不管是陰雨連綿還是陽光燦爛，一樣可以造船，一樣可以裝卸貨物，只要不是冷得致港口結冰，或城鎮被洪水淹沒，居民就不會對每天的天氣播報產生興趣。

這裡要說的是，愛奧尼亞的天氣卻十分有利於知識階層的產生與發展。在書籍和圖書館出現之前，知識是靠一代代人口口相傳的。城鎮的講壇是最早的社會活動中心，也是最古老的大學雛形。

在米利都 [017]，一年 365 天當中有 360 天人們圍坐在講壇，是完全有可能的。那些早期的愛奧尼亞教授，充分利用氣候的優勢，成為科學發展的先驅者。

這些學者中，有記載的第一人名叫泰利斯 [018]，無疑也是現代科學的真正奠基者。泰利斯是一個背景模糊的人物。之所以說他來歷不明，並不是說他搶了銀行或殺死了家人，然後為此而從無人知曉的地方逃到米利都來的。主要是因為沒有人知道他的祖先是誰，他是比奧西亞人還是腓尼基人？是北歐人還是閃米特人？（用博學多才的人類學專家的行話來說）

這生動地表明了這個位於米安得河口的小小古城，在當時是一個多

---

[017]　米利都，古希臘城邦。
[018]　泰利斯（Thales, 625-546 B.C.），古希臘哲學家，出生於米利都。因為預報了西元前 585 年的一次日食而聞名。他認為萬物的本源是水。而在此之前，人們都是用神的觀點解釋世界。他對物質本源的思考開創了科學思維的先河。

麼重要的世界中心。它的人口構成是多元的，就如同今天的紐約一樣。因此人們只是憑表面印象判斷自己的鄰居，而不會過多地糾纏於他的家庭背景。

既然本書不是數學家的歷史，也不是哲學家的手冊，因此無需為闡述泰利斯的哲學和天文學的思想而多占篇幅了。但需要提及的是，他傾向於對新思想採取寬容的態度。這種寬容的風氣曾一度盛行於愛奧尼亞。那時的羅馬還只是一座無名的小城鎮，位於一條偏遠的小河邊。猶太人還是亞述人的俘虜，歐洲的北部和西部還是野獸出沒的荒原。

為了探究這種發展的成因，我們必須了解自從希臘首領們渡過愛琴海、掠奪特洛伊城堡的財富以來，希臘所發生的一些非同尋常的變化。當時那些聞名遐邇的英雄們只不過是原始初級文明的產物，他們猶如四肢過於發達的孩子，生命在他們眼裡是一場漫長而又光榮的搏鬥過程，充滿了讓人興奮和刺激的角鬥、角逐等諸如此類的競技。我們現在的人如果不是為了麵包和香蕉而埋頭工作的話，也許會樂意去從事這些活動。

這些俠義豪氣的英雄對待他們信奉的眾神，態度坦率質樸，就像對待日常生活中所有的嚴肅問題一樣，簡單直接。奧林帕斯山上的諸神在西元前十世紀就開始統治控制著希臘人的世界。他們都具有實實在在的人的形象，和世間的普通人沒有什麼區別。那麼從什麼時候、什麼地方、以何種方式，眾神靈和祂們的民眾分道揚鑣逐漸遠離的呢？這個問題一直是個謎，尚無正解。即便如此，身處雲端的神靈和匍匐在地的臣民之間的友情卻從未間斷過，且一直保持著富有個性的親切的色彩，於是就賦予了希臘的宗教以獨特的魅力。

當然了，所有受過良好教育的孩子都會知道，宙斯（Zeus）是非常

強大的統治者，祂蓄著長長的鬍鬚，偶爾使性施展法力時，人世間就會電閃雷鳴，好像到了世界末日一般。待孩子們稍稍長大，能夠獨自閱讀古老的史詩時，便開始尋找到這些可怕神靈的弱點。儘管這些神靈的傳說在他們孩提時代就已經耳熟能詳，而此刻他們所看到的神靈，會出現在家庭聚會中，祂們彼此間開著玩笑，一旦人世間的凡人朋友因政見不同引發爭論，這些神靈就會各自站隊，相互之間激烈爭吵。因此可以說，希臘塵世間每發生一次爭論，就必然會引起天國諸神之間的紛爭。

雖然宙斯具有凡人的弱點，但祂仍不失為非常偉大的和無比強盛的統治者，為了安全起見，最好不要冒犯祂。不過，祂還是「通情達理」的──這個詞的含義，現在華盛頓議會專科門進行院外遊說活動的說客們了解得一清二楚。宙斯也確實通情達理，假如時機恰當，祂還是很通融的。最主要的是，祂很有幽默感，對自己和祂統治的世界從來不會太當真。

也許這並不是對神靈的最好評價，但這卻有著顯而易見的好處。古希臘從未有過條例森嚴的教規，規定凡人必須把哪些奉為真理，哪些看作謬誤。正是由於希臘人對神靈沒有現代意義上所謂的信仰，也沒有冷峻的教理和信條供人們遵守，更沒有靠絞刑架推行教理的職業教士，希臘各地的民眾才可以按照自己的好惡來修改塑造宗教和倫理思想以及天國的概念。

住在奧林帕斯山腳下的色薩利 [019] 人，對毗鄰的奧林帕斯諸神的崇拜，要比住在遙遠的拉科尼亞灣小村子裡的阿索庇人差許多；雅典人自以為有守護神雅典娜（Athena）的保護，便可以對祂的父親宙斯放肆無

---

[019]　色薩利，在希臘中東部，古希臘最大的一部分，奧林匹亞山在這個地區。

禮；住在山谷裡的阿卡迪亞^[020]人，因遠離通衢大道，所以他們堅持更為純樸的信仰，最使他們惱火的就是以輕浮的態度對待宗教這樣嚴肅的事情。至於福基斯的居民，因為需要依靠人們對德爾菲的朝聖來維持生計，所以他們堅信，阿波羅（Apollo）（這個在有利可圖的聖地接受朝拜的天神）是所有天神中最偉大的一個；不遠千里而來的人，只要腰包裡還有幾個錢，就應該去為阿波羅進香。

猶太人只信仰一個上帝，這是他們區別於其他民族的標誌。猶太人當時都聚集在一個城市裡，勢力日漸強大，終於擊敗了所有與之匹敵的朝聖地，從而保持了對宗教的壟斷近一千年之久，不然要讓人們只信奉一個上帝是不可能的。

這樣的條件在希臘是不具備的。雅典人和斯巴達人都想使自己的城市成為全希臘公認的首都，但都失敗了。他們的努力只是導致了徒勞無益的長年內戰。

毋庸置疑，個性鮮明的民族肯定會為其獨立思考精神的發展提供廣闊的天地。

《伊利亞德》（*The Iliad*）和《奧德賽》（*The Odyssey*）一度被稱作是「希臘人的聖經」。其實它們與《聖經》根本無法相提並論，只不過是普通的讀物，不可能進入「聖書」的範疇。這兩本書講述了叱吒風雲的英雄們的冒險經歷，這些英雄常被看作是希臘人的祖先。因為恰巧這兩本書彙集了不少宗教元素，天神們也都無一例外地在凡人的相互爭奪中各助一方，把正經事拋到腦後，只是盡情地欣賞在自己版圖上展開的互古罕見的大拚殺。

---

[020]　希臘伯羅奔尼撒半島中的一個地區。

至於荷馬[021]的著作是不是直接或間接地在密涅瓦[022]和阿波羅的啟示下才寫成的，對於這一點希臘人從未考慮過。《荷馬史詩》（*Homeric Epics*）是文學史上的光輝一頁，在漫長的冬夜裡，它成為陪伴人們的良好讀物，而且還可以讓孩子們為自己的民族感到驕傲自豪。

　　這就足夠了。

　　這座城市充滿了思想和精神自由的氛圍，瀰漫著來自船舶散發的刺鼻氣味，這些航船通往世界各地，還有富麗錦繡的東方綢緞。這裡的人們生活富足，到處飄蕩著歡聲笑語。就是在這樣的環境下，泰利斯出生了，他在這裡工作、學習，最後也在這裡離開人世。假如他探索出的結論與其他人的見解存在很大分歧的話，那麼請記住，他的思想的影響與傳播的範圍是非常有限的。米利都人可能都聽說過泰利斯的名字，就像一般紐約人都久聞愛因斯坦（Albert Einstein）的大名一樣。如果問紐約人愛因斯坦是誰，他會說，愛因斯坦是留著長頭髮、叼著菸斗、會拉小提琴的傢伙，還寫過一個人從火車這頭走到那頭的故事，刊登在週末的報紙上。

　　這個叼著菸斗、拉著小提琴的怪人抓住了轉瞬即逝的真理之光，最終推翻了（至少是大大改變了）一千六百年以來形成的科學結論。但它並沒有引起千百萬普通人的注意，人們對此漠不關心，也許只有當自己喜歡的擊球手想推翻萬有引力定律而受到阻礙時，才會想起世上還有數學這門學問。

　　古代史的教科書通常避開這個難題，只是印上「米利都的泰利斯，現代科學的奠基人」來敷衍了事。我們甚至可以想像出當時的《米利都

---

[021]　荷馬（Homer），相傳為古希臘史詩《伊利亞特》、《奧德賽》的作者。
[022]　密涅瓦（Minerva），羅馬神話中掌管手工藝的女神，藝術與貿易的守護神。

報》上登出這樣的醒目標題：「本地畢業生發現了真正科學的祕密」。

泰利斯究竟是何時、何地、怎樣超越前人走過的老路，獨自開創新的途徑的，我也說不準，不過有一點可以肯定，他不是生活在沒有知識的真空世界裡，他的智慧不是憑空臆造出來的。西元前七世紀，人們已經在探索許多新的科學領域，有大量數學、物理學和天文學的數據可供學者隨時參考。

巴比倫的星球觀察家已經在探索天空。

埃及建築師經過精心的計算，把兩塊重達百萬噸的花崗石放在了金字塔裡面墓室的頂部。

尼羅河谷的數學家們認真研究了太陽的運行，預測出旱季和雨季的時間，為農民提供了日曆，方便他們有規律地進行農業勞作。

然而，這些解決了實際問題的傑出人們，依然把自然界的力量當作是某些無形的神靈個人意志的直接表現。認為這些神靈掌管著四季的交替、天體的執行和海潮的漲落，就像總統內閣成員掌握著農業部門、郵政部門和財政部門一樣。

泰利斯反對這種觀點。不過他也像當時大多數受過良好教育的人一樣，不會在公開場合加以討論。假如海邊的水果攤販突然抬頭看到了日食，因害怕這怪異的景象而嚇得趴在地上，並在內心聯想到宙斯的話，那是他自己的事。泰利斯絕不會去告訴人們說，稍有天體運行知識的小學生也會預測出，西元前585年5月25日會發生日食，月亮會位於地球和太陽之間，米利都城在幾分鐘內會陷入相對的黑暗。

在這個發生著名日食的下午，波斯人和呂底亞[023]人正在戰場上廝殺。可是由於發生了日食導致光線不足，他們停止相互殺戮。即便如

---

[023]　呂底亞，古代小亞細亞的一個國家。

此，泰利斯也不相信這是呂底亞的諸神（效仿幾年前在亞雅崙山谷戰役中發生的先例）創造了奇蹟，使天國的光芒突然熄滅，以便讓他們支持的一方獲勝。

泰利斯達到了一個如此高的境界（這正是他的偉績所在），勇於把一切自然現象看作是受永恆法則支配的結果，是永恆意志的具體展現，而非人們一直想像的天神任意支配的結果。在他看來，即便那天下午只有以弗所大街上的狗咬架，或者是哈利奇舉行一次婚禮筵席，沒有其他更重大的事情發生，日食也會照樣出現。

泰利斯透過科學的觀察，並透過邏輯推理，得出了一個結論。對於萬物的起源和創造，他把它歸結於一條普遍必然的法則，並作出了這樣的推測（從某種程度上講他的推測是正確的）：世間萬物來源於水，水從四面八方包圍著整個地球並且在世界形成之前就已經存在了。

遺憾的是，我們手頭沒有泰利斯本人留下的任何親筆書寫的東西。那時他已有可能用文字表達他的思想（希臘人從腓尼基人那裡學會了字母），但是直接署上他本人名字的作品哪怕是一頁也沒有留存下來，我們對他和他思想的了解全是從他同時代人的書中提供的一些零星數據裡得到的，由此才對泰利斯的情況略曉一二。泰利斯是個商人，與地中海各地有著廣泛的連繫。順便說明一下，這也是早期哲學家的一大特點。哲學家是「智慧的戀人」。不過他們從不忽視這個事實：生活的祕密存在於活生生的人之中。他們認為，「為智慧而尋求智慧」的觀點，就如同「為藝術而藝術」、為了食物而吃飯一樣，是極其有危害的。

在他們看來，世界上有各色人等，品性參差不齊，無論是好的、壞的、還是冷漠的，這些都是衡量世間萬物的最高標準。因此，他們在閒暇時間耐心地研究這個難以捉摸的奇怪生物，並且是按照人的本來面目

去研究，而不是憑空想像。這使得他們能夠與周圍的人相處融洽，從而擴大了自己的影響。這要比不厭其煩地說教、向人們指點通向大同世界的捷徑更為有效。所以他們極少提出森嚴的清規戒律作為限制人們活動的準則。

他們以自身為例向人們表明，一旦真正理解了自然界的力量，就必然會獲得讓身心幸福的靈魂深處的安寧。在自己的生活圈子以這種方式獲取周圍人的好感以後，他們便有了充分的自由去研究、探索和調查，甚至可以深入到一般被認為只有上帝才能掌控的領域裡去探險。作為這種新福音的先驅之一，泰利斯將畢生精力和才華奉獻給了這項有益的事業。

儘管他把希臘人眼中的世界進行了分解，分別考查了每一個細微部分，並對亙古以來大多數人一直認為是天經地義的事情提出了質疑，人們還是容許他躺在床上壽終正寢 —— 或者當時有人讓他對自己的異端邪說做出解釋，我們如今也無從考證了。

一經泰利斯指明了方向，就會有許多熱切的追隨者。

譬如，有一個來自克拉佐美奈 [024] 的人，名叫阿那克薩哥拉 [025]。他三十六歲時離開小亞細亞來到雅典，在希臘幾座城市裡當私人教師，後來以「詭辯家」的身分終其餘生。他對天文學頗有研究。他在授課時指出，太陽不是常人公認的由一名天神駕馭的馬車，而是一個又紅又燙的火球，比整個希臘還要大千萬倍。

這個理論並沒有給他招來災禍，天國也沒有因為他放肆的言論而用

---

[024] 克拉佐美奈，古希臘愛奧尼亞十二聯邦城市之一，也是最早發行銀幣的城市之一。

[025] 阿那克薩哥拉（Anaxagoras, 500-428 B.C.），古希臘哲學家。出生於小亞細亞，是第一個定居於雅典的哲學家，在雅典教授哲學長達 30 年。他的學生包括政治家伯里克里斯和戲劇家尤里比底斯（Euripides）等人。

霹靂打死他。於是他又把自己的理論推進了一步，大膽提出，月球表面上覆蓋著高山和峽谷，最後他竟然暗示說，世間有一種「原始物質」，是萬物的起源和歸宿，從宇宙誕生之時起就已經存在了。

但是，正如他之後的許多科學家指出的那樣，阿那克薩哥拉涉足到了一個危險的領域，因為他所討論的正是人們熟悉的東西。太陽和月亮是遙遠的星球，普通民眾並不在乎哲學家如何去稱呼它們。但是這位教書先生提出世間萬物都是從「原始物質」中成長發展而來的，這毫無疑問太過分了。他的這種論斷與天神杜卡利翁（Deucalion）以及皮拉（Pyrrha）的故事背道而馳，因為根據傳說誰都知道，是天神杜卡利翁和皮拉在大洪水過後，用小石子變成無數男人和女人，人類才得以重新繁衍生息，世界重新人丁興旺。希臘所有的孩子在童年就聽到過這個故事，因此否認它的無比莊重嚴肅的真實性，勢必會對現有的社會秩序與穩定構成巨大的威脅。這會使孩子們懷疑長輩的智慧，而這是無法容忍的。於是，阿那克薩哥拉成為雅典父母同盟猛烈攻擊的目標。

在君主制時期或共和制早期，城邦的統治者還會有足夠的力量保護一名滿嘴奇談怪論的老師的安全，儘管他宣揚的是不受歡迎的教義和理論學說，還是能夠使他免遭愚昧無知農民的愚蠢迫害。可是此時的雅典，民主制已經發展到了極致，個人所享有的自由早已今非昔比了。況且，當時雅典的最高統治者伯里克里斯[026]恰好在此時失去了多數人的擁戴，而伯里克里斯正是這位天文學家的得意門生。因此，依照法律對阿那克薩哥拉予以治罪，成就了反對前獨裁者的絕佳舉措，人們藉此掀起

---

[026]　伯里克里斯（Pericles, 495-429 B.C.），古希臘政治家，雅典執政官。在波西戰爭以後，他領導重建雅典，自西元前 461 年起執掌雅典 15 年之久。當政期間，雅典取得許多輝煌成就，被譽為雅典的「黃金時代」。他的時代也被稱為伯里克里斯時代，產生了蘇格拉底、柏拉圖等一批知名思想家。

了一場反對老獨裁統治的政治運動。

　　一個名叫迪奧菲特斯（Diopheites）的教士，在一個人口很稠密的郊區當行政長官，他提出的一條法律被接受了。這條法律規定「對一切不相信現存宗教者和對一切神明持不同見解者，要立即治罪。」據此，阿那克薩哥拉被投入監牢。不過，城市中的開明勢力最終占了上風。阿那克薩哥拉在繳納了一小筆罰款之後就獲釋出獄了。他遷居到小亞細亞的蘭普薩庫斯，西元前 428 年，他滿載著榮譽壽終正寢。

　　他的例子表明，官方要壓制科學理論的發展實在是徒勞無益的。雖然阿那克薩哥拉被迫離開了雅典，但他的思想卻留給了後世。兩個世紀以後，一個叫亞里斯多德（Aristotle）的人運用了他的思想，並把它作為自己科學假設的基礎。經過一千年的漫長黑暗時期以後，亞里斯多德的思想被一位偉大的阿拉伯醫學家伊本·魯世德（Ibn Rushd）或通常稱為阿威羅伊（Averroes）接受。隨後他在西班牙南部自己任教的摩爾大學的學生中大力傳播亞里斯多德的思想。他把那些理論和自己的觀察實踐結合起來，寫下了許多著作。這些著作越過庇里牛斯山，傳到巴黎和波隆那的各個大學，並譯成拉丁文、法文和英文。西歐人和北歐人全盤接受了書中的觀點，以至於如今它們已成為科學啟蒙讀物中必不可少的組成部分，在人們眼裡就如同九九乘法表一樣有益無害。

　　讓我們再回到阿那克薩哥拉的話題。在他受到審判以後經過了差不多一代人的時間，希臘科學家開始獲准可以教授與民眾信仰有所差異的學說。但是，到了西元前五世紀最後幾年，又發生了第二件事。

　　這次的受害者是一個名叫普羅達哥拉斯[027]的流浪教師，來自阿布德

---

[027]　普羅達哥拉斯（Protagoras, 480-411 B.C.），古希臘哲學家。其基本思想是，沒有絕對的對錯、真假，因此每個人都是自己的權威，即「人是萬物的尺度」。

拉，這是希臘北部愛奧尼亞人的一個殖民地。這個地區據說是德謨克利特 [028] 的出生地。德謨克利特是具有創見的「微笑哲學家」，他提出一條法則：「一個社會能夠以最小的代價，給絕大多數人提供最大的幸福，這樣的社會才是有價值的理想社會。」結果他被視為激進分子，認為應該置於政府安全部門的監管之下。

普羅達哥拉斯深受這一思想的影響。他來到雅典，經過多年的潛心研究之後，宣稱：「人是衡量世界萬物的尺度；生命猶如曇花一現，人生太過短暫。因此不要把寶貴的時間耗費在探尋神靈是否存在上面，而應該將全部的精力致力於使生活更美好更愉快。」

這個觀點無疑是擊中了要害，肯定會比以往任何文字的或口頭的言論都更能動搖人們的信仰。況且，這個理論問世的時候，雅典和斯巴達之間的戰爭正處在攸關之際，在遭受一系列失敗以及瘟疫疾病的折磨之後，雅典人已經走投無路徹底失望了。很顯然，這時對神靈的超凡神力提出質疑，激起上帝的怒火，實在不是時候。於是，普羅達哥拉斯被指控為藐視神靈，勒令必須改變理論，服從法庭的審判。

原本可以保護他的伯里克里斯，此時已經去世。普羅達哥拉斯雖然是一名科學家，顯然也不想做一個殉道者。

於是他逃走了。

不幸的是，在逃往西西里的途中，他的船沉沒了。他可能落水身亡了，因為從那以後再也沒有聽到過他的消息。

---

[028]　德謨克利特（Democritus, 460-370 B.C.），古希臘哲學家。他認為，萬物的本原是原子和虛空。原子是不可再分的物質微粒，虛空是原子運動的場所。人們的認識是從事物中流射出來的原子形成的「影像」作用於人們的感官與心靈而產生的。在倫理觀上，他強調幸福論，主張道德的標準就是快樂和幸福。著有《小宇宙秩序》、《論自然》（*On Nature*）、《論人生》等，但僅有殘篇傳世。他被後世稱為「微笑的哲學家」；與之對應的是赫拉克利特（Heraclitus），他因憂鬱和悲觀被稱為「哭泣的哲學家」。

還有一個遭到雅典人惡意迫害的是名叫迪亞哥拉斯（Diagoras）的人。其實他並不是哲學家，而是一個年輕的作家。他在一次官司中輸了，認為神沒有幫助他，便把怨恨一股腦傾瀉在神的身上。在很長時間裡，他為自己的苦情憂鬱憂憤，以至思想發生很大變化，也影響到他的行為。他開始四處奔走，發表各式各樣褻瀆神靈的言論。其最後竟然誹謗冒犯了在希臘北部人心中享有崇高地位的一個神靈。他的膽大妄為使他被判處死刑。但是在臨刑前夕，這個可憐的傢伙逮到一個機會逃跑了。他跑到科林斯，在這裡繼續咒罵奧林帕斯的天神，最後終因肝火太旺而一命嗚呼。

希臘人不容異說的偏見最後發展到了無以復加的程度，其最臭名昭著的典型例子，就是專制法庭對蘇格拉底（Socrates）的死刑判決。對此我們有詳盡的記載。

只要一談到世界根本沒有變化，談到古代雅典人的心胸並不比後人開闊，人們就必然舉出蘇格拉底的例子，作為希臘人心胸狹窄、冥頑不化的有力佐證。今天我們經過詳盡無遺的考察之後，這件事情了解得更清楚了。這位街頭演說家才華橫溢，卻又惹人生厭，他那漫長的、未受干擾的學術生涯，對西元前五世紀古希臘盛行的思想自由精神做出了直接的貢獻。

在普通民眾仍然堅信諸多天神存在的時代，蘇格拉底把自己說成是某位神靈的先知。雅典人儘管無法完全理解他所說的「精靈」（即一種神聖感召的內心聲音告訴他應該說什麼做什麼）意味著什麼，但卻完全可以注意到他對周圍人們奉若神明的東西是持否定態度的，對事物既有的約定俗成的秩序也缺乏應有的尊重。最後，當政者殺死了這位老人，而他的神學觀點（儘管官方為了說服大家而牽強附會地作為加罪之辭）與審判的結果幾乎沒有什麼關聯之處。

蘇格拉底是石匠的兒子。這位石匠孩子眾多，可是收入菲薄。蘇格拉底沒有上過什麼正規大學的課程，因為那個時候的哲學家都講究實惠，教授一門學科要索取兩千塊錢的報酬。況且，在蘇格拉底看來，追求純粹的知識、研究沒用的科學現象，簡直就是浪費時間和精力。他認為，一個人只要善於培植自己的信念，沒有幾何學的知識也無關緊要，了解彗星和行星自然規律的知識對於拯救靈魂也毫無用處。

蘇格拉底鼻梁塌陷、身材矮小，其貌不揚，不修邊幅；白天站在街頭和遊手好閒的人辯論，晚上在家聽著聽妻子喋喋不休的嘮叨訓斥（他的妻子為了養活一大家子人，不得不在家裡給別人洗衣服，而丈夫卻把謀生的事物看作是無足輕重的小事）。這位多次參加過戰爭和遠征受人尊敬的老兵，這位雅典參議院的前議員，卻不幸從那個時代的眾多教師中被選中，為了自己的信仰而遭受苦難和懲罰。

為了便於弄清楚這件事情的來龍去脈，我們必須先來了解一下，就在蘇格拉底為人類的智慧和進步做出了痛苦的犧牲（他後來被認為做出了極其有益的貢獻）的時候，那時雅典的政治是個怎樣的狀況。

終其一生（蘇格拉底被處死時已年逾七旬），蘇格拉底都在竭盡全力告訴世人，他們正在虛度年華，過著毫無意義的生活，他們把大把的光陰虛擲在了那些空洞的歡樂和虛無的勝利上，一味揮霍著偉大的神靈所賦予的各種恩典，為了獲取哪怕只是幾個小時的虛榮和野心的自我滿足。他是如此堅信人的崇高使命，從而徹底打破了舊哲學的藩籬和束縛，而且甚至比普羅達哥拉斯走得還遠。普羅達哥拉斯提出：「人是衡量世間萬物的尺度。」蘇格拉底則進一步宣稱：「人內心的無形意識是（或者應該是）世間萬物最終的評判標準；塑造命運的不是神靈，而是我們自己。」

蘇格拉底在法官面前的演講（準確地說，法庭上共有五百名法官，是蘇格拉底的政敵精心挑選的，其中有些人還能讀會寫），對於那些無論是持同情態度還是懷有敵意的聽眾來說，都是能深入人心的通俗易懂的道理。

這位哲學家辯論道：「世界上沒有人有權力告訴別人應該信仰什麼，或者剝奪別人自由思考的權利。」他還說：「一個人只要具有自己的道德和信念，即使得不到朋友的讚許，沒有家庭，居無定所，甚至身無分文，這些都無關緊要。但是如果沒有對每一個問題的利弊進行詳細的調查，任何人都不可能做出正確結論，因此人們必須擁有公開討論一切問題的完全的自由，而且不受官方的干預。」

遺憾的是，作為一個遭到指控的被告，這無疑是在一個錯誤的時刻闡述了錯誤的論斷。自伯羅奔尼撒半島戰爭[029]之後，雅典富人與窮人之間、雇主與勞工之間的關係便處於劍拔弩張的狀態，蘇格拉底是「溫和分子」──一個既看到雙方利弊，又力圖找到折衷方案以滿足一切有理智人士的自由主義者，這自然得不到任何一方的好感，不過那時候雙方勢均力敵，騰不出手來對付他。

到了西元前 403 年，當民主派完全掌控了國家，並且驅逐了貴族，蘇格拉底的厄運就降臨了。

蘇格拉底的朋友們建議他儘早離開這座城市，如果他聽從了朋友們的建議的話，那當然是非常明智的。

蘇格拉底的敵人並不比他的朋友少。在大半個世紀的時間裡，蘇格拉底一直是一個「口頭評論家」。他是個可怕的絕頂聰明的大忙人，善於

---

[029]　伯羅奔尼撒戰爭，古希臘一次大規模的內戰，自西元前 431 年開始，持續將近 30 年。交戰雙方是以雅典和斯巴達為首的兩大軍事聯盟。最後，雅典投降。戰爭使雙方代價慘重，導致了雅典城邦的衰落。

把那些自我標榜為雅典社會棟梁之人的偽裝和思想騙術揭露和拆穿於光天化日之下，甚至將這種行為當作一種癖好。久而久之，他的名字在希臘家喻戶曉。若是他在清晨談到什麼有趣的事情，到了晚上全城就都聽說了。有人以他為素材編演了戲劇。當他被捕入獄時，整個阿提卡[030]城沒有一人不對他一生中的大小瑣事的全部細節瞭如指掌。

在實際審判中起主導作用的那些人（比如那個既不會讀又不會寫，只因通曉神的旨意，而成為起訴中最賣力的可敬的糧商），深信他們審訊蘇格拉底是在為社會履行職責，為雅典人除掉一個所謂「知識界」中的最危險分子 —— 一個只會教唆犯罪和懶惰的人，一個煽動奴隸不滿情緒的人。

頗為有趣的是，即使在這樣的境地下，蘇格拉底仍然以精湛的口才、嫻熟的技巧為自己辯解，以至於使陪審團中的絕大多數人都傾向於釋放他。他們提出，蘇格拉底只要摒棄辯論、爭吵、說教這些可怕的惡習，不再干涉別人所偏愛的東西，不再用永無止境的疑問去糾纏他們，就可以被赦免。

但是蘇格拉底拒絕接受。

「這辦不到！」他喊道，「只要我還有良知，只要我內心深處還有一個微弱的聲音在呼喚我繼續前行，把通向理性的真正道路指給人們，我就會繼續對我遇見的任何一個人，告訴他我的想法，而不會顧慮我將面臨什麼樣的後果。」

這樣，法庭除了判處這個囚犯死刑外，沒有別的辦法。

蘇格拉底被延緩三十天執行死刑。這是因為每年一度前往提洛島[031]

---

[030]　阿提卡，古希臘的一個地區。雅典就在阿提卡半島上。
[031]　提洛島，愛琴海南部的一個希臘島嶼。古時是紀念太陽神阿波羅的聖地。

朝拜的聖船還沒有返航，按照雅典的法律，在這期間是不准行刑的。整整一個月的時間，這位老人平靜地待在囚室裡，思索著如何改進他的邏輯體系。雖然不斷有人給他提供逃跑的機會，但他都拒絕了。他覺得自己已經不虛此生，履行了自己的使命，累了，準備離開這個人世了。直到行刑的時候，他還在和朋友們交談，試圖用自己追求的真理開導他們，勸他們不要把心思用在物質世界上，而要多考慮精神世界。

然後，他喝下毒酒，躺在床上，從此以後，一切的爭論都隨著他的長眠而宣告結束。

有那麼一段時間，蘇格拉底的弟子們一度被大眾爆發的憤怒嚇破了膽，覺得還是避開過去的活動場所為妙。

可是過了一陣子，他們看到一切都平息無事，便又回來了，重操舊業，公開授徒執教。在這位老哲學家死後的十多年裡，他的思想比以前傳播得更廣泛了。

與此同時，雅典城經歷了一段非常困難的時期。爭奪希臘半島領導權的戰爭已經結束五年了，在這場戰爭中雅典人一敗塗地，斯巴達人獲得了最後勝利。這次是體力戰勝了腦力。毋庸置疑，這種局面是不會長久的。斯巴達人從沒有寫下一句值得傳頌的語言，也沒有對人類的知識有過絲毫的貢獻（一些軍事戰術除外，這些戰術已沿用到今日的足球比賽裡）。斯巴達人以為，他們推倒了雅典的城牆，雅典的艦隊也所剩無幾，他們已經大功告成了。但是，雅典人的思想卻沒有因此而失去其敏捷的天資。伯羅奔尼撒半島戰爭結束後十年，古老的比雷埃夫斯港口就又雲集了世界各地的船隻，而雅典的海軍將領們再次統帥著希臘的聯合艦隊。

況且，伯里克里斯的努力雖然沒有得到同代人的重視，卻使雅典成為世界文化的中心，就如同西元四世紀的巴黎一樣。無論是羅馬、西班

牙，還是非洲的有錢人家，都想讓孩子接受時髦的教育，即使孩子只被准許參觀一下衛城附近的任何一所學校，家長也會為此而洋洋得意。

這個古代的社會，我們現代人要正確理解是非常困難的。在那個世界裡，生存被看得至關重要。

在早期基督教的影響下 —— 當時的基督教是一切異教文明的死敵 —— 羅馬人和希臘人被視為道德淪喪的人。他們隨意地崇拜一些不倫不類的神靈，剩下的時間便大吃大喝，飲整桶的薩萊諾酒，聽著美貌如花的埃及舞女的纏綿細語。有時純粹為了嗜血的樂趣而奔赴戰場，殘殺無辜的日耳曼人、法蘭克人和達契亞人。

不可否認，無論是在希臘還是在羅馬，都有很多商人和戰爭販子，在羅馬可能更多一些。他們把蘇格拉底在法官面前闡述的倫理道德拋到腦後，積攢起萬貫家私。正是因為這些人非常富有，人們才不得不對他們忍氣吞聲。但是，這絕對不意味著這些人能得到社會集體的敬重，因此也不可能被推崇為當時文化的化身和文明的代表。

我們發掘了埃帕菲羅迪特（Epaphroditus）的公寓，他夥同尼祿[032]在羅馬及其殖民地大肆掠奪，聚斂了大量的錢財。我們望著這個老投機商用不義之財建造起來的擁有四十間房屋的宮殿的廢墟，禁不住搖頭嘆息：「簡直是腐敗至極啊！」

然後，我們坐下來讀一讀愛比克泰德[033]的著作。愛比克泰德曾經當過埃帕菲羅迪特這個老惡棍的奴僕。然而，讀他的書，我們卻感到是在與一位古今少有的高尚顯赫的靈魂相交。

---

[032] 尼祿（Nero, 37-68），第五任羅馬皇帝，弒母殺妻，生活放縱。西元 64 年，羅馬大火，尼祿嫁禍基督徒，對他們進行迫害。西元 68 年，高盧兵團、西班牙兵團和禁衛軍反叛，尼祿逃出羅馬。元老院判處他死刑，同年 6 月自殺於羅馬附近。

[033] 愛比克泰德（Epictetus, 55-135），古希臘哲學家，信奉禁慾主義哲學，強調自由、道德和博愛。

我深知人們常常喜歡關起門來隨意對自己的鄰居或別的國家妄加評論。不過不要忘記，哲學家愛比克泰德不愧是他所生活的那個時代名副其實的代表，正像朝廷中的勢利小人埃帕菲羅迪特也具有他的代表性一樣。兩千年前的人們對盡善盡美的渴望並不亞於今天的人們。

毋庸置疑，那時的盡善盡美與今天的盡善盡美在概念上有著天壤之別。那時的盡善盡美是一個深深歐化了的產物，與東方社會毫無瓜葛。但是，那些建立了自己的理想、把它作為生活中最高追求的所謂「野蠻人」，正是我們的祖先。他們慢慢地形成了自己的人生哲學，並廣為人們所接受。如果我們認為良心純正，衣食簡樸，加上身體健康和收入適中等，便是幸福和滿足的最佳保障，那麼這種人生哲學也是相當成功了，我們也不妨予以認可。這些人對靈魂的歸宿並沒有寄予很大的興趣。他們僅僅把自己視為有知識的特殊動物，大大超越了仍舊匍匐在地面上的其他動物。如果他們常常談及「神靈」，那麼運用這個詞語就好比我們如今經常用「原子」、「電子」、「乙醚」等詞語一樣。在他們看來，萬物的起源必須有一個名稱，因此在愛比克泰德說到宙斯時，那只是疑難問題的一個代號，就像歐幾里得（Euclid）在解題時用 X 和 Y 作為代號一樣，也許含義豐富，也許非常簡單。

那時人們最感興趣的是生活，而僅次於生活的，便是藝術。

因此，他們研究包羅萬象的生活，遵循的是蘇格拉底首創的分析方法，然後加以推廣，取得了引人注目的成果。

有時，他們充滿熱情地尋求精神世界的完美，結果卻走到了荒唐的極端。這誠然令人覺得遺憾。然而人非聖賢，孰能無過。可是在古代眾多的哲學家中，柏拉圖（Plato）卻是唯一的一個從對完美精神世界的熱愛而轉向鼓吹寬容理念的學者。

眾所周知，這個年輕的雅典人是蘇格拉底的愛徒，後來成為蘇格拉底思想的文字記錄者。

他利用這一優勢，竭盡所能地收集蘇格拉底曾經說過或思考過的一切內容，並把它們編成對話，集結成冊，可以當之無愧地稱作是《蘇格拉底福音書》。

完成這項工作之後，柏拉圖便開始對他老師蘇格拉底理論中的一些晦澀難解之處進行詳盡的闡釋，並撰寫了一系列文采橫溢的文章對此加以詮釋。再後來他還開設了許多課程對其進行講解，將雅典人公正和正義的理念傳播出去，影響之大，遠遠超出了希臘的疆域。

在所有的這些活動中，柏拉圖所表現的全力以赴以及忘我精神簡直可以和聖徒保羅 [034] 相提並論。不過，聖徒保羅所過的是一種富有冒險性的危險生活，他從北到南，從西到東，千辛萬苦地把上帝的福音傳播到地中海的每個角落。而柏拉圖卻從未離開過他那舒適花園的座椅，讓世界各地的人都來拜見他。

柏拉圖世家出身、高貴顯赫，並且擁有可以獨立支配的財富，這些足可以使他能夠如此行事。

首先，他是一位雅典的公民，透過他母親這一支，可以將血統追溯到梭倫 [035]。其次，他到了法定年齡就繼承了一筆足以維持富裕生活的不菲財產。

最後，他具備出眾的雄辯口才，以至於人們心甘情願跋山涉水來到愛琴海，只是為了能夠在柏拉圖學院聽他授課，哪怕只是幾節課。

至於其他方面，柏拉圖和他同時代的年輕人沒有什麼不同。他當過

[034] 聖徒保羅（Saint Paul），耶穌十二使徒之一。基督教奠基人之一。
[035] 梭倫（Solon, 638-559 B.C.），古雅典政治家。西元前 594 年擔任雅典執政官，進行一系列政治經濟改革，是希臘民主政治的創立者。

兵，但對軍事沒有什麼特殊的興趣。他參加戶外運動，擅長摔跤和賽跑，卻從未在競技場上獲得過名次。他和當時的許多年輕人一樣，也花大量的時間去國外旅行。曾跨越愛琴海，在埃及北部做過短暫停留，這也正是他那大名鼎鼎的祖父梭倫所去過的地方。不過他回國後就再也沒有外出，在雅典郊區賽菲索斯河畔一座風景宜人的花園的陰涼角落裡，安靜地傳授他的學說，時間長達五十年之久。這座花園於是被稱作「柏拉圖學院」。

柏拉圖最初是研究數學的學者，後來漸漸轉向涉足政治。在這個領域裡，他為現代政治機構奠定了基礎。他內心深處是一個堅定的樂觀主義者，相信人類正在持續不斷地進化。他認為，人的生命是從低階向高階緩慢發展，世界從美好的形體發展到美好的體制，再從美好的體制中產生美好的思想。

他的這些理論寫在羊皮紙上倒是很能吸引人，但是當他試圖把理念轉化成具體原則，為他理想的共和國提供理論基礎時，他追求公正和正義的熱情就變得非常強烈，以至於對其他一切想法都視而不見、充耳不聞。他主張的理想國，是一個奇特的共同體，一直被那些紙上談兵的烏托邦建設者視為人類完美無缺的最高境界。這個奇特的共和組織不論是在過去還是現在來看，都包含著許多偏見，那是一些退伍長官們獨有的偏見。這些人享受著充裕的收入，生活舒適；喜愛與政界周旋，並極為鄙視下層社會的人，以此來顯示自己的「地位」，企望分享只有「上流社會」才有的那些特權。

不幸的是，柏拉圖的著作在中世紀西歐的學者中頗受推崇。不幸的是，這些學者把柏拉圖最負盛名的共和體制變成了向寬容開戰的可怕武器。

這些才學淵博的學者故意要忽略掉的是，柏拉圖得出結論的前提條件與他們生活的十二、十三世紀的情況是毫不相同的。

譬如，按照基督教的教義，柏拉圖根本不是一個虔誠的教徒。他對祖先們頂禮膜拜的神靈非常鄙視，彷彿這些神靈是來自馬其頓的舉止粗俗的鄉巴佬。他曾經為特洛伊戰爭紀年表中記載的有關神靈那些醜惡、不體面的行徑而深感羞愧。但是年長以後，日復一日地坐在小橡樹園裡，對雅典各個小城邦之間愚蠢至極的爭吵也越來越感到厭倦和憤怒。他親眼目睹了舊民主理念的徹底失敗，於是他越來越相信，對於普通民眾來說，宗教還是必不可少的，不然的話，他想像中的心目中的理想國就會四分五裂，陷入混亂的無政府狀態。因此他堅定地認為，他的理想的國家模式中，社會的立法結構應該制定出限制所有居民行動的明確規定，無論是自由人還是奴隸，都無一例外地必須服從。如果有人違反這些規定，就會面臨或被監禁、或被流放、或被處死的嚴厲懲罰。如此看來，這一主張是對蘇格拉底在不久前曾為之英勇奮鬥的寬容精神和宗教信仰自由等思想的徹底否定，實際上這也正是柏拉圖理論的本意。

若要找出導致柏拉圖態度大為轉變的原因其實並不難。因為蘇格拉底走入民眾之中傳授自己的理念，而柏拉圖卻懼怕生活。他為了逃避醜陋的、令人不快的現實世界，躲進了自己臆想的王國中。柏拉圖當然很清楚地知道，自己的夢想根本不可能實現。那些小小的各自為政的城邦並存的時代，不論是想像中的還是實際存在的，都已經一去不復返了。集權統治的時代已經開始，整個希臘半島日後很快歸併入馬其頓帝國，成為這個從馬里查河一直延伸到印度河畔的龐大帝國版圖的一部分。

但是，在征服者的巨掌落下之前，這個有著多個難以駕馭的民主城邦的古老希臘半島上，卻出現了一位傲立於群雄之上的最偉大的思想

家，他使整個世界都受惠於這個已經絕滅的那一代希臘民族。

我指的當然是亞里斯多德，一個來自斯塔基拉的神童，一個在那個時代就已經通曉了許多尚不為人知的事情，並為人們的知識寶庫增添了豐富寶藏的人。他的著作成為智慧的源泉，以至於在接下來的 50 多代人的漫長時間裡，一直是歐洲人和亞洲人取之不盡的精神食糧，供人們獲得充足的養分。

亞里斯多德十八歲那年就離開位於馬其頓的一個小山村，前往雅典來到柏拉圖學園求學。他畢業後，在許多地方授課，直到西元前 336 年返回雅典，在阿波羅神廟附近的一座花園裡創辦了自己的學校。這所學院就是亞里斯多德講授哲學的地方，被稱之為亞里斯多德學院，它很快吸引了世界各地的學生。

奇怪的是，雅典人似乎一點都不贊成在自己的城堡裡多建一些學院，那時，雅典城邦已經開始逐漸失去其傳統的作為商業中心的重要作用。那些較為活躍、富有冒險精神和精力旺盛的市民大都搬遷到亞歷山大港、馬賽港以及南部和西部的其他城市去了。那些還留在雅典的居民，或者是太窮了，或者是太懶惰不願費這個神。他們是那群躁動的自由民中最墨守成規的一派人的殘餘。他們曾經給這個苦難深重的共和國帶來了榮耀，可同時也是他們導致了共和國的毀滅。他們對柏拉圖所進行的一切本來就心懷不滿，在柏拉圖去世十多年以後，他最著名的弟子竟然又回來了，繼續講授那些仍然不為人們所接受的教義，其中不乏諸如關於世界的起源、神靈力量的局限等駭人聽聞的內容。對此，那些守舊派的老頑固們煞有介事地搖起頭來，低聲咒罵亞里斯多德，因為正是他把城邦變成了思考自由和不拘信仰的場所，從而使雅典成為思想自由和不信神的代名詞。

如果這些守舊的頑固派能找出辦法來的話，他們肯定就會把亞里斯多德趕出希臘了。但是，他們很明智地克制了自己，只把這個念頭藏在心裡。這是因為，這位眼睛近視、體格健壯的年輕紳士，這位以博覽群書且衣著講究而著稱的年輕人，可不是在當時的政治生活中無足輕重的小人物，也不是籍籍無名的小教書匠，更不是靠一兩個流氓打手就能隨意趕出城邦的無名小輩。他的父親是馬其頓的宮廷醫生，他從小就和王子們一起成長、一起接受教育。而且他剛一完成學業，就擔任了王儲的家庭教師。整整八年的時間，他每天都和年輕的亞歷山大（Alexander the Great）形影不離，彼此建立起深厚的友誼，這樣，他就獲得了這個亙古以來最強大君王的幫助以及庇護。在亞歷山大遠征印度期間，掌管希臘各省的攝政王對他倍加關照，唯恐這位帝王的摯友有個什麼閃失。

　　然而，當亞歷山大去世的消息一傳到希臘，亞里斯多德的生命便立刻陷入了危險的境地。他想起了蘇格拉底的遭遇，不願意再重蹈同樣悲慘的厄運。於是，他像柏拉圖那樣，小心翼翼地，避免把哲學和現實政治混淆在一起。可是，他厭惡政府的民主制度，不信任普通民眾的治國能力，這些都是眾所周知的。當他看到雅典人爆發出沖天怒火，把馬其頓的守衛部隊趕跑了的時候，便即刻穿過尤比亞海峽，來到卡爾西斯，並在這裡住了下來。不久，他在這裡去世了。幾個月後馬其頓人再次征服了雅典，並懲治了叛亂的雅典人。

　　時光荏苒，現在要追根究柢地找出亞里斯多德被指控對神靈不虔誠的真實背景，談何容易。不過，按照一般情況，在這個業餘演說家充斥的國度，他的活動必然與政治盤根錯節地糾纏在一起。他之所以不受歡迎，與其說是因為散布了駭人聽聞的異端邪說，以至於會使雅典遭受宙斯的嚴屬懲罰，不如說是由於他對偏見很深的少數幾個地方權貴採取了

漠然蔑視的態度。

不過，這些都已無關緊要了。

那些各自為政的小城邦共和國的日子已經為數不多了。

在此之後不久，羅馬人繼承了亞歷山大在歐洲的遺產，希臘也從此變成羅馬帝國眾多省分中的一個。

於是那一切進一步的爭論就此終止，因為羅馬人在許多事情上甚至比黃金時代的希臘人還富有寬容精神。他們容許臣民們盡情地自由地思考，但是不允許人們對政治上的某些原則提出質疑，因為羅馬政權之所以從史前時期就能保持繁榮安定，全都依賴於這些原則。

西塞羅（Cicero）同時代的人所具有的理念，與伯里克里斯的追隨者所推崇的思想之間，存在著微妙的差別。希臘思想體系的老一輩領袖人物把其寬容精神寄於某些明確的結論上，這些結論是他們經過數世紀認真實踐和苦思冥想總結出來的。而羅馬人則認為，他們不用在這方面再進行研究和探討。他們對理論問題漠不關心，還把這種態度引為自豪。他們對生活中實用的東西感興趣，注重行動，尤其蔑視那些不著邊際的高談闊論。

如果其他人願意坐在老橡樹下，耗費一個下午的時光，討論一些統治的理論問題，或者月亮對海潮的影響諸如此類的問題，羅馬人對此是非常歡迎的。

但是，如果那些人的知識可以付諸實踐，具有實用價值，那便會受到羅馬人的重視。至於談經論理，連同唱歌、跳舞、烹調、雕塑和科學等沒有使用價值的東西，最好還是留給希臘人或其他外國人去費神。既然朱比特（Jupiter）創造了他們，就是讓他們去做這些正統的羅馬人不屑一顧的事情。

與此同時，羅馬人則把全部的注意力放在管理日益擴大的領土上。他們訓練足夠的外籍步兵和騎兵，以保衛邊沿省分，巡查連線西班牙和保加利亞的交通要道。一般而言，為了維持數百個不同部落和民族之間的和平，羅馬人不得不將主要精力投放於此。

但是，我們還是要將榮譽送給值得擁有榮譽的人。

羅馬人透過精心的工作，建立了一個龐大的政治體系，這個體系以這樣或那樣的形式，一直延續至今，這本身就是一個很偉大的功績。那時的臣民只要繳納必要的賦稅，表面上尊重羅馬統治者定下的為數不多的行動準則，就可以享受廣泛的自由。他們可以隨心所欲地相信某事或不相信某事，可以信仰一個神靈，也可以信仰十幾個神靈，甚至任何的神殿裡擺放著各式各樣的神靈，這都無關緊要。但是，不管人們信仰什麼，在這個囊括四海的大帝國裡，混居著的形形色色的人們必須牢牢記住，「羅馬和平」的實現有賴於公正地實踐了這樣一條原則 —— 「寬容地對待別人，別人也會寬容地對待自己」。在任何情況下都不得干涉別人或自己領地內的陌生人的事情，即使偶然認為自己信仰的神靈被褻瀆了，也不必找官府尋求解決，因為，正如提比略大帝[036]在一次值得紀念的場合說的那樣：「如果哪位神靈覺得遭受冒犯，認為必須補償祂所蒙受的損失，那祂一定會自己關照好自己的。」

因了這樣一句不足道的安慰的話語，法庭就可以拒絕處理所有這類案子，並要求人們不要把涉及個人主張與見解的問題帶進法庭裡來。

如果一群卡帕多奇亞[037]商人在歌羅西[038]定居的話，那麼就有權利繼續信奉自己的神靈，並有權在歌羅西境內建築起屬於自己的神廟；反之

---

[036] 提比略大帝（Tiberius, 42 B.C.-37），第二任羅馬皇帝，西元 14 至 37 年在位。
[037] 卡帕多奇亞，小亞細亞東部的一個地區。
[038] 歌羅西，小亞細亞的一個地區。

亦然，如果歌羅西人遷居到卡帕多奇亞人的領地時，也必須得到同樣的權利和同等的信仰自由。

人們通常認為，羅馬人之所以能夠對其他民族採取一種大度的、高高在上的寬容態度，是因為他們對歌羅西人、卡帕多奇亞人以及其他所有居住在拉齊奧以外的野蠻部族的人都持有同等的輕蔑態度。這種觀點和說法可能是正確的，不過對這一點我也無法肯定。但是，不管怎樣，歷史事實是：在五百多年的漫長歲月裡，在歐洲、亞洲和非洲那些文明和半文明的絕大部分地區，羅馬人對宗教採取了一種幾乎是徹底的寬容態度；並且羅馬人還發展了一種統治藝術，即最大限度地減少摩擦，從而獲取巨大的實際成果。

許多人於是認為太平盛世已經來臨，這種彼此寬容的狀況將永遠地持續下去。

可是沒有什麼是恆久不變的，至少靠武力建立起來的帝國是無法長久的。

羅馬征服了整個世界，但在這個過程中也毀滅了自己。

羅馬帝國年輕戰士的纍纍白骨，被扔在數以千計的戰場上。

在近五個世紀的時間裡，羅馬人中的菁英們都把智慧和心力耗費在管理從愛爾蘭海到黑海的龐大帝國這個巨大的工作之上。

所謂物極必反。終於，惡果顯現出來了。

以區區一城為邦，進而統治整個世界，這根本就是不可能完成的事情。羅馬人把精力和體力消耗殆盡，終致身心俱疲。

與此同時，又發生了一樁可怕的事。幾乎所有的羅馬人漸漸地開始厭惡生活，失去了生活的激情。

他們已經擁有了所有的都市豪宅和鄉間別墅，擁有了他們希望得到

的全部豪華遊艇和華麗馬車。

他們擁有了全世界的奴隸。

他們品嘗了全世界的美酒佳餚，遊遍了所有的山水風景，玩遍了從巴塞隆納到底比斯的所有女人；世間所有的文字書籍在他們的藏書室裡都能找到，史上最好的繪畫掛在了他們家的牆上；進餐時有世界上最卓越的音樂家為他們演奏；孩子們有世界上最出色的教授和教育家為他們上課，使他們學到了所有應該學到的知識。這些所導致的後果就是，所有的食物和美酒都失去了味道，所有的書籍都變得枯燥無趣，所有的女人都不再能吸引他們的注意力，甚至連生存本身也成為了一種負擔，很多人情願獲取一個體面的機會，讓自己失去生命。

到此時，他們剩下的只有一種安慰，那就是對未知的、無形的、不可見的世界的冥想和憧憬。

然而，舊有的古老的神祇已經死去多年，任何有頭腦的羅馬人都不會再沉迷於那些在幼稚園時歌曲裡唱的對朱比特和密涅瓦的讚頌。

那時，享樂主義學派、禁慾主義學派和犬儒主義學派的哲學體系已經出現。這些哲學體系宣揚仁愛、克己和無私的美德，並推崇人的一生要有益於他人的生活態度。

但是，這些哲學思想太空洞了。這些思想在芝諾[039]、伊比鳩魯[040]、愛比克泰德和普魯塔克[041]的著作裡面，倒是講解得娓娓動聽，闡述得頭頭是道。這些書在街頭書店裡比比皆是。

---

[039] 芝諾（Zeno of Elea, 4-3 B.C.），生活於西元前四世紀至西元前三世紀，生於義大利半島南部的韋利亞，古希臘數學、哲學家，禁慾主義的創始人。另以芝諾悖論著稱，即提出的一系列關於運動的不可分性的哲學悖論。由於量子的發現，這些悖論已經得到完善的解決。

[040] 伊比鳩魯（Epicurus, 341-270 B.C.），希臘哲學家，創立了享樂主義哲學體系。其基本主張是：快樂是最高原則，是生活的主要目標；智慧的快樂高於感官的快樂，後者常常會擾亂內心的平靜。

[041] 普魯塔克（Plutarch, 42-120），希臘傳記作家、散文家。

　　不過從長遠的觀點看，這種純理性的「食譜」缺乏羅馬人所需要的必不可少的營養成分，他們開始追求在他們的精神食糧中增加「情感」的成分。

　　因此，這種純粹哲學意義上的「宗教」（如果我們把宗教思想和追求高尚生活的願望連繫起來，這確是一種哲學色彩的宗教）只對很少的一部分人有吸引力，這些人幾乎都屬於上流社會，而只有他們才能得到博學多才的希臘老師對他們個別授課的特殊待遇。

　　對於普通大眾來說，這些精雕細琢、冠冕堂皇的哲學思想，如同微塵，毫無可用之處。他們的思想也發展到了這樣的階段，認為大部分古代神話，不過都是粗俗不堪、愚昧無知、偏聽偏信的祖先，杜撰出來的幼稚的產物。不過他們還是無法企及那些所謂的知識菁英的高度，以致能夠否定神靈的存在。

　　於是，他們的所作所為與所有知識淺薄的人在這麼一種環境下會採取的行為沒有什麼兩樣。表面上，對共和國認可的官方神靈畢恭畢敬，而背地裡卻拜倒在某個宗教行會的腳下，以求尋得真正的安慰與幸福。在過去的兩百年中，在台伯河畔的這座古城裡，這種宗教行會開始受到了真心誠意的歡迎。

　　我在上文中提及的「行會」一詞源出於希臘，原意是一群「受到啟示的」人——這些男男女女必須做到「守口如瓶」，為的是不把本行會最神聖的祕密出去，而這些祕密只有他們自己才能知道。這種行會將他們緊緊地連繫在一起，就像大學兄弟會和海鼠獨立團的咒符一樣使人們結合在一起。

　　其實，在西元一世紀的時候，宗教行會只不過是一種崇拜形式，一種說法，一種教派。如果一個希臘人或羅馬人（這裡請原諒時間上的略

微混淆）離開長老教會加入基督科學教會的話，便會告訴別人他去參加「另一個行會」去了。「教堂」、「英國北部教會」和「貴族院」等等這些都是後來新發明的詞彙，在那個時候還沒有這些詞。

如果你對這個話題特別感興趣，想弄明白當時羅馬的情況，就請在下週六買一份紐約發行的報紙看一看，任何一份都行。在一份報紙上，你會看到四五個專欄在宣講新的教義，宣傳新的教派，這些教派有可能是從印度、波斯、瑞典、中國以及其他十多個國家引進的，諸如此類的廣告，這些廣告所登載的教派和交易內容，無一例外地給予人們以健康、財富以及靈魂得到永恆拯救的希望。

當時的羅馬到處充斥著各種外來的和本地土生土長的宗教，這與現在的紐約等大都市沒有什麼兩樣。這也不可避免，這也是由於羅馬的國際性地位所決定的。從小亞細亞北部爬滿青藤的山坡上傳來了「西布莉教」，西布莉神被弗里吉亞人尊崇為所有天神之母。可是這個教派的祭神活動與一些不體面也不合乎禮儀的感情宣洩的放蕩形式有關聯，這使羅馬當局不得不訴諸武力關閉西布莉教的神廟，最終還通過了一項嚴厲的法律，禁止進行任何傳教活動，因為這種宗教只會鼓勵集體酗酒以及其他更出格的糟糕的事情。

五六個非常怪異的天神，來自埃及這塊充滿矛盾和神祕色彩的古老土地。對於那時的羅馬人來說，埃及的歐西里斯（Osiris）、塞拉皮斯（Serapis）和愛希斯，就像阿波羅、狄蜜特（Demeter）和荷米斯（Hermes）一樣被人熟知。

至於希臘人，他們在若干世紀之前就為世人提供了抽象真理和行為規範的基本體系。這時，他們又給異邦那些喜歡崇拜偶像的人們帶來了一系列的「宗教行會」，其中就包括了遠近聞名的阿蒂斯（Attis）、狄奧

尼索斯[042]、奧菲斯[043]和阿多尼斯（Adonis）等教派。就公共道德的角度
而言，這些教派中的神靈沒有一個是完美無缺的，不過這不妨礙祂們受
到人們的歡迎。

在整整一千年的時間裡，腓尼基商人常常光顧義大利海岸，這就使
得羅馬人熟悉了腓尼基人的神靈巴力（Baal）（巴力是耶和華的不共戴
天之敵）以及祂的妻子阿斯塔蒂（Astarte）。為了這位奇妙的女神，年老
的所羅門王[044]命人在耶路撒冷的中心建造了一個「高壇」，這使得他忠
誠的臣民們大為震驚。這位令人敬畏的女神在爭奪地中海的第一把交椅
的漫長苦戰中，一直被看作是迦太基城的保護神。即便當祂在亞洲和非
洲的廟宇被摧毀之後，祂又以受人尊敬的基督教聖徒的身分重新回到了
歐洲。

不過還有一個最為重要的神，祂在軍隊的士兵中極受歡迎。在從萊
茵河入海口到底格里斯河的發源地，在羅馬疆土的每一處斷壁殘垣下，
都能發現祂的破碎金身。

這就是偉大的密特拉神[045]。

據我們所知，密特拉原是掌管光、空氣和真理的亞洲之神，在裏海
低地平原受人朝拜。當初我們最早的祖先占有了那片牧草肥沃的土地，
使人類在山峰峽谷之間得到了棲身之所，這裡以後便成為人所共知的歐
洲。他們認為，是密特拉這個天神賜予了人類一切美好的東西；大家相
信，這塊土地的統治者只有完全依賴萬能的密特拉神的恩典，才能得以
行使權力並發揮力量。作為天神賜予恩典的象徵，有時密特拉將始終環

---

[042]　戴奧尼索斯（Dionysus），希臘神話中的酒神和種植神。
[043]　奧菲斯（Orpheus），希臘神話中的詩人和音樂家。
[044]　所羅門（Solomon），古代以色列的國王。
[045]　密特拉（Mithras），一個古老的印度──伊朗神，後來傳入羅馬。

繞其身的天火恩賜一些給那些身居高職的人們。儘管密特拉神已經離我們遠去，連祂的名字也被人們忘記了，但是這位中世紀仁慈之神所籠罩的光環，依然讓我們記起祂那古老而悠久的傳統，祂的出現比基督教問世還要早上千年。

儘管密特拉受到人們極大的尊崇，而且持續了相當長的時間。但是要精確地再現祂的生平卻仍然是非常困難的。這當然是有原因的。早期的基督教傳教士對密特拉神話恨之入骨，其憎恨程度遠遠超過了對其他教派的厭惡。他們清楚地明白，這位印度神靈是他們最可怕的對手。於是，他們便竭盡能事，毀掉一切可以使人們記憶起密特拉神的東西。他們做得很徹底也很有成效，以至於所有密特拉的神廟蕩然無存。這個在羅馬存在了五百多年、受歡迎程度和今天盛行於美國的美以美教派以及長老會教派毫無二致的宗教，就這樣銷聲匿跡，甚至連一張文字記載的紙片都沒有留存下來。

不過，那時炸藥還沒有問世，因此，建築物不可能被徹底摧毀。透過仔細搜尋神廟的遺址廢墟，再加上從亞洲古地得到的數據，我們現在能夠彌補這個空白，以至現在已經掌握了有關這個有趣天神及其軼事的相當準確的情況。

現在我們講述密特拉的故事。很久很久以前，一天，密特拉神祕地從一塊岩石中誕生了。當祂還躺在搖籃裡時，附近的幾個牧羊人就過來向祂參拜，還送祭禮給祂，這讓密特拉很高興。

密特拉在孩提時代就經歷了各式各樣稀奇古怪的冒險，其中很多經歷使我們想起了海克力斯 [046] 這個在希臘孩子中大受歡迎的神話英雄。不過，海克力斯殘酷暴虐，而密特拉總是與人為善。有一次密特拉與太

---

[046]　海克力斯（Hercules），希臘傳說中的英雄。

陽神比賽摔跤，密特拉打敗了太陽神。祂儘管得勝了，卻表現得非常大度，這使得太陽神和祂建立起親如手足的兄弟情誼，以致旁人常常將二人混淆。

罪惡神製造了一場空前的旱災，人類的生存受到巨大威脅。關鍵時刻，密特拉射出一支箭，擊中一塊岩石。奇蹟出現了，水流噴湧而出，澆灌著乾裂的土地。繼而，阿利曼（Ahriman）（這是罪惡神的名字）又想以一場可怕的洪水達到其邪惡目的。密特拉提前得知這個消息後，於是就告訴了一個人，讓他建造一艘大船，並把他的親戚和餵養的牲口家禽都帶到船上。就這樣，密特拉又把人類從毀滅的危險中拯救出來。密特拉竭盡全力，使人類不因自身的各種弊病而遭到惡報。最後，密特拉被召到天國，成為掌管正義和公正的天神。

如果有誰希望加入崇拜密特拉的行列，就必須經歷一種繁複的入會儀式，吃一些麵包並喝一點酒作為禮餐，來紀念密特拉和他的朋友太陽神一起用的那一頓著名的晚餐。接著，還必須在水前接受洗禮，然後還要做很多我們現在看來是毫無意義的事情。畢竟，密特拉教這種宗教形式早在一千五百年前就已經絕跡了。

一旦加入密特拉教，所有虔誠信徒之間享有絕對的平等。他們一起在同一個燭光明亮的祭臺前禱告，吟唱同一首讚美詩，一同參加每年 12 月 25 日的盛大活動，以慶祝密特拉的誕辰。而且他們在每個星期的第一天不做任何工作，以紀念密特拉的好兄弟 —— 那位偉大的太陽神。直到現在，我們仍然稱那一天為「太陽日」（即英文 Sunday）。當信徒死後，他們的屍體被擺放整齊，等待最後審判的到來，好人得到公正的報答，惡人則被擲入永不息滅的烈火之中。

這些種類繁多，各式各樣的教派的大獲成功，以及密特拉精神在羅

馬士兵中的深遠影響，都足以說明人們對宗教是非常感興趣的，這已經不是宗教冷漠的時代了。事實上，羅馬帝國最初的幾百年裡，一直致力於不停地尋找能夠在精神上使大家感到滿足的束西。

可是到了西元 47 年，發生了一件異乎尋常的事。一隻小船離開了腓尼基，馳向別加城。別加城是通往歐洲陸上通道的起點。乘客中有兩個人，他們輕裝簡行。

他們的名字分別叫作保羅和巴拿巴（Barnabas）。

他倆都是猶太人，不過其中有一個人持有羅馬護照，而且還通曉非猶太族人的智慧。

這是一次永垂青史的旅程的開始。

基督教開始征服世界了。

第三章

禁錮的開始

　　基督教迅速征服了西方世界，有些人常常以此來佐證基督教的教義必定有著天賦的神性。我無意對此爭辯，只是想指出，早期的傳教士之所以能獲得成功，固然與他們的教義本身具有真知灼見有關係，但也與當時羅馬人惡劣的生活環境大有關聯。

　　在此之前，我已經向你們介紹了羅馬社會的一個側面，這個國家的許多士兵、政治家、富商、科學家，他們幸運地生活在拉特蘭山的山坡上，或坎帕尼亞山峰峽谷裡，或那不勒斯的海岸，接受文明的薰陶，享受人間的愉悅與閒適。

　　但是，這只是羅馬的一個側面。

　　在城郊多如牛毛的貧民窟裡，那種能使詩人歡呼太平盛世、能激發演說家把屋大維 [047] 比作朱比特的繁榮盛況，卻是很少見的。

　　那裡只有一排排密密麻麻、死氣沉沉、臭氣熏天的出租屋，裡面是擁擠的無數貧民，生活對於他們來說，僅僅是永無止境的飢餓、辛勞和痛苦。他們開始相信一個木匠的故事，這個純樸的木匠住在大海彼岸的小村莊裡，用自己辛勤的雙手換取食物，他因憐愛勞苦大眾而被嗜血成性、貪得無厭的敵人殺害了。的確，貧苦的羅馬人全都久聞密特拉、愛希斯和阿斯塔蒂的大名，但是這些神早在千百年前都死了，他們只能道聽塗說，而了解這些神的人也早已死了千百年了。

　　可是，拿撒勒的約書亞 [048]，即基督耶穌，也就是希臘傳教士口中的救世主，不久前還活在世上。當時的很多活著的人都知道祂，在提比略皇帝當政時期，誰要是偶爾去過敘利亞南部，也許還聽到過祂的布道。

---

[047]　屋大維（Gaius Octavius, 63 B C.-14），第一位羅馬皇帝。經過近百年的內戰，重新恢復了羅馬的統一和秩序，在其統治下，羅馬進入了繁榮時期。

[048]　約書亞（Joshua），即耶穌（Jesus），「Jesus」源自希伯來人名的音譯。約書亞是一個很常見的希伯來名字。

當然還有其他人，比如街角的麵包師和鄰街的水果販都曾在阿庇亞大道旁邊的陰暗的小花園裡，和一個叫彼得（Saint Peter）的人交談過，這個彼得是來自迦百農村的漁夫，耶穌先知被羅馬總督的士兵釘死在十字架上的那個可怕的下午，他就在各各他山[049]的附近。

我們要理解人們突然熱衷於新信仰的原因，就必須記住這些。

正是這種深厚的人文關懷，這種透過親密接觸而產生的親切的感情，使基督教在眾多信仰中脫穎而出。基督教的愛表達了各國深受壓迫、喪失權利的人們的呼聲，因而傳遍了四面八方。基督的話是否與後人所用的詞彙一致倒是無關緊要，重要的是奴隸們聽得到，也能夠理解。在美好未來的許諾前，他們顫抖著，平生第一次看到了希望的光芒。

終於有人說要給他們自由了。

他們不再是卑微下賤的人了，不再是世俗權貴的眼中釘了。

相反，他們現在成了上帝的寵兒。

他們要繼承世界的一切。

他們還將分享那些深居在薩摩斯島[050]別墅裡的許多不可一世的達官貴人一直獨霸的歡樂新信仰。某督教是使普通人得到均等機會的第一個實實在在的宗教。

當然，我並不想把基督教說成是靈魂的感受 —— 一種生活和思考的方式 —— 我是想說明，在腐朽的奴隸制世界裡，這種教義散布開來，點燃人們感情上的熊熊烈火。但是歷史除了個別情況外，是不記述普通人的精神歷險的，不管是自由人的還是奴隸的。當這些謙卑的人被分為

---

[049]　各各他山，即觸髏地，耶穌受難地，在耶路撒冷。
[050]　薩摩斯島，希臘島嶼。

民族、行會、教會、軍隊、兄弟會和同盟，開始服從一個統一的指揮，累積起足夠的財富來繳稅，被強制入伍為征服其他民族而戰時，也只有在這些時候，他們才會受到編年史家的注意和重視。因此，儘管我們對早期基督教會了解甚多，卻對它的真正創始人知道得很少。這的確是憾事，因為基督教早期的發展在任何史籍裡都不失為最有趣的史實。

基督教堂終於在古老帝國的廢墟上拔地而起，它是兩個對立利益相結合的產物，一個代表友愛慈善理想的高峰，是耶穌親自教授的；另一個則代表狹隘的地方主義，在它的束縛下，耶穌的信徒們從一開始便與世界其他地方的人疏遠了。

說得通俗一點，這種地方主義使羅馬人的效率和猶太人的專橫融為一體，結果建立了壓抑思想的恐怖統治，這種統治雖然行之有效，卻又情理難容。

要搞清楚事情的來龍去脈，我們必須再次回到聖徒保羅的年代，也就是耶穌遇難後的頭五十年，我們必須牢記這樣一個事實：基督教是從猶太教內部的變革中產生的，是一場純民族主義的運動，它從誕生之日起，所威脅的不是別人，正是猶太王國的統治者。

基督在世時，當權的法利賽[051]人清楚地知道這一點。他們自然十分害怕威脅著精神壟斷的鼓動宣傳，因為這種壟斷只是建築在野蠻武力的基礎上。為了保住江山，他們被迫趕在羅馬當局插手之前，驚慌失措地把這些害群之馬送上了絞刑架。

耶穌生前到底做了什麼，現在已無從考證。祂去世之前還沒能把信徒組成一個統一的宗派，沒有寫下任何東西告訴後人應該怎樣做。

然而這倒成了福音。

---

[051] 法利賽，一個猶太教別，西元前 2 世紀至西元 2 世紀猶太教的一派，標榜墨守傳統禮儀。

沒有複雜呆板的規章條例和戒律，反而使信徒們可以相對自由地理解先師話語裡的精神實質，而不是生搬硬套。如果他們被一本書束縛了，勢必會把全部精力用在理論討論上，沉湎於對句點冒號的迷人的研究中。

當然，倘若如此，那麼除了幾個專業學者外，就沒有人會對新信仰感興趣了，基督教就會重蹈其他眾多教派的覆轍，一開始就精心制定好各種書面條文，等到最後為各種神學問題鬧得不可開交時，聞訊趕來的警察就把這幾個爭論不休的神學家都扔到大街上。

時隔將近兩千年後，當我們意識到基督教給羅馬帝國帶來了深重災難時，我們不禁疑惑起來：基督教的危害不亞於匈奴人和哥德人所發起的侵略，為什麼羅馬當局沒有採取任何實質性的鎮壓措施呢？他們當然知道，正是這個東方先知導致了家奴的騷動，女人們也喋喋不休地談論上帝將要重返人間，許多老人還鄭重其事地預言世界很快會被一個火球毀滅。

但窮人們為一個新的宗教領袖狂熱起來，這在歷史上不是第一次，當然也不是最後一次。當局必須嚴加看管，以防這些窮苦而又狂熱的人們擾亂帝國的安寧。

事實也確實如此。

警方的確戒備森嚴，但沒有找到訴諸武力的把柄。新的宗教追隨者做事的方式無懈可擊。他們並不想推翻政府，開始時有幾個奴隸還期望上帝的父愛和人與人之間的兄弟之情會終止主僕之間的舊式關係，聖徒保羅趕忙來解釋說，他的王國是看不見摸不到的靈魂王國，凡是塵世的人最好對一切都逆來順受，以期在天國裡得到好報。

同樣，許多妻子抗爭著羅馬法典規定的婚姻枷鎖，她們斷言，基督

教意味著兩性的解放，意味著男女平等。這時保羅再一次站了出來，花言巧語懇求心愛的姐妹們不要走向極端，以免遭來保守的異教徒的懷疑，並說服她們繼續維持半奴隸的狀態，畢竟自從亞當和夏娃被逐出天堂以後，女人的命運就是如此。這些行為給足了當局的面子，因此，當局也就默許基督教傳教士自由往來，按照他們自己的喜好和方式傳教。

但歷史多次證明，群眾的寬容心不如統治者。因為他們畢竟只是窮人，沒有必要把自己搞得多崇高。對品格高尚的公民而言，良心會允許他們在累積財富時做出必須的妥協退讓，還能保持富足愉悅。

幾個世紀以來，羅馬的底層群眾習慣於恣意豪飲和打架決鬥，因此，他們也逃不出這條規律。當那些虔誠的信徒聚精會神地聆聽有關他們的上帝的離奇故事時 —— 耶穌，祂竟然像普通囚犯一樣被不體面地釘死在十字架上，有些流氓向這些教眾投擲石塊和髒東西，他們還為這些人大聲祈禱。起初見到此情景，底層民眾從中獲得了不少鄙俗的樂趣。

但羅馬的傳教士們無法對基督教的日漸興盛視若無睹。

當時羅馬帝國奉行的宗教是一種國教，每逢特殊的日子都會有隆重的祭祀活動，人們要為此繳納現錢支助，而這些錢當然又流進了教士們的腰包。但當成千上萬的教眾離教，轉而投奔另一個根本不收錢的教派時，這些教士們的收入便大大縮水了。這當然不會使他們順心，於是他們就大肆辱罵那些目中無神的異教徒，譴責他們向外邦先知進香，背叛了祖先的神靈。

但是除了他們，城市裡還有一批更加痛恨基督教的人，那是一夥騙子，多少年來，倚靠著愚昧單純的羅馬中產階級，過著養尊處優的日子，就像印度的瑜伽修行者和那些愛希斯、巴比倫和亞述神話中的女神伊絲塔（Ishtar）、巴力、西布莉等眾神的大祭司一樣。如果基督教與其他教派展

開競爭，在給人們提供啟示時也收取高昂費用的話，那麼巫師、看手相的人和巫術師幫會是找不到理由抱怨的。生意場上畢竟有競爭，算命的行業讓別人做一些也未嘗不可。但是，這群可惡的基督徒卻出了這麼個該死的主意，居然分文不取，是啊，不光分文不取，甚至還與人分享自己的一切所有物，他們把自己的東西送給別人，給飢餓者飯吃，把無家可歸的人請到家裡住，這些都不求回報。這太過分了，他們肯定有一定的財富累積，只不過我們不知道罷了，要不然他們不可能做這麼多善事的。

這時的羅馬已經不再是自由民的羅馬了，而成了成千上萬來自帝國各地的破產農民的臨時居留所。他們並不是安分守己的人，受約束自己行為舉止的神祕規律影響，總是憎恨那些行為方式跟自己不一樣的人，對無緣無故想過正派節制生活的人存有戒心。至於那些和和氣氣，偶爾喝上一兩杯，間或也請你喝上一杯的人都還是不錯的鄰居。而有的人卻自命清高，從不去看競技場的鬥獸表演，看到一批批戰俘在卡比托利歐山 [052] 的街道上遊街也無動於衷，那麼這樣的人就被他們當作逆子，甚至是社會的公敵。

西元 64 年，一把大火燒毀了羅馬的貧民街區，一場針對基督教徒的進攻就要開始了。

最初的傳言是說，當時的皇帝尼祿一時酒後昏了頭，下令將都城付之一炬，以便按他的意思，除掉貧民窟，重新規劃都城。但是民眾似乎把這事看得更透。這肯定是那些猶太人和基督徒幹的，因為他們總是談論有那麼一天，火球將從天而降，邪惡的人在遭到報應時，快樂的日子就要到來了。

---

[052]　卡比托利歐山，羅馬七山中最高的，也是最為著名的。該山有一些古蹟，現在上面建起了博物館。

　　這種說法一開始就很快引起反響。一個老婦人聽到了幾個基督徒與死人說話，另一個人說他們拐走小孩，割斷喉嚨，把血塗在稀奇古怪的上帝祭壇上。當然，沒人親眼目睹這些卑鄙勾當，但這一定是因為基督徒太狡猾，已經用錢收買了警察的緣故。而這次他們雙手沾滿鮮血，被當場抓住了，量他們再有本事，也必須為他們自己的罪惡行徑接受懲罰。

　　我們無從得知有多少虔誠的教徒被私刑處死，或許保羅和彼得也是受害者，因為從這以後再也沒有聽到過他們的名字。

　　不用說，這場民眾性的可怕的大發洩一無所獲。犧牲者接受厄運的凜然態度是對新信仰和死去基督徒的最好宣傳。一個基督徒死了，卻有十多個異教徒爭先恐後地補上了他的位置。尼祿在他短暫無用的一生中做了唯一一件體面的事（這就是於西元 68 年他自殺身亡）以後，基督徒馬上重振旗鼓，收復失地，一切又依然如初了。

　　直到此時，羅馬當局才開始恍然大悟。他們有了一個重大發現，他們開始懷疑，基督徒並不僅僅是猶太人這麼簡單。

　　我們也很難責怪他們的錯誤，近百年來的歷史研究日趨清晰地表明，猶太人集會堂其實是一個情報中轉站，基督教是透過它傳到世界各地的。

　　還記得吧，耶穌本人是猶太人，祂一直不折不扣地嚴格遵守祖先制定的古老律法，只對猶太聽眾演講。祂只有一次離開過自己的國家，並且為時很短，但是祂為自己制定的使命卻是與猶太人共同完成的，目的也是為了猶太人。祂的話中沒有任何蛛絲馬跡可以使羅馬人感到基督教與猶太人的區別。

　　這正是耶穌想要做的。祂已經清楚地看到祖先的教堂裡充滿弊病陋

習，也曾經大聲疾呼過，並有效地做了鬥爭。但是祂為之奮鬥的只不過是內部的改革，從來沒有想到自己會成為一門新宗教的創始人。即使有人跟祂提到這一點，祂也會覺得這是無稽之談。但是，就像歷史上其他改革宗教的人一樣，祂漸漸發現自己走上了一條不歸路，想妥協都不可能了。當路德[053]和許多其他宗教改革者突然發現，他們自己居然搖身一變成為一個新宗教的領袖，而其本意只是想在原來的宗教「內部」做一些改良罷了，以致茫然不知所措了。耶穌與他們不同，祂的英年早逝恰恰讓祂逃離了這個惡性循環。

在耶穌死後很多年，基督教（當時這個名字還沒有形成）僅僅是某個猶太小教派，只在耶路撒冷、猶太村和加利利村有幾個支持者，從未跨越敘利亞省一步。

是猶太血統的羅馬公民蓋尤斯（Gaius Julius Paulus）首先發現這個新教義有可能成為全世界的宗教。他飽受磨難的經歷告訴了我們，猶太基督徒是怎樣激烈地反對這個宗教世界化的。他們只願意它在本國享受統治地位，只允許本族人加入。他們深恨一視同仁地向猶太人和非猶太人宣揚靈魂拯救的人。保羅最後一次到耶路撒冷來的時候，如果沒有羅馬護照的保護，肯定會被怒火填膺的愛國同胞們撕成碎片，重蹈耶穌的厄運。

後來，半個營的羅馬士兵被派往耶路撒冷，安全護送他到了一個沿海小鎮，然後他又乘船回到羅馬受審，但這個著名的審判從未發生過。

他死後沒過幾年，他生前經常擔心而又不斷預言的事情，終於還是發生了。

---

[053]　路德，即馬丁・路德（Martin Luther, 1483-1546），十六世紀宗教改革倡導者，新教路德宗創始人。

耶路撒冷被羅馬人夷為平地。在曾經坐落過耶和華神廟的地方，建起了一座供奉朱比特的神廟。耶路撒冷這座城市的名字也一度被改為「依麗亞城」，猶太也變成了敘利亞──巴勒斯坦省的一部分，歸羅馬統治。至於耶路撒冷的居民們，不是被殺害就是被流放，在廢墟周圍方圓數英哩內，不准有人居住。

這座聖城給猶太基督徒帶來過許多災難，現在終於化為烏有了。在這以後的若干世紀中，在猶太內地的小村子裡會發現一些怪異的人，他們自稱是「窮人」，正在以極大的耐心和終日不斷的禱告等待即將來臨的世界末日。他們是耶路撒冷老猶太基督徒的殘餘。我們還能時不時從十五、十六世紀的書中看到他們的情況，他們遠離文明世界，形成了一套自成體系的怪誕教義，以對門徒保羅的仇恨作為宗旨。到了七世紀左右，我們就沒再發現這些自稱拿撒勒人（拿撒勒是耶穌的故鄉）的足跡。伊斯蘭教的勝利者把他們斬盡殺絕了。不過，即使他們能再苟延殘喘幾百年，也是無法使歷史倒退的。

羅馬把東西南北集於麾下，政治上中央集權，使世界接受一個統一宗教的條件已臻成熟。基督教既簡單又實用，教徒可以直接與上帝講話，因此注定會成功，而猶太教、密特拉教以及所有其他參加競爭的教旨肯定要落敗。但不幸的是，基督教從未擺脫過某些與其初衷相違背的弊病。

一葉扁舟將聖徒保羅和巴拿巴從亞洲帶到歐洲，同時也帶來了希望和仁慈。

但是另一個乘客也悄悄溜上了船。

他戴著聖潔與高尚的面具。

面具下掩蓋的嘴臉卻是殘忍和仇恨。

他的名字就是：宗教專制。

第四章

上帝的晨光

　　基督教教會在早期還是一個很簡單的組織，當人們發現，世界末日暫時還不會降臨；耶穌死後，最終的審判也沒有到來；教徒們還可以在懺悔的淚水中繼續苟活一段時間，於是乎在教派內確立某種管理機構便成了當務之急。

　　基督徒最初（由於全是猶太人）都在猶太教堂裡聚會。由於猶太人和非猶太人產生摩擦，非猶太人就到某人家中集會，如果找不到能容納所有虔誠（包括好奇）的信徒的房子，就乾脆在露天或廢石場集會。

　　最初，集會都在星期六舉行。但隨著猶太基督徒與非猶太基督徒之間的感情日趨惡化，非猶太基督徒便廢棄了星期六安息日，把聚會改在星期日，也就是耶穌復活的那一天。

　　這些莊嚴的儀式完全展現了大眾化和情緒化。沒有固定的講演和說教，沒有教士，所有男女只要感到內心被聖火激勵，都可以站起來剖白內心的信仰。按照保羅的描述，這些虔誠的弟兄們「以雄辯的口才」，使這位偉大的聖徒對未來擔憂。因為他們當中大多數人是平民百姓，沒受過什麼教育，從不懷疑別人即興發揮的勸誡是否真誠，而且往往他們的情緒會異常激動，像瘋子一樣失控地喊叫，教會雖然頂得住迫害，卻受不了人們的冷嘲熱諷。於是，保羅、彼得以及他們的繼承人不得不花費力氣維持秩序，平息人們因急於表達精神世界和神聖熱情而引起的紛亂。

　　開始時，這些努力收效甚微，因為規章制度與基督教的民主精神是格格不入的。不過人們最後還是從實際出發，同意集會按照某種固定的儀式進行了。

　　集會以一首讚美詩開始（用以安撫可能在場的猶太基督徒）。然後，全體教徒就高唱最近為羅馬和希臘崇拜者譜寫的讚美曲。

唯一預先擬好的演講是一篇傾注了耶穌一生哲學思想的著名禱文。然而幾百年來，布道都是完全自發的，誰有話要說，便可以自行發表演說。

但是，隨著集會次數的增加，警察開始注意他們了，警察總是對祕密組織嚴防死守。因此必須推選出某些人代表基督徒與外界打交道。保羅早就強調過領導天賦的重要性。他把他在亞洲和希臘走訪的小團體比作驚濤駭浪中的小舟，要闖過怒濤洶湧的大海，就必須有聰明絕頂的舵手。

於是虔誠的信徒們又湊在一起，選出男女執事。他們是整個團體的「僕人」，要照顧好病人和窮人（這是早期基督徒關心的事情），管理好教會財產，還要料理所有的日常瑣事。

到了後來，教會的成員有增無減，事務性管理變得複雜不堪，非有專職的執事不可，於是幾位「長者」被推舉擔當此任。他們的希臘稱呼是「長老」，按我們說法就是「神父」。

又過了幾年，每個村莊和城市都有了自己的教堂，因此又有必要提出大家都要執行的共同政策。人們選出了「總監」（即主教）來監督整個教區，並代表教區與羅馬政府打交道。

很快，羅馬帝國的各個主要城市裡都有了主教，而安提阿、君士坦丁堡、耶路撒冷、迦太基、羅馬、亞歷山大和雅典的主教則由受到人們廣泛尊重、有權勢的人擔任，他們的地位甚至不亞於各省的行政和軍隊長官。

在開始階段，主教掌管著耶穌當年曾經生活、受難、死去並廣受尊敬的大部分地方。但是，自從耶路撒冷被摧毀，期待世界末日和天國成功的一代人從地球上消失以後，可憐的老主教在他狼藉的宮殿裡被剝奪了原有的威望。

　　虔誠的信徒首領的位置很自然地被那個「總監」頂替了。「總監」住在文明世界的首都,守衛著西方大聖徒保羅和彼得當年殉教獻身的地方——他就是羅馬大主教。

　　這個主教與其他主教一樣,也被稱作「神父」或「聖父」,這是對聖職人員的通用稱呼,表示熱愛和尊敬。然而在以後的數世紀裡,「聖父」這個頭銜在人們心目中只與主教管區的首領相連繫。每當人們提到「聖父」,所指的只是羅馬的大主教——教宗,絕不會是君士坦丁堡的主教或迦太基的主教。這是個自然而然的發展過程。我們在報紙上看到「總統」一詞時,根本沒有必要再加上「美國」一詞作限定,因為我們知道這裡指的是國家元首和政府首腦,而不是賓夕法尼亞鐵路局長、哈佛大學校長或國聯主席。[054]

　　「教宗」這個名字第一次出現在正式公文裡是西元 258 年。那時羅馬還是強盛帝國的首都,主教的勢力完全被皇帝所吞沒。但是在以後的三百年中,凱撒的後裔時常受到外侵內亂的威脅,便開始尋找更為安全的新巢穴。後來,他們在國土的另一端找到了一座城市,名叫拜占庭[055]。它是根據一個傳說中的英雄拜占斯(Byzas)而得名的,據說特洛伊戰爭結束不久,拜占斯曾經在這裡登岸,它坐落在幾條割開歐亞大陸的海峽之畔,虎視黑海通向地中海的商業要道,控制幾家獨一無二的工商業中心,在商業上享有重要地位,斯巴達人和雅典人為了爭奪這個富足的要塞,曾經拚殺得你死我活。

　　然而拜占庭在亞歷山大時代以前一直是獨立自主的。它落入馬其頓

[054]　「President」存在一詞多義。可以是總統(the President of the U.S.A)、局長(the President of Pennsylvania)、校長(the President of Harvard University)等。不過,「the President」不加任何修飾指的就是美國總統。

[055]　拜占庭,古代城市。大約於西元前 660 年由希臘殖民者建立,坐落於博斯普魯斯海峽的歐洲一側,包括現在伊斯坦堡的一部分。

之手沒多久，便納入了羅馬帝國的版圖。

經過一千年的持續繁榮後，拜占庭的「金角灣」[056]海港停滿了來自世界各地的商船，這裡即將成為帝國的中心。

羅馬的居民被撇下，聽任哥德人、汪達爾人、天知道還有哪些野蠻人的虐待宰割。他們看到皇宮一連好幾年空空如也，看到政府部門接二連三地搬遷到博斯普魯斯海峽之濱，看到首都的居民竟要遵照千里之外制定的法律行事，都感到世界的末日已經來臨了。

但是在歷史的長河中，任何事情都是有兩面性的。皇帝走了，留下的主教就成為市鎮中地位最顯赫的人物，他們是看得見摸得著的皇冠榮耀的繼承人。

他們抓住這個大好時機。教會的聲望和影響吸引了義大利所有最頂尖的人才，這使主教們又變成了精明強幹的政治家。他們感到自己儼然是某些永恆信念的代表，因此大可不必著急，而是採取潛移默化的方法，看準時機出奇制勝。他們不像許多人因為迫於操之過急造成的壓力，倉忙決斷，最後亂中出錯，導致失敗。

不過重要的是，主教們只抱有一個目的，只向一個目標堅韌不拔地前進。他們所做所說所想的一切都是為了增加上帝的榮耀，為了使在凡世代表上帝意志的教會更為強大有力。

以後十個世紀的歷史表明，他們的努力是卓有成效的。

當時野蠻部落橫掃歐洲大陸，在風捲殘雲的衝擊下，帝國的圍牆一面面倒塌了，上千個像巴比倫平原那樣古老的體制像垃圾一樣七零八落，只有教堂堅如磐石，在各個時代，尤其在中世紀，猶如中流砥柱。

勝利雖然最後到手了，但是他們也付出了沉重的代價。

---

[056]　金角灣，位於博斯普魯斯海峽南端，伊斯坦堡的一個港口。

　　基督教雖然起源於馬廄，卻可以被允許在宮殿裡壽終正寢。它本是以抗議政府起家的，然而後來自命能溝通人與神之間的神父卻堅持讓每一個凡世庸人做到無條件地服從，基督教本來帶有變革色彩，但日後不斷發展，在不到一百年的時間裡竟形成了新的神權政治集團。古老的猶太國家與之相比，倒成了幸福無慮的臣民居住的溫和自由的聯邦。

　　然而這一切又合乎邏輯，不可避免。我下面要進一步說明。

　　大多數遊覽羅馬的人都要去看看競技場，在飽經風沙的圍牆裡，人們可以看到一塊凹地，數千名基督徒曾經在這裡倒下，成為羅馬專制的犧牲品。

　　不過儘管確有幾次對新信仰倡導者、追隨者的迫害，卻都與宗教的不寬容無關。

　　迫害全是出於政治原因。

　　基督教作為一個宗教派別，享有最廣泛的自由。

　　但是，基督徒公開宣布自己由於宗教道德而拒服兵役，甚至當國家受到外國侵略時還大吹大擂什麼和平主義，而且不分場合公開詆毀土地法律。這些教徒作為國家的敵人，被處決了。

　　基督徒是按照頭腦中的神聖信條行事的，但普通的警方法官不管這個，基督徒極力解釋自己的道德本質，可是長官大人卻迷惑不解，一竅不通。

　　羅馬的治安長官畢竟也是人，他們突然發現，他應召而來進行審判，可是犯人陳述的道理在他看來卻不過是雞毛蒜皮的小事，弄得他簡直不知所措。長期的經驗告訴他，對神學中爭論的問題應採取超脫態度，他還記得許多皇帝在敕令中曾經告誡公職人員，對付新教派要圓滑老練，於是他使出渾身解數，企圖說理。可是當全部爭論集中到一個原則問題的時候，一切邏輯方法又都徒勞無功了。

最後，治安長官就陷入了兩難的境地，要麼放棄法律的尊嚴，要麼堅決捍衛至高無上的國家最高權力。顯然，牢獄之災和嚴刑拷打對於基督徒來說簡直微不足道，因為他們堅信，生命只有在死亡之後才會開始，一想到可以離開這黑暗的人間，享受天堂的歡樂，便興奮不已。

就這樣，羅馬當局和基督教徒之間痛苦而漫長的游擊戰爭開始了。究竟有多少人喪生，我們沒有死亡人數的官方統計數據。按照西元三世紀的著名神父俄利根[057]（他的一些親戚在亞歷山大城的一次迫害中被殺死了）的說法，「為信念而死的真正基督徒的數目還是可以統計出來的。」

我們只要仔細研究一下早期基督教聖人的生平，就會發現許多鮮血淋淋的故事；我們不禁奇怪，一個屢遭迫害殺戮的宗教怎麼會留存下來呢？

不論我提供什麼樣的數據，肯定會有人指責我心懷偏見，是個大騙子。我且在這裡持保留意見，讓讀者自己去下結論吧。人們只要看一看羅馬德西烏斯皇帝[058]和瓦勒良皇帝[059]的一生，便可以較為清楚地了解，迫害最猖獗時羅馬專制的真正本性。

如果你們還記得，就連馬可·奧理略[060]這樣睿智而開明的皇帝，也不得不承認自己沒有很好地處理與基督教眾的關係；你們就能理解偏居於帝國一角的無名小吏們的兩難處境了，本想盡忠職守的芝麻官，不是

---

[057]　俄利根（Origen, 185-254），希臘神父代表人物之一。
[058]　德西烏斯皇帝（Decius），西元 249 年至 251 年在位，以煽動對基督徒的第一次全面迫害而聞名。
[059]　瓦勒良皇帝（Valerian），西元 253 年至西元 260 年在位，在位期間，羅馬不斷遭到外國的侵略。在與波斯人的交戰中被俘，死於囚禁中。
[060]　馬可·奧理略（Marcus Aurelius, 121-180），羅馬皇帝兼斯多葛派哲學家，禁慾主義哲學家。西元 161 年至西元 180 年在位，在位期間，戰爭頻繁，傳染病流行。他減輕賦稅，興建學校、醫院、孤兒院。

必須背棄自己的就職誓詞，就是必須處死自己的親朋好友，因為這些親朋好友不能也不願意服從帝國政府為儲存自己而制定的幾項簡單法令。

與此同時，基督徒沒有受異教臣民假惺惺的傷感的迷惑，他們還在繼續穩步擴大自己的影響。

終於，在四世紀後期，羅馬元老院裡的基督徒上訴說，在異教偶像的陰影下過日子實在有傷感情，請求格拉提安[061]皇帝把勝利女神像搬走。於是，這座矗立在凱撒建立的宮殿裡達四百年之久的神像從此遠居他鄉了。幾個元老曾經表示抗議，但是無濟於事，反而導致了一些人被流放。

這時，遠近聞名的忠誠愛國者敘馬庫斯[062]揮筆寫下了一封流傳後世的信函，信中他提出了折衷的建議。

「為什麼，」他問道，「我們異教徒與基督徒比鄰而不能和平相處呢？我們仰望同樣的星空，並肩走在同一塊土地上，住在同一蒼天之下。每個人自己尋求選擇最終的真理的道路又有什麼關係？生存的奧妙玄機莫測，通向真理的道路也不是只有一條。」

他並不是唯一這麼想的人，也不是只有他才看到古羅馬宗教寬容開放政策傳統正在受到嚴重的威脅。與此同時，隨著羅馬勝利女神像的搬遷，已經在拜占庭立足的兩個敵對基督教派之間爆發了一場激烈的爭論。這場爭論引發有史以來有關寬容的最富有才智的大討論。哲學家瑟米修斯[063]是討論發起人，他對祖先信奉的神靈忠誠不渝，但當瓦倫斯[064]

---

[061]　格拉提安（Flavius Gratianus, 359-383），西羅馬帝國皇帝。基督教會的堅定支持者，他下令將勝利女神像移出元老院並停止對異教派別的資助，開始了使羅馬共和國脫離異教的程序。
[062]　敘馬庫斯（Symmachus, 340-402），西元 373 年任非洲總督。
[063]　瑟米修斯（Themistius, 317-387），哲學家、修辭學家、政治家。終生在君士坦丁堡居住和教學，除了曾短暫在羅馬逗留之外。雖是異教徒，但是西元 355 年得以加入君士坦提烏斯二世（Constantius II）領導下的元老院。
[064]　瓦倫斯（Valens, 328-378），東羅馬帝國皇帝。

皇帝在正統與非正統的基督徒論戰中偏袒一方時，他也感到必須曉以皇帝真正的職責。

他說：「有一個王國，任何統治者休想在那裡施展權威，這就是道德之國，特別是個人的宗教信仰領域。任何強制信仰的行為，都可能導致偽善，即使人們改變了原先的信仰，那也是建立在欺騙基礎上的皈依。因此，統治者還是以容忍一切信仰為好，因為只有寬容才能防止大眾衝突。況且，寬容乃神聖之道，上帝自己已經明確表明容忍多種宗教的意願。上帝能夠獨自辨明人類用以理解神聖玄機的方法，上帝欣賞對祂的形形色色的崇拜，喜歡基督徒的一種禮儀，也喜歡希臘人和埃及人的其他禮儀。」

這的確是金玉良言，但根本沒人聽。

古代世界連同思想和理想已經死了，任何倒轉歷史時鐘的企圖都注定失敗。生活意味進步，進步意味磨難。社會的舊秩序迅速土崩瓦解。羅馬的軍隊全是外國僱傭軍組成的烏合之眾，邊境發生公開叛亂。英格蘭及其他邊沿地區則早已落入野蠻人之手。

在最後的災難爆發的時候，數世紀以來一直從事國家公職的聰明年輕人發現，晉升之路除了一條以外都阻死了，這條路就是教會生涯。西班牙的基督主教可以操縱地方長官的權力；基督教作家只要全心從事神學主題，就能獲得廣泛讀者；基督教外交官只要願意在君士坦丁堡皇庭裡代表羅馬教宗、或願意冒險到高盧或斯堪地那維亞博得野蠻人酋長的友情，就可以步步高昇。要是當了基督教財務大臣，還可以掌管那片曾使拉特蘭宮的占有者成為義大利最大的地主和財富飛快增長的領地，尤其可以大發橫財。

我們在過去五年中已經見過本質相同的事情，直到到 1914 年，那些野心勃勃、不指望靠手工勞動過活的歐洲青年人仍想擠入政府部門任

職，在不同的帝國和皇家陸軍、海軍中當官。他們把持法庭要位，掌管財政，或在殖民地當幾年總督或軍事司令官。他們並不奢望富有，但他們的官職帶來了巨大的社會威望，只要聰明、勤奮、誠實，就可以贏得美滿的生活和受人尊敬的晚年。

然後戰爭爆發了，舊封建社會的殘渣餘孽被一掃而空。下層民眾掌握了政權。一些正式官員已經年邁，無法再改變一生形成的習慣，便典賣了自己的勳章，悲涼地死去。然而絕大多數人都順潮流而動。他們從小接受教育，經商的人總是低人一等，上不了檯面，也許生意是不足掛齒的，但人們總得選擇是進辦公室還是進貧民窟。為信念寧願餓肚皮的人相對是少數，大動亂後沒過幾年，我們便發現大多數政府官員和軍官都並非情願地做起生意來，而十年前他們是絕不會問津此事的。此外，由於他們中多數人的家庭世代從事行政工作，指揮別人輕車熟路，於是慢慢地，他們發現自己在新領域裡混得如魚得水，日子過得既富足又美滿，大大超乎之前的預想。

今天的生意場，就相當於一千六百多年前的基督教會。

對於具有海力克斯、羅穆盧斯（Romulus）或特洛伊英雄血統的年輕人來說，聽從具有奴隸血統的牧師的命令，似乎有點困難。但如果這位牧師的訓導正是年輕人需要的，甚至是迫切需要的，那就另當別論了。因而，如果雙方都是聰明人（也很可能是這樣），便會相互虛心求教、取長補短、和睦相處了。這邊是另一條奇特的歷史法則：表面的變化越大，就越一成不變。

自人類形成之時起，就似乎有一條不可避免的規律，即少數部分聰明的男女統治別人，而多數不那麼聰明的男女則被別人統治。兩類人在不同時代中分別有不同的名字，一方代表力量和領導，另一方代表軟弱

和屈從，分別稱為帝國、教堂、騎士、君主和民主、奴隸、農奴、無產階級。但是，操縱人類發展的神祕法則無論是在莫斯科，還是在倫敦、馬德里和華盛頓，都異曲同工，不受時間地點限制。它常常以怪異的或偽裝的形式出現，披上拙劣的外衣，高喊對人類的愛、對上帝的忠實和給絕大多數人帶來最大好處的謙卑願望。但是在美麗的外殼下卻一直藏有並繼續藏有原始法則的嚴酷真理：人的第一職責是生存。一些人對於人類是脫胎於哺乳動物這樣的事實感到很惱火，也對這種論斷很反感。他們把持有這種觀點的人稱作是「唯物主義者」或者「犬儒主義者」[065]，如此之類。他們一直把歷史當作娓娓動聽的神話故事，因此一旦發現歷史也是一門科學，同樣需要遵循那些操縱其他事物的無可動搖的規律時，他們就驚得目瞪口呆。說不定他們也許還會反對平行線公理和九九乘法表吧。

我奉勸他們還是遵從客觀規律、接受客觀事實為好。

這樣，也只有這樣，歷史才能對人類有實用價值，而不再是某些人的幫凶和同盟了，幫助他們專門從種族歧視、部落專制以及從大多數人的愚昧無知中獲益。

誰要是對此懷有疑心，便請在我幾頁前所寫的這幾個世紀的歷史中尋找佐證吧。

請他研究一下西元一至四世紀之間那些基督教領袖的生平吧。

他會幾乎無一例外地發現，這些宗教領袖都來自於原本屬於異教徒的社會階層，在學校裡受到希臘哲學的教育，只是到後來不得不選擇一個職業時才轉到基督教會。當然其中有幾個人是受了新思想的吸引，虔

---

[065] 把憤世嫉俗、行為乖張的人格行為稱作「犬儒」源於古希臘。把「犬儒」奉為信仰並堅持一定的主張、持有一定的理想、實踐一種生活方式則成了一種「主義」。犬儒學派是古希臘一個哲學學派，由蘇格拉底的學生安提西尼（Antisthenes）創立。

誠地接受基督的教誨，但大部分人從效忠凡世主人轉變到效忠基督教的上帝，是因為晉升的機會多一些。

教會一方也通情達理，善解人意，因而並不過分細究許多新信徒是出於什麼樣的動機突然改奉基督教的，還認真地對所有人做到仁至義盡。有些人嚮往實利凡俗的生活，教會便提供機會使他們在政界和經濟界大顯身手。情趣不同的人對信仰情深義重，教會便提供機會讓他們離開擁擠不堪的城市，在安寧中深思冥想現世的邪惡，這樣他們便可以獲得一定程度上的個人神聖感，而這對實現他們靈魂永恆幸福來說是不可或缺的。

想要過這樣一種思考與奉獻的生活，一開始並不難。

教會在建立後的最初幾個世紀裡，只是一個鬆散的精神紐帶，它將與權力和財富不沾邊的勞苦大眾凝聚起來。但是當教會繼帝國之後成為世界的主宰、成為擁有大片土地的強大政治組織之後，隱居生活的可能性便減少了，許多善男信女開始嚮往「美好的往事」，那時所有真正的基督徒都可以致力於做善事和禱告。為了追尋幸福，他們便想用人為的方法創造一些條件，再現過去在自然發展中形成的局面。

他們發起的追求隱居生活方式的運動給後來一千多年的政治、經濟生活帶來了巨大的影響，同時，也為基督教會招納了一大批忠實的突擊部隊，他們在教會與東方異教徒和異端分子的鬥爭中造成了重要作用。

我們對此不必驚詫。

瀕臨地中海東岸的國家的文明已經很古老了，那裡的人們對朝代更替已經精疲力竭了。僅在埃及，自從第一個來到尼羅河谷的人開始，已有十種不同的文明在這裡周而復始地興盛與衰亡。在富饒的底格里斯河和幼發拉底河之間的平原也是這樣。生活的虛無縹緲和人類努力的徒勞

無益，都反映在路旁成千上萬個廟宇和宮殿的廢墟裡，比比皆是。歐洲這個年輕的民族，精力旺盛、滿腔熱忱，欣然接受了基督教，將它當作對生命的迫切希望。但是，埃及人和敘利亞人對自己的宗教生活卻有迥然不同的看法。

宗教對他們來說意味著解脫與希望，可以逃離生命的苦海。他們期待死亡瞬間的愉悅，這樣他們便可以躲進記憶的集中營，奔向大漠，那裡只有他們的憂愁、他們的上帝，無須再看現實的人生一眼。

有趣的是，改革似乎總能對軍人有特殊號召力。他們比任何人都更為直接地了解到人類文明的殘忍和恐怖。而且，他們還懂得，沒有紀律就一事無成。為教會而戰的最偉大的勇士是查理五世（Charles V）軍隊中的一個上尉。他是把精神落伍者組成簡單團體的第一個人，曾在君士坦丁皇帝的軍隊中當過列兵，名叫帕科繆[066]，埃及人。他服完兵役後，便加入到一群隱士當中，為首的是同樣來自埃及的，名叫安東尼[067]的人。他們遠離城市的喧囂，來到荒野，與豺狗為伴，過上了平靜安寧的生活。但是，孤獨的生活似乎給人帶來了諸多思想上的折磨，造成某些過分虔誠的表現，如爬到古老的石柱頂上或荒蕪的墳墓裡面度日（這給了異教徒笑料，使真正信仰者悲傷），於是帕科繆決定將他們的生活變得務實一點，這樣，他建立了第一個宗教制度。從那時起（四世紀中葉的某一天），住在一起的隱士們要聽命於一個總指揮，即「修道會總長」，由他來任命院長，負責各個修道院，這些修道院就是上帝在人間的各處要塞。

---

[066]　帕科繆（Pachomius），埃及人。西元四世紀上半葉，帕科繆首創集體隱修，在塔班尼西建起第一座修道院，把隱修士組成團體。

[067]　安東尼（Anthony the Great），埃及人。西元三世紀末，安東尼拋棄家庭前往荒野單獨隱修數十年。苦行齋戒，冥思修練，被稱為隱修主義之父。

帕科繆死於 346 年。在他死去之前，他的修道院思想被亞歷山大時代的亞他那修[068]主教從埃及帶到了羅馬。數以千計的人開始藉此機會逃離現實世界，逃避世間的邪惡，當然，也有人用以逃避窮追不捨的債主。

但是在歐洲，那裡的氣候和歐洲人的習性使帕科繆的初衷發生略微變化。不像在尼羅河谷地，歐洲的氣候陰冷潮溼，飢寒交迫的滋味可不容易忍受。況且西方人的思想比較實際，神聖的東方理想表現出的骯髒和邋遢，不但不會給他們啟迪，反而使他們覺得噁心。

義大利人和法國人捫心自問，「早期教會嘔心瀝血做的善事有什麼結果呢？一群住在人跡罕至的潮溼陰暗的山洞裡苦心修行，弄得憔悴不堪的熱血教徒，真的能幫助寡婦、孤兒和病人嗎？」

於是，西方人堅持換一種更合適的方式修行，這次改革，要歸功於一位住在亞平寧山脈努西亞鎮的人。他被人們稱作努西亞的聖本篤[069]。他的父母送他到羅馬求學，但這座城市使他的基督心靈充滿了恐怖。他逃到阿布魯齊山的蘇比亞克村，躲進了尼祿時代的一座古老的鄉間行宮裡。

他與世隔絕地隱居了三年，美德的盛名便在鄉間傳開了。願意與他接近的人很快能名滿天下，於是隱居者蜂擁而至，多得足以組建十幾座修道院。

於是，努西亞的聖本篤便告別了他地牢般的行宮，開始制定歐洲的修道院制度。他首先立法，字裡行間流露出他的羅馬血統的痕跡。發誓遵守他制定的院規的僧人可別指望能遊手好閒，除了做祝福和默禱之外，他們還要在田野裡躬耕。年紀太大無法務農的，要教育年輕僧人如

---

[068]　亞他那修（Athanasius the Great），基督教神學家，主教，生於埃及的亞歷山大。
[069]　努西亞的聖本篤（Saint Benedict of Nursia, 480-547），蒙特卡西諾修道院的創始人，被譽為西方修道院制度之父。

何當一個好基督徒和有用的公民。他們恪盡職守，使努西亞的聖本篤修道院的教育在一千年中獨樹一幟，在中世紀大部分時間裡，他們也承擔著訓練具有傑出才能的年輕人的重任。

作為報酬，僧人們得到了體面的衣服、豐富美味的食品和舒適的床鋪，每天不做工不禱告的時候還能睡上兩三個小時。

但是從歷史的角度看，最重要的是，僧人不可只是逃離現實世界和義務去為來世靈魂做準備的凡夫俗子，而是上帝的僕人。他們必須在漫長痛苦的試用期內使自己配得上新的尊稱，繼而在傳播上帝的美德和力量的時候發揮直接和積極的作用。

在歐洲不信教的人群中的初步傳教工作已經完成了。不過，為了不使教徒的成果化為烏有，必須得到當地百姓和政府一致而長久的支持。於是，僧人們扛著鐵鍬，拿著斧頭，帶上經書，來到德國、斯堪地那維亞、俄國和冰島的荒郊野地裡。他們春播秋收、自力更生，布道傳教、授業解惑，第一次給遙遠的蠻荒之地帶來了人們之前還僅僅只是耳聞的文明之光。

這樣，基督教會的最高領袖 —— 教宗充分利用了各種人的精神力量。

在教會裡，頭腦實際的人有機會讓自己出人頭地，同樣，夢想家也有機會在靜謐的叢林裡尋覓快樂。人盡其才，物盡其用，沒有白白浪費的。最後，教會的權利和影響力與日俱增，以至於任何一個皇帝或國王都不敢無視臣民中自稱是基督教徒的那些人的意願而隨心所欲地統治國家了。

基督教取得最後勝利的方法也是很有意思的，因為它表明基督教的勝利是有確實原因的，絕不是（如一般人所認為的）心血來潮迸發出來的宗教狂熱的結果。

對基督徒的最後一次大迫害發生在戴克里先[070]皇帝統治時期。

有趣的是，在被禁衛軍擁立登基統治歐洲的皇帝中，戴克里先並不是最差的一個，但他卻有個統治者經常犯的毛病——對最基本的經濟學常識一竅不通。

他很快發現自己掌控的帝國就要分崩離析四分五裂了。他一生戎馬倥傯，他認為，致命的弱點就在羅馬的軍事體制內部，這個體制把邊沿地區的防衛任務交給占領地的士兵，而這些士兵早已經喪失鬥志，變成了悠閒自得的鄉下人，賣白菜和胡蘿蔔給那些照理說應該遠遠拒之於國門之外的野蠻人。

戴克里先無法改變風雨飄搖的體制，為解救燃眉之急，他建立起一支新型野戰軍，由年輕機敏的戰士組成，一有入侵便能在數週內開赴帝國的任何角落。

這個主意倒是不錯。不過，就像所有帶軍事色彩的好主意一樣，需要的開銷十分龐大，而這些錢，又不得不以稅收的形式落到國民頭上。不出所料，百姓們群情激憤，高呼再繳錢就家徒四壁了。皇帝答覆說百姓們誤解了，並把只有劊子手才有的生殺大權交給了收稅官，但是一切都無濟於事，因為各行各業的臣民兢兢業業苦幹一年，到頭來反而虧損，於是大批農民紛紛拋家棄業，擁進城內淪為流浪漢。可是皇帝陛下卻一不做二不休，又頒布了一項用以解決困難的法令，這表明古羅馬共和國墮入東方專制主義已達到無以復加的地步。他大筆一揮，使所有政府機關和手工業、商業都成為世襲的職業，也就是說，官員的兒子注定要做官，不管願意不願意，麵包匠的兒子即使有從事音樂或典當業的天

---

[070] 戴克里先（Diocletian, 245-313），羅馬皇帝，西元284年至西元305年在位，由禁衛軍部屬擁戴登基，開創四帝分治局面。西元303年起頒布四項命令，大肆迫害基督徒。

才也要繼承父業，水手的兒子即便在台伯河划船都暈船也得在船板上漂流一生。苦工雖然在理論上是自由的，但必須在出生地生老病死，不得越境一步，與奴隸無異。

戴克里先對自己的統治才能無比自信，想一想，他能夠或者願意容忍一小撮按照自己的意願，只接受他一部分律令的人嗎？這是不可能的。但是我們在評價戴克里先對基督徒的粗暴時必須記住，他已經進退維谷，身不由己，他的措施讓數百萬人受益，但這些人卻拒絕履行自己分內的責任和義務，這讓戴克里先有充分的理由懷疑他們的忠誠。

早期基督徒並沒有留下什麼文字記載，他們認為世界末日隨時可能到來。因此，為什麼要白費時間和金錢在文字工作上，不到十年的時間火球就會從天而降，到時什麼都不會留下。然而新的天國一直沒有到來，而耶穌的生平（經過一百年的耐心等待後）開始被人加油添醋地傳來傳去，到最後，連真正的信徒也難辨真偽了。於是，人們感到有必要搞一本權威性的書，把耶穌的幾個短傳和聖徒信件的原稿綜合成一卷。這就是《新約》。

書中有一個章節叫〈啟示錄〉（Revelation），它包括關於建立在「七山」之中的城市的引證和預言。人們自從羅穆盧斯時代就知道羅馬建立在七山之中。這個奇特章節的匿名作者的確小心翼翼地把那個城市稱為他深為憎惡的巴比倫，但還是沒有逃脫帝國官員的理解力。書中把那座城市說成是「妓女的母親」和「地球的汙點」，飽浸著聖人和犧牲者的鮮血，是所有魔鬼和邪惡生靈的棲身之所，是一切骯髒可憎的鳥類的卵巢，還有許多諸如此類的不敬之詞。

這些言論可以被解釋為出自一個可憐狂熱者的胡言亂語，這位狂熱者想起了五十年來被害的許多朋友，被憐憫和怒火矇住了眼睛。然而宣

讀這些言論是教堂莊嚴禮拜儀式的一部分，要周復一週地在基督徒聚會的地方傳誦，旁觀者自然會認為，它表達了基督徒對台伯河畔強大城市的真實感情。我並不是說基督徒沒有理由產生旁觀者所說的感情，但我們也不能因為戴克里先沒有和基督徒感同身受而責備他。

然而事情到這裡還沒有結束。

羅馬人對一個聞所未聞的概念日趨熟悉起來，這就是「異教徒」。起先「異教徒」的名字只是用於那些願意相信某些教旨的人，或稱一個「教派」。但漸漸地它的意思縮小到那些不信仰由教會權威制定的「正確」、「合理」、「真實」、「正統」的教旨的人，用聖徒的話說即為「異端、謬誤、虛假和永恆錯誤」的人。

從名義上來講，那些仍然堅持古羅馬信仰的少數人是不會被認定為異端分子的，因為他們游離在基督教教會之外，而且嚴格來講也無須解釋自己的觀點。儘管如此，《新約》中有些描述的確有損帝國尊嚴，讓這位驕傲的君主大為震怒。如「異端邪說是可怕的邪惡，猶如通姦、猥褻、淫蕩、偶像崇拜、巫術、怒火、爭鬥、凶殺、叛亂、酗酒」，還有一些，出於禮貌，這裡就不再重複了。

所有這些導致了摩擦和誤解，繼而產生迫害。羅馬監獄裡又一次擠滿了基督囚徒，劊子手大大增加了基督犧牲者的數目，血流成河，卻一無所獲。最後戴克里先黔驢技窮，放棄了統治地位，回到達爾馬提亞海岸薩羅納的家鄉，在自家後院種起了大白菜，以此消磨時光，樂此不疲。

他的繼承者沒有繼續鎮壓政策。相反，他看到用武力鏟除基督教已經無望，便大力從事一筆不光彩的交易，想透過收買來贏得敵人的好感。

這事發生在西元 313 年，君士坦丁大帝 [071] 第一次以官方名義承認了基督教會。

如果有朝一日我們有一個「國際歷史修訂委員會」，所有皇帝、國王、總統、教宗、市長，凡享有「大」字稱號的，都得證明自己如何勝任這個稱號。在這些選手中，有一位候選人需要我們特別注意，他就是之前提到的君士坦丁大帝。

這個狂野的塞爾維亞人在歐洲各個戰場上揮舞長矛，從英格蘭的約克打到博斯普魯斯海峽的拜占庭。他殺死了自己的妻子、姐夫和姪子（年僅七歲的小孩），還屠殺了一些地位卑微的親戚。然而儘管如此，當他的軍隊遇到勁敵馬克森提烏斯（Maxentius）時，驚恐萬分之際向基督教求援，竟然獲得了「摩西第二」的美名，後來還在亞美尼亞和俄國教會被推崇為聖人。他表面上接受了基督教，但他從生到死都是個野蠻人，甚至在臨死前還掏出蒸熟了的祭羊的內臟來占卜未來。然而人們卻忘記了這些，因為他頒布了著名的《米蘭赦令》（*Edict of Milan*），保證了他心愛的基督教臣民們「自由表達意見」和「自由集會，不受干擾」的權利。

我在前面已經反覆說過，西元四世紀上半葉的基督教領導人都是些實用政治家，他們終於使皇帝簽署了這個值得紀念的法令，使基督教從小教派的行列中一躍成為國教。不過，他們知道成功是怎樣取得的，君士坦丁的繼任者們當然對此也一清二楚，就算他們用華麗辭藻極力掩蓋，但仍然掩蓋不了這項交易最初的本質。

---

[071]　君士坦丁大帝（Constantine the Great, 274-337），羅馬帝國皇帝，西元 306 年至西元 337 年在位。西元 312 年在羅馬北郊大敗馬克森提烏斯，統一西羅馬帝國。

「交給我吧，強大的統治者」，內斯特（Nestor）主教對狄奧多西[072]皇帝說道，「把教會的全部敵人都交給我吧，我將給你天堂。與我站在一起，把不贊成我們教義的人打倒；我們也將與你在一起，打倒你們的敵人。」

兩千多年來，歷史上類似的交易屢見不鮮。

但像基督教這樣厚顏無恥奪權的交易還是極其罕見的。

---

[072] 狄奧多西（Theodosius I, 347-395），羅馬帝國皇帝。西元 380 年入基督教，西元 392 年定基督教為國教。嚴禁異教信仰，關閉異教神廟。

第五章

囚禁

　　就在古代世界的帷幕即將落幕之前，有一個人物出現在歷史舞臺上，他本該有更好的命運，但卻英年早逝，並且背上了一個沒人喜歡的「變節者」的稱號。

　　我指的是朱利安（Julian）皇帝，君士坦丁大帝的姪子，西元 331 年出生於羅馬帝國的新首都拜占庭。西元 337 年，他名聲顯赫的叔叔死了。於是君士坦丁的三個兒子立刻像餓狼一般撲向其遺產，並打成一團。

　　為了除掉任何可能爭奪遺產的人，他們命令殺死住在城裡和附近的所有皇親。朱利安的父親就慘遭毒手。他的母親生下他後沒過幾年便去世了，六歲的孩子成了孤兒。他有一個體弱多病的同父異母的哥哥，倆人相依為命，一起成長，一起唸書，學的內容大部分都是宣揚基督信仰的好處，講課的是一個叫優西比烏[073]的年長主教，為人謙和，講課的水準卻差強人意。

　　孩子們在逐漸長大，大家覺得把他們送到一個更加偏遠的地方去，不失為一個明智的做法。在偏遠的地方，他們不會那麼引人注意，這樣或許有可能避免重蹈拜占庭小王子們的厄運。兩個孩子被送到小亞細亞中部的一個小村莊裡，在那裡，生活雖然枯燥乏味，卻使朱利安有機會學到不少有用的東西，因為他的鄰居都是卡帕多奇亞的山裡人，很樸實，仍在信仰祖先傳下來的天神。

　　孩子在那裡似乎根本沒有身居要職、掌握權力的可能了。他要求能夠專心致志做學術研究，結果得到了許可。

　　他首先來到尼科米底亞，只有在那裡和其他幾個屈指可數的地方還

---

[073]　優西比烏（Eusebius, 263-339），羅馬主教。因為在他的著作《編年史》（*Chronicon*）和《教會史》（*Church History*）中生動地記載了早起基督教的歷史，從而被譽為基督教歷史之父。

在繼續教授古希臘哲學。很快他的腦子裡裝滿了文學和科學的知識，以至於將從優西比烏那裡學來的東西全都忘得一乾二淨。

接著他獲准去雅典，得以在此繼續學業，這裡是蘇格拉底、柏拉圖和亞里斯多德待過的聖地。

與此同時，他同父異母的哥哥也被暗殺了。他的堂兄君士坦提烏斯，即君士坦丁唯一活著的兒子，突然想起來他還有一個學哲學的堂弟，只有他倆那時才是皇族中僅存的活著的男性。於是，便派人把他接回來，對他很友善，還把自己的妹妹海倫娜（Helena）嫁給他，然後命令他去高盧抵禦野蠻人。

看來朱利安從希臘老師那裡學到的不僅僅是爭辯的才能，還學到了更多實用的東西。西元 357 年，當阿勒曼尼人威脅法蘭西的時候，朱利安在史特拉斯堡 [074] 附近打垮了敵人的軍隊，還巧用計謀，把默茲河和萊茵河之間的國家全部納入了自己的版圖。他搬到巴黎居住，把圖書室裡裝滿了自己喜愛的作家的書。平時不苟言笑的朱利安，這次也不禁喜形於色了。

當勝利的消息傳到皇帝耳朵裡時，卻沒有點燃慶祝的火焰。相反，他們制定了周密計畫，要除掉這個對手，因為他的成功有些過頭，功高蓋主了。

可是朱利安在士兵中享有崇高威望，深受他們的擁戴。他們一聽到統帥要被召回（一種客氣的邀請，回去就要斬首），便立刻闖入朱利安的宮殿，宣布他為皇帝。與此同時還四處宣揚說，如果朱利安拒絕接受加冕的話，就會殺死他。

朱利安是明智的，他慷慨接受了這種擁戴。

---

[074]　史特拉斯堡，法國東北部阿爾薩斯省首府，也是法國第九大城市，靠近德國邊境。

那時候，通往羅馬的道路仍然暢通。朱利安以迅雷不及掩耳之勢，搶先把部隊從法國中部開到博斯普魯斯海岸。但是在他到達首都之前，消息傳來，他的堂兄君士坦提烏斯已經死了。

就這樣，一個異教徒重新成為了西方世界的統治者。

當然了，朱利安要做的是一件不可能實現的事情。不過說來也十分奇怪，這樣一個聰明富於智慧的人，竟會認為那些消失的東西可以藉助某種力量再度復活。只要重建一個雅典衛城，讓荒蕪的學院樹林裡重新住上人，教授們穿起古代的寬外袍，彼此之間用已經從這個世界上消失了 500 年的語言講話，就可以重回伯里克里斯時代，再現過去的一切。

然而這正是朱利安力圖要做到的。

在他執政的短短兩年裡，他全部的努力就是致力於恢復重建那些古老科學，而在當時大多數人對此都已不屑一顧。他竭盡全力，希望重新點燃人們研究的熱情。但是這個世界卻被目不識丁的僧侶把持，那些僧侶認為一切值得了解的東西都包括在一本書裡，獨立的研究和調查只會導致喪失信仰，引地獄之火來燒身；朱利安還試圖讓人們重新感受到生活的快樂，恢復人們的活力和熱情。

面對來自四面八方反對的聲音，朱利安陷入了四面楚歌的境地，比他更堅韌的人也會被搞得日夜不安、悲觀絕望。至於朱利安本人，巨大的壓力已經將他碾成了碎片。有一段時間還乞靈於祖先的真灼經驗。安提阿的基督教徒們向他身上投擲石塊和泥巴，可是他不肯懲罰他們。愚蠢的僧侶曾想激怒他，重演迫害的悲劇，而皇帝卻一再告誡手下的官員，「不要造成任何的犧牲」。

西元 363 年，波斯人射出了一支仁慈的箭，結束了這個奇怪的生命。

對於這位最後、也是最偉大的異教徒統治者來說，這種結局倒是再好不過了。

如果他活得再久一些，他的忍耐力以及對愚昧的憎惡反而可能會使他變為當時最專制的人。他在醫院的病床上能坦然回憶起，在他的統治下沒有一個人因為與他見解不同而被處死。可是，他的基督臣民以永恆的仇恨回報了他的仁慈。他們大肆炫耀說是皇帝自己的士兵（一個基督徒軍團的士兵）射死了他，還精心炮製出頌詞對這位士兵大加歌頌。他們還詳盡描述了這位皇帝在駕崩前是怎樣懺悔自己做法的錯誤和承認基督的權力。為了詆毀這位一生儉樸苦行、全心全意為自己臣民謀取幸福的正人君子的名聲，他們搜腸刮肚，把四世紀盛行的貶義形容詞都派上了用場。

朱利安的遺體被埋葬後，基督教的主教們終於可以自詡為帝國名副其實的統治者了。他們立即開始掃蕩歐洲、亞洲和非洲的每個角落，摧毀一切反對勢力。

西元 364 年至 378 年，在瓦倫提尼安一世 [075] 和瓦倫斯兩兄弟當政期間，通過了一項法令，禁止所有羅馬人為舊的天神祭祀牲畜。這等於剝奪了異教教士的收入，他們必須另謀生路。

不過這些規定和狄奧多西皇帝頒布的法律相比較還算是輕的。狄奧多西皇帝頒布的法律不只是讓所有臣民都接受基督教義，而且還必須按照「天主教」教會的儀式來進行祭祀；天主教壟斷了人們的精神世界，而皇帝自己儼然成為天主教的庇護者。

法律頒布以後，所有固守「錯誤理念」的人，所有堅持「愚蠢的異

---

[075]　瓦倫提尼安一世（Valentinian I, 321-375），西羅馬帝國皇帝，與其弟瓦倫斯共同統治羅馬帝國。

端邪說」的人，所有繼續忠實於「可恥教義」的人，都將為自己的固執
與不服從而付出代價，自食拒絕執行法律的惡果，要麼被流放，要麼被
處以極刑。

從那以後，舊的世界走向最後滅亡的步伐更快了。在義大利、高
盧、西班牙和英格蘭，異教徒的廟宇幾乎一座也沒有留存下來，不是被
改造成為基督徒的會堂，就是被需要石頭的建築商拆去建造橋梁、街
道、城牆和水塔。自共和國建立以來，累積起來的成千上萬座金製和銀
製的神像，或者被沒收，或者被偷盜；最後殘存的，也被打得粉碎。

亞歷山大城的塞拉皮姆神廟[076]，六百多年以來一直是希臘人、羅馬
人和埃及人最尊崇的一座神廟，也無法倖免地被夷為平地。從亞歷山大
大帝之時起就聞名於世的一所大學，仍然留在故地，繼續教授和解釋古
代哲學，地中海周圍各個地方的學生紛紛前來求學。亞歷山大主教下諭
不讓這所大學關閉，但是教區的僧侶自行其是。他們公然闖入教室，用
私刑處死了最後一位柏拉圖學派的教師希帕提亞[077]，並將她殘缺的屍體
扔到大街上餵狗。

羅馬的情況更糟。

朱比特的神廟被關閉。古羅馬宗教的經典《西卜林書》（*Sibylline
Books*）被付之一炬。羅馬城變成了一片廢墟。

在高盧，著名的圖爾斯（Tours）主教當權時，宣稱舊的神祇都是基
督教義中魔鬼的前身，於是所有舊的神祇的廟宇都從地球上消失了。

在邊遠的鄉間，要是農民們起來保衛自己鍾愛的天神，使其不致被
破壞，那麼就會出動軍隊，用斧頭和絞架平息「撒旦[078]的叛亂」。

---

[076] 塞拉皮姆神廟，亞歷山大城的一座神廟，供奉埃及神塞拉皮斯（Serapis）。
[077] 希帕提亞（Hypatia），柏拉圖的追隨者，被視為第一位女數學家。
[078] 撒旦（Satan），《聖經》中的魔鬼。

在希臘，破壞活動的進展要緩慢一些。但是西元 394 年，奧林匹克運動會被禁止了。一旦希臘民眾生活的中心一結束（不間斷地進行了一千一百七十年），那麼其他的事情就比較容易解決了。哲學家被一個一個逐出國境。最後查士丁尼（Justinian I）皇帝一道命令，雅典大學也關閉了，維持大學運轉的資金全部充公。最後碩果僅存的七位教授喪失了謀生之路，於是他們逃亡到了波斯。波斯國王科斯洛埃斯[079]友善地接納了他們，讓他們平靜地度過餘生，還讓他們玩一種神奇新穎的印度遊戲 ── 棋。

到了西元五世紀上半葉，首席大主教克里索斯托姆[080]便確鑿無疑地宣布，所有舊的哲學家和作者的書已經從地球上消失殆盡。西塞羅、蘇格拉底、維吉爾[081]和荷馬都被遺忘在閣樓和地窖中，更不要說那些被所有基督徒憎恨的數學家、天文學家和物理學家。六百年後它們才得以重見天日，在這以前，人們只能聽憑神學家的擺布，依靠那一點點在神學家高興時所恩賜的文學藝術食糧生活。

這可真是一種古怪的節食方式，但營養並不均衡（按醫學行話講）。

基督教會雖然戰勝了異教徒，卻沒能完全擺脫困擾。那些大聲吵嚷著要為自己的古老神靈進香的高盧和盧西塔尼亞貧苦農民，還是比較容易被制服的，因為他們是異教徒，而法律是站在基督徒這邊的。但要命的是，東歌德人、阿勒曼人和倫巴底人為亞歷山大教士亞流[082]描繪的基督真實面目的觀點是否正確，而住在同一城市裡亞流的死對頭亞他那修是否錯誤（或正好相反），等等問題，爭執得面紅耳赤；倫巴底人和法蘭

---

[079]　科斯洛埃斯（Chosroes I），西元 531 年至 579 年為波斯國王。
[080]　克里索斯托姆（John Chrysostom），古代基督教希臘神父，生於敘利亞境內安提阿，西元 398 年被任命為君士坦丁堡大主教。
[081]　維吉爾（Virgil, 70-19 B.C.），古羅馬著名詩人。
[082]　亞流（Arius, 250-336），亞流派創始人，神學家，反對三位一體教義。

克人卻在是否堅持基督與上帝「並非同類，只是相像而已」的問題上爭執不休；汪達爾人和撒克遜人為證明內斯特所說的聖母瑪麗亞只是「基督的母親」而不是「上帝的母親」的正確性上打的不可開交；勃艮第人和弗里斯蘭人為承認或否認耶穌具有二重性，即半人半神而劍拔弩張。所有這些接受了基督教義的野蠻人，雖然四肢發達、頭腦簡單，除了觀點有誤以外，他們仍然是教會的堅定不移的盟友和支持者，不能按照一般戒律革出教門，也不能用地獄煉火對其進行恫嚇；必須用婉言說服他們，給出明確的教旨，讓他們明白什麼是正確的、什麼是錯誤的，將他們引回到具有仁愛和獻身精神的信徒團隊中來。

正是這種對所有與宗教信仰有關的事物集於一統的渴求，最終促成了那次著名的集會，也就是眾所周知的「大公會議」，或「普世會議」。自從西元四世紀中葉以來，這種會議就不定時地召開，來決定哪些教義是正確的；哪些教義帶有異端邪說的痕跡，因而應該被指為是錯誤的，是謬論，是異端邪說。

第一次普世會議於 325 年召開，地點在特洛伊附近的尼西亞[083] 鎮。五十六年之後，第二次會議在君士坦丁堡舉行。第三次於西元 431 年在以弗所召開。後來，會議連續在迦克墩開了幾次，在君士坦丁堡又召開了兩次，在尼西亞又召開了一次，最後一次，於西元 869 年在君士坦丁堡召開。

從此之後，會議便在羅馬或教宗指定的歐洲任何一個城市召集，因為自西元四世紀以來，人們已經普遍認為，雖然皇帝有召集會議的權利（這一特權也迫使他為忠誠的主教出路費），但是羅馬主教提出的建議卻必須予以高度重視。我們無從得知是誰主導了第一次尼西亞會議，不過

---

[083] 尼西亞，小亞細亞西北部的古城。

可以肯定的是，以後的會議都是由教宗主持的，這些神聖會議做出的決定，若不經過教宗本人或他的代表批准，是沒有任何效力的。

現在我們告別君士坦丁堡，到西部那些更舒適更宜人的地區走一走看一看。

寬容與專制之間的鬥爭一直就沒有停止過，一方把寬容捧為人類的最高美德，另一方卻詆毀它是道德觀念衰弱的產物。對於純理論層面的爭論，我不想過多地關注和談論。不過，我們必須承認，當基督教的支持者試圖為殘酷鎮壓異教徒的行徑辯解時，講得可是頭頭是道。

他們說：「教會和任何其他組織一樣，好比一個村莊、一個部落和一座城堡，必須有一名總指揮，必須制定一套明確的法規和細則，所有成員都必須遵守。所有宣誓效忠基督教的人就等同於暗自發誓效忠教宗並遵守教規。如果他們無法做到這些，那麼就要受到相應的懲處，並驅逐出教會。」

迄今為止，所有這些都是正確的、合理的。

今天，如果一位牧師發現他不再信仰浸禮會教派的教義，可以轉而信仰衛理公會；如果因為某種原因，對衛理公會的教旨也失去信仰，還可以轉到唯一神教派、天主教派或猶太教，也可以改信印度教或土耳其的伊斯蘭教。世界廣闊，宗教信仰的大門是敞開的，除了飢腸轆轆的家人外，別人絕對不會對他的選擇說三道四。

可是，這是一個蒸汽船、火車大行其道的年代，充滿了各式各樣無窮無盡的經濟機緣。

西元五世紀時的世界可就不這麼簡單了。那時羅馬主教的影響力無所不在，很難從世界上找出一個角落不受他的影響。當然，人們可以像許多異教徒一樣選擇前往波斯或者印度，但是路途非常遙遠，生還的機

率很小，這同時還意味著永遠地自我流放，長期離鄉背井，妻離子散，天各一方。

最終，既然人們真誠地感受到自己對基督的理解是正確的，說服教會修改一下教旨只是時間問題，那為什麼還要放棄自由信仰的權利呢？

這正是整個問題的關鍵之所在。

早期基督徒，不管是虔誠的教徒還是持異端邪說的，都認為思想的價值理念只是相對的，而不是絕對的。

博學的神學家極力想說明無法解釋的事情，把上帝的本質歸納成公式，這就像一群數學家們為 x 絕對值的爭論把對方送上絞架一樣荒唐可笑。

但是，自以為是和專制的風氣瀰漫了整個世界。以至於直到不久前，如果有人說「人們無法辨別孰對孰錯」，並在此觀點的基礎上倡導寬容的話，還會有生命危險。他們只得把忠告小心翼翼地隱含在拉丁文的書本裡，而能夠理解他們真正含義的聰明讀者卻寥寥無幾。

第六章

生活之純

接下來講一個小小的數學問題，這在一本講述歷史的書裡出現，算不得離題。

把一根繩子繞成圈，如圖：

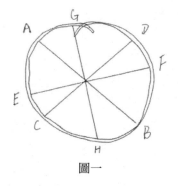

圖一

圓圈中各條直徑當然是相等的。

$AB=CD=EF=GH$，以此類推。

但是，輕拉繩子兩邊，圓圈就變成了橢圓形，完美的平衡被破壞，各條直徑亂七八糟。AB 和 EF 等幾條線段大大縮短了，其他線，尤其是 CD，卻增長了。

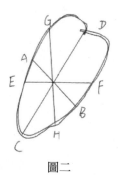

圖二

現在把數學問題用到歷史中。為了便於闡述，我們先假定：

AB 代表政治；CD 代表商業；EF 代表藝術；GH 代表軍事。

圖一是完美的平衡，所有線段都長短一致，對政治的關注與對商業、藝術和軍事的關注基本相等。

但是圖二（它不再是圓圈了）中，商業受到特別優待，代價是政治和藝術幾乎完全銷聲匿跡，而軍事卻略長了一些。

或者使 *GH*（軍事）成為最長的線段，而其他的都趨於消亡。

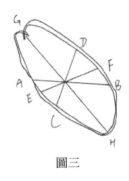

圖三

這就是解決許多歷史問題的祕金鑰匙。

試一下希臘這把鎖。

希臘人在短時間內還能夠保持各行各業的完美圓圈。但是，不同政黨之間的愚蠢爭吵很快愈演愈烈，無休無止的內戰耗盡了國家的精力。士兵們不再被用來抵禦外來侵略，保衛國家。他們受命向國人開火，因為這些人投了另一個候選人的票，或者想稍微變通一下徵稅法。

商業是這類圓圈中最重要的直線，它第一次感到步履維艱，最後完全走投無路，便逃向世界的其他地方了，因為生意在那裡還比較穩定。

貧窮從正門大搖大擺地進城，藝術便從後門偷偷地溜走，從此不再露面。資本乘坐一百海里內最快的航船逃之夭夭。隨著智力活動成為昂貴的奢侈品，好學校也維持不住了。最優秀的教師也趕忙奔往羅馬和亞歷山大。

剩下的都是那些二流市民，日復一日地過著守舊的生活。

　　這都是因為政治的線段超出了比例，平衡的圓圈遭到破壞，其他線段、藝術、科學、哲學等，都化為烏有。

　　如果把圓圈的問題應用於羅馬，你就會發現，那條叫「政治權力」的特殊線段不停地增長，最後把所有別的都擠掉了，築成共和國榮耀的圓圈消失了。剩下的只是一條細細的直線，這就是從成功到失敗的最短距離。

　　再舉一例。如果你把中世紀教會的歷史納入這個數學中，就會發現下面的情況。

　　最早的基督徒曾經極力保持一種完美的行為圓圈。也許他們忽略了科學的直徑，不過既然他們對這個世界的生活不感興趣，也就不必要求他們多麼關心醫藥、物理或天文。他們只想為最後審判日做好準備，這個世界在他們眼裡僅僅是通往天堂的前廳，有用的學科對於他們當然沒有什麼吸引力了。

　　不過，基督的其他虔誠追隨者想方設法（儘管很不完備）要過好日子，他們勤奮刻苦，慈善寬厚，大仁大義，誠實正直。

　　然而，眾多的小社團一旦結為一個大組織，新的世界性責任和義務便無情地破壞了原來精神圓圈的完美。他們的信仰以前是建立在貧窮和無私的原則基礎上的，半飢半飽的木匠和採石工人覺得遵守這樣的信條還很容易。可是羅馬皇位繼承人、西方世界的大祭司和整個歐洲大陸最富有的財主卻不能像波美拉尼亞或西班牙省鎮的小執事那樣過節衣縮食的生活。

　　用這一章的圓圈術語來講，代表「世俗」和「對外政策」的直徑伸展得太長，代表「謙卑」、「貧窮」、「無私」和其他基督教基本美德的直線已經短得微乎其微了。

我們這一代人談論到中世紀的愚昧時總帶著一種同情感，知道他們生活在一團漆黑之中。的確，他們在教堂裡點蠟燭，在搖曳不定的燭光中上床休息，沒有幾本書，連許多在如今小學和較高階精神病院裡教授的東西都茫然無知。不過，知識和智力是全然不同的兩回事，這些優秀的自由民很聰明，建立了我們現在仍然採用的政治結構和社會結構。

他們在很長的時間裡面對許許多多針對教會的惡毒詆毀似乎束手無策，我們對他們的評價還是留點情吧。他們至少對自己的信念還是充滿信心的，與他們認為錯誤的東西還能拚鬥到底，把個人舒適和幸福置之度外，還常常為此命喪斷頭臺。

除此之外的事情我們就不得而知了。

確實，在西元後的一千年中，很少有人再為自己的信仰而犧牲。不過這不是因為教會對異端的反感不如以前強烈了，而是因為它有更重要的事情要做，無法顧及沒什麼危害性的持異議者。

首先，在歐洲許多地方，奧丁（Odin）神（北歐神話中的主神，掌管戰爭、死亡、文化和藝術）和其他異教神仍然是最高的統治。

其次，發生了一件很不妙的事，幾乎使整個歐洲陷於崩潰。

這件「不妙的事」就是，突然出現了一個新先知，叫穆罕默德[084]；一群人追隨一個叫「真主」的新上帝，他們征服了西亞和北非。

我們孩提時讀到的文學充滿了「異教狗」和土耳其人殘酷惡行的故事，這使我們留下印象，覺得耶穌和穆罕默德各自代表的思想是水火不相容的。

其實，他們倆是同一種族，說同一語系的方言，都把亞伯拉罕[085]奉

---

[084]　穆罕默德（Muhammed, 570-632），伊斯蘭教的先知，伊斯蘭教的創立者。
[085]　亞伯拉罕（Abraham），《聖經》中所說的猶太人的始祖。

為始祖，祖籍都可以追溯到一千年前的波斯灣。

兩位大師的追隨者是近親，卻又彼此怒目而視，虎視眈眈，他們之間的戰爭已經打了十二個世紀，到現在還沒有平息。

現在再做「假如」的猜想是白費力氣，但的確曾有一回，羅馬的頭號敵人麥加差一點接受了基督信仰。

阿拉伯人像所有沙漠居民一樣，把大量時間用來放牧，因此他們有大量的時間花在沉思上。城裡人可以在終年不斷的鄉鎮市場上尋歡作樂，而牧民、漁民和農夫卻只能過著隱士般的生活，渴望一種比熱鬧和刺激更實際的東西。

阿拉伯人期待拯救，他們還嘗試過好幾種宗教，不過他們明顯偏愛猶太教。這原因很簡單，因為阿拉伯儘是猶太人。西元前十世紀，所羅門國王的大批臣民受不了沉重的賦稅和統治者的專橫，逃到阿拉伯。到了五百年後的西元前 586 年，巴比倫王尼布甲尼撒二世 [086] 征服了猶太人，大批猶太人第二次湧向南部的沙漠。

猶太教由此傳播開來。猶太人只追求唯一真正的上帝，這與阿拉伯部落的志向和理想不謀而合。

稍微讀過穆罕默德著作的人都知道，這位麥地那人從《舊約》中借用了大量至理名言。

以實瑪利 [087]（《聖經》中的人物，與母親夏甲一起埋葬在阿拉伯中部猶太神殿中的至聖所）的後裔並不敵視這位來自拿撒勒的年輕人的改

---

[086]　尼布甲尼撒二世（Nebuchadnezzar II），巴比倫國王，西元前 630 年至前 561 年在位，征服了西南亞大片土地，攻占並焚燒了耶路撒冷，捉住了但以理。

[087]　以實瑪利（Ishmael），根據《聖經·舊約》，他是猶太人始祖亞伯拉罕的長子，是一些阿拉伯部落的祖先。他的母親夏甲（Hagar）是亞伯拉罕的妻子的侍女，母子二人被亞伯拉罕趕出家門。以實瑪利在曠野中落腳，娶了一位埃及女子，成為十二支沙漠部落的祖先。穆斯林將自己看作是以實瑪利的後代。

革思想。相反，耶穌說只有一個上帝，是所有人的慈父，他們也如飢似渴地相信了。他們不願意接受拿撒勒木匠的追隨者喋喋不休宣揚的所謂奇蹟。至於復活，他們乾脆就不相信。不過，他們還是傾向於新信仰，願意給它一席之地。

但是，穆罕默德在一夥狂熱的基督徒手裡吃了不少苦頭。這夥人缺乏判斷力，沒等他開口就斥責他是騙子，是偽先知。這件事，加上迅速廣為流傳的認為基督徒是信仰三個而不是一個上帝的偶像崇拜者的說法，終於使沙漠居民對基督教嗤之以鼻，他們宣布自己熱愛麥地那的那個趕駱駝人，因為他只講一個上帝，而不是抬出三個神來混淆視聽，一會合為一個上帝，一會又分為三個，全憑當時形勢和主持教士的眼色行事。

這樣，西方世界便有了兩種宗教，都說自己信奉的是唯一真正的上帝，都把其他上帝貶為騙子。

這些觀點上的衝突很容易引起戰爭。

西元 632 年，穆罕默德去世了。

在不到十二年的時間裡，巴勒斯坦、敘利亞、波斯和埃及相繼被征服，大馬士革成為大阿拉伯帝國的首都。

到西元 656 年底，北非所有的沿海國家都把真主作為自己的精神主宰，穆罕默德從麥加逃到麥地那後不到一個世紀，地中海變成了穆斯林的一個內湖，歐洲和亞洲的一切交往都切斷了，直到十七世紀末期，歐洲大陸一直處於包圍之中。

在這種環境中，教會要把教旨傳往東方是根本不可能的。它能希望做到的只是保住已經取得的成果，它選中了德國、巴爾幹各國、俄國、丹麥、瑞典、挪威、波希米亞和匈牙利作為進行深入精神開發的肥沃土

地，而且整體來說大獲成功。偶爾也有像查理曼那樣桀驁不馴的基督徒，意圖倒是不錯，就是不夠文明，用暴力手段屠殺了熱愛自己的上帝而摒棄外來上帝的臣民。不過，基督傳教士大都是受歡迎的，因為他們誠實正直，宣講的東西簡單明確，易於理解，在這個充滿血腥、爭鬥和動盪的世界裡，為人們帶來了秩序、整潔和仁慈的思想，實在難能可貴。

前方捷報頻傳，但是教會帝國內部卻禍起蕭牆。世俗的線段不斷加長（用本章開始時的數學概念講），最後教會的精神因素完全成為政治和經濟思想的附庸；儘管羅馬的權力日益膨脹，對以後十二個世紀的發展還有舉足輕重的影響，但是崩潰瓦解的跡象已經露頭，老百姓和教士當中的智者也看出了這一點。

我們現在的這些北方新教徒把教會看成一座房子，七天中有六天空蕩無人，每星期日人們才去聽布道和唱讚美詩。我們知道有一些教堂裡有主教，偶爾主教們在城裡開會，那時我們發現周圍會有一群面孔和善的年老紳士，他們衣領都翻到後面。我們從報紙上得知他們或提倡跳舞，或反對離婚。隨後他們就回到家裡了，而周圍的生活依然是那樣平靜幸福，無憂無擾。

我們現在極少把這種教會（即使它與我們形影不離）與我們的生死以及所有社會活動連在一起。

政府當然完全不同，它可以拿走我們的錢，如果覺得社會需要，還可以殺死我們。政府是我們的所有者，是主人；但通常所稱的「教會」卻是可以信賴的好朋友，即使與它發生爭執也無關緊要。

但是在中世紀，情況迥然不同。那時的教會看得見摸得著，是非常活躍的組織，它呼吸著，存在著，用種種政府做夢也想不到的辦法決定

著人的命運。第一批接受慷慨王公餽贈的土地、放棄古老的貧窮理想的教宗，很可能沒有預見到這個政策會導致的結局。起先，由基督的忠誠追隨者向聖徒彼得的後裔贈送一點世俗的財產，這看上去似乎有益無害、合情合理。但是仔細想一想，從約翰奧格羅茨到特拉比松（土耳其北部城市），從迦太基到烏普薩拉（瑞典東南部港市），到處都有複雜的監督管理體制，有成千上萬的祕書、教士和抄寫員，再加上各個部門數以百計的大小領導人，他們都要住房、穿衣、吃飯。還有信使橫穿整個大陸的差旅費用，今天去倫敦，明天去諾夫哥羅德（俄羅斯西北部城市，在彼得堡東南）的外交使臣的旅行費用，以及為了保持教宗信使與世俗王公會晤時的衣著規格保持一致，也必須花大筆錢。

回顧一下教會本來代表什麼，思考一下如果環境再好一些又會出現什麼情況，如今的這種發展確實是極大的遺憾。羅馬很快變成了巨大的國中之國，而宗教色彩卻只剩下斷簡殘編，教宗成為世界獨裁者，與他相比，古代皇帝的統治反倒顯得寬仁大度了。

教會的成功所向披靡，但到了一定程度，便出現了一些障礙，遏制了它統治世界的野心。

主的真正精神又一次在民眾中掀起軒然大波，這對於任何宗教組織都猶如眼中釘，肉中刺。

持異議者古已有之。

一旦有了對信仰的絕對統治，也就有了持異見者，幾乎與教會一同誕生。它使歐洲、非洲和西亞在數世紀內互懷敵意，虎視眈眈。

不過，撒伯流派 [088]、基督一性論者 [089]、摩尼派 [090] 和聶斯托留教派 [091] 之間血腥的爭鬥在本書中是不值一提的。一般來講，各個教派都是鼠肚雞腸，亞流的追隨者與雅典娜的信徒都專橫暴虐，是一丘之貉。

況且，這些爭執總是圍繞著神學中很不起眼的隻言片語，現在已經逐步被遺忘了，我不想把這些東西再從故紙堆裡挖出來，免得在此書中挑起新一輪的神學戰火。我寫下這些，是想告訴子孫後代，祖先不惜生命為之奮鬥的自由理想，還想告誡他們不要重蹈覆轍，因為專橫的教條主義和獨斷專行已經導致了過去兩千年來的沉痛災難。

可是到了十三世紀，情況大為改觀。

異教信徒不再只是持異見的反對者，他們不會再為〈啟示錄〉中個別詞句的誤譯或錯拼了《約翰福音》（*Gospel of John*）的一個字母而與人爭論不休。

相反，他已經成長為一名捍衛神聖思想的戰士。古羅馬皇帝提比略大帝統治時期，拿撒勒的一位木匠曾為這一思想赴湯蹈火。而現在，他儼然已經成為真正的基督徒。

---

[088]　古代基督教一位論教派，反對三位一體論，主張上帝只有一位，聖父、聖子、聖靈只是統一為上帝的三種不同顯現。

[089]　主張耶穌基督的人性完全融入其神性，故只有一個本性。

[090]　一種古代宗教，3 世紀由波斯智者摩尼（Mani, 216-276）創始於波斯的二元宗教，以其創始人摩尼的名字命名，在幾百年間是基督教的主要對手。舊譯「明教」、「明尊教」、「末尼教」或「牟尼教」。

[091]　基督教的一個派別，因信奉君士坦丁堡牧首聶斯托留（Nestorius）所倡導的基督「二性二位」的教義，故名，其教義於 431 年被判為異端，追隨他的信徒遂形成聶斯托留派。

第七章

宗教裁判所

　　西元 1198 年，一個名叫洛塔里奧（Lotario）的塞格尼伯爵繼承了他叔叔保羅（Paolo）在位沒幾年的教宗寶座，他就是英諾森三世（Innocent III）。

　　他就位時年僅三十七歲，是拉特蘭教堂裡最傑出的教宗之一。他是巴黎大學和布倫大學的優等生，他富有、聰明、精力充沛、志向遠大，他在位時大展宏圖，把整個世界收入囊中，而不僅僅是教會。

　　他把駐羅馬的帝國執政官趕出城去，再次征服了由帝國軍隊控制的那部分巴爾幹半島，最後把皇位繼承人逐出教會，使那個可憐的王子身陷困境無法自拔，乖乖地放棄了阿爾卑斯山東面的領地。這樣，洛塔里奧使義大利擺脫了日耳曼人的干涉。

　　他組織了聞名的第四次十字軍東征，不過壓根沒去「聖地」，而是奔向君士坦丁堡，並在那裡燒殺搶掠、無惡不作。以至後來到希臘港口的十字軍士兵無不憂心忡忡，生怕被當作亡命徒送上絞架。少數基督教徒對這種令人髮指的行徑深惡痛絕，英諾森三世雖然也對此行徑表示過不滿，但他畢竟是個實際的人，很快接受了現實，並任命一個威尼斯人去當君士坦丁堡的主教。這聰明的一招使東方教會重新歸入羅馬教會的管轄範圍，同時又贏得了威尼斯共和國的好感，從此，威尼斯共和國把拜占庭領地看成是自己的東方殖民地，在那裡肆意發號施令。

　　在精神方面，他也顯示出很高的造詣和老道的手段。

　　在醞釀了快一千年之後，教會終於開始插手人們的婚姻生活。他們認為，婚姻不只是男女之間的民事契約，而是一樁聖事，只有在神父當眾祝福後才生效。法國的菲利浦·奧古斯特（Philip Augustus）和萊昂的阿方索九世（Alphonso IX）曾經一意孤行，按照自己的好惡治理國家，但很快就得到警告讓他們記住自己的職責，由於他們一生處世小心，便立即按教宗的旨意行事了。

甚至在歐洲的北部高地，儘管基督教剛剛傳入，人們也明確意識到誰是真正的主人。哈康四世（Haakon IV）國王（同夥海盜們習慣稱他為「老哈康」）剛剛征服了一個小帝國，除了他所在的挪威外，還有蘇格蘭的一部分、整個冰島、格陵蘭島、奧克尼群島（英國蘇格蘭原郡名，由奧克尼群島構成，已改為行政區）和赫布里底群島（位於蘇格蘭西部，被小明奇海峽分為內赫布里底群島和外赫布里底群島），建國之初，為了能在特隆赫姆（挪威中部港市，臨特隆赫姆海港）教堂順利登基，他還不得不向羅馬法庭交代他複雜的出身。

就這樣，教會的勢力越來越堅固。

保加利亞國王曾一味屠殺希臘戰俘，偶爾還折磨拜占庭的皇帝。他對宗教思想根本不感興趣，但他竟千里迢迢趕到羅馬，奴顏婢膝地向教宗俯首稱臣。遠在英格蘭，幾個男爵發動了一場政變，頒布了《大憲章》[092]，想要限制國王的權利。但很快，他們就被粗魯地告知檔案無效，因為這是「靠暴力取得的」。接下來，他們就因為起草了舉世聞名的《大憲章》而被開除教籍。

所有這些都表明，無論是胸無城府的紡織工人，還是大字不識的牧民，誰要是膽敢挑戰教會的權威，英諾森三世是絕不會手軟的。

不過，還真有人這麼大膽。

關於異端邪說這個題目實在令人傷透腦筋。

異教徒大都是貧苦百姓，沒有什麼搞宣傳的才能。他們偶爾會用拙劣的文筆寫幾本小冊子，闡述自己的見解，以保護自己不受敵人侵犯。但是馬上就會被當時掌權的宗教法庭派出的機敏鷹犬抓住把柄，大禍臨

---

[092] 《大憲章》(*Magna Charta*)，英國的一些男爵（沒有封地的國王的家臣）反對國王約翰（King John）增加稅賦，武裝反對國王，後經過談判，於 1215 年簽署了該憲章。

頭。他們的敵人為了殺一儆百，欺世惑眾，也寫文章披露「新撒旦的反叛」，我們對異端邪說的了解都是從這些文章和審判記錄中略知一二的。

於是，我們經常看到這樣一幅場景：異教徒披頭散髮、衣衫襤褸，住在最下層貧民窟的最低窪的一間空蕩蕩的屋子裡，拒絕沾崇高的基督食品，一味吞嚼菜梗菜葉，只喝白水，對女人避而遠之，唸唸有詞地叨嘮救世主第二次重返人間的預言，責罵教士的庸俗和邪惡，還惡意攻擊萬物的內在規律，讓周圍的人難以忍受。

當然，許多異教徒的確令人討厭，這也許是自命不凡的人的天命。

他們中的很多人追求神聖的生活，卻懷著一種近乎邪惡的熱情，又髒又臭，看起來像惡魔一樣。而且，他們那些關於真正基督存在的怪誕思想把鄉村的平靜生活攪得雞犬不寧。

不過，他們的勇氣和誠樸還是值得讚許的。

他們所獲無幾，卻失去了一切。

一如既往，他們一事無成。

但是，這個世界上的一切都趨於組織化。最後，就連根本不相信組織的人為了有所成就也要成立一個「無組織促進協會」。喜愛神話、沉湎於感情的中世紀異教徒也不例外。他們謀求生存的天性使他們聚在一起，一種不安全感迫使他們在自己的神聖教旨外面裹上了幾層玄奧莫測的禮儀。

但是，忠誠於基督教會的大眾卻無法區別這些教派。他們把所有異教徒混為一談，稱他們是骯髒的摩尼教教徒或用其他不恭的字眼，以為這樣就能一了百了。

這樣，摩尼教徒成了中世紀的布爾什維克，當然我不是說當時有一個綱領明確的政黨，像數年前在俄帝國建立的統治力量一樣。我是指一

種含混不清的謾罵，如今的人也用它來詛咒房東，因為房東如果嫌操作電梯的男孩沒有把電梯停在適當樓層，就要向他要房租。

在中世紀的上等基督徒眼裡，摩尼教徒是最討厭的傢伙。可是他們又沒有真憑實據進行審判，便以道聽塗說之詞施以誹謗。這個方法在私下聚會中倒頗有成效，比一般的法庭審判還快一些，但常常欠準確，導致了許許多多冤案。

可憐的摩尼教徒的情況愈變愈糟，因為創始人波斯人摩尼是寬厚和仁慈的化身。他是歷史人物，生在西元三世紀前葉一個叫艾克巴塔那的小鎮子裡，父親帕塔克是當地有影響的財主。

他在底格里斯河畔的泰西封[093]受過教育，他在那裡度過了他青年時期。泰西封所處的環境就像如今的紐約一樣，是個多種語言共存的國際性城市，既有虔誠的民眾，也有不信神的人，既物欲橫流，又具有理想主義的精神。在從東方、西方、南方和北方熙熙攘攘來訪美索不達米亞大商業中心的人群中，各種異端、宗教和教派都有自己的追隨者，摩尼傾聽著各種說教和預言，把佛教、基督教和猶太教混在一起，再摻上一點古巴比倫迷信，形成了自己的一套哲學。

如果不考慮摩尼教徒有時把教義扯向極端，那麼摩尼只是復甦了古代波斯神話中的好上帝和壞上帝的說法。壞上帝總是與人的靈魂作對，摩尼把萬惡之神與《舊約》中的耶和華連在一起（於是耶和華變成了魔鬼），把萬福之神看作《福音書》裡的「天父」。而且，（這裡可以體會到佛教的影響）摩尼認為人的血肉之軀是邪惡齷齪之物，天性可卑，所有人都應該不斷磨礪體膚，忍飢縮食，以期擯除自己的凡俗野心，才能不落入萬惡之神的魔掌，不被地獄之火燒為灰燼。他恢復了一大批禁忌，

---

[093]　泰西封，古代美索不達米亞的一座城市，位於底格里斯河畔。

這不能吃，那不能喝，給追隨者的食譜只是涼水、乾草和死魚。這後一項條令也許會使我們吃驚不已，不過教徒們一直認為海裡的冷血生物對人的不朽靈魂損傷小一些，比陸地上的熱血親族強，這些人寧願死也不肯吃一塊牛排，而吃起魚來卻津津有味，毫無噁心厭惡之感。

摩尼把婦女視為草芥，這也表明他是個不折不扣的東方人。他禁止信徒結婚，主張逐步滅絕人類。

至於對猶太派創立的、洗禮者約翰發起的洗禮以及其他儀式，摩尼對之深惡痛絕。因而即將就職的聖職人員不必將身子浸入水中，而是要行按手禮。

二十五歲那年，這個怪人開始向全人類解釋他的思想。他首先來到印度和中國，獲得相當大的成功。繼而他轉回故土，要把教義的祝福帶給自己的鄰邦。

可是，波斯教士們已經感到超凡脫俗的教義的成功使他們失去了大宗祕密收入，於是轉為反對摩尼，請求對他施以極刑。起先摩尼受國王保護，但是老國王死後，新國王對宗教事務毫無興趣，把摩尼交給教士階層裁決。教士們把摩尼帶到城牆下，釘在十字架上，還把他的皮剝下來掛在城門上示眾，以此警告對這個預言家的異端邪說感興趣的人。

經歷了與當局的激烈衝突，摩尼教最終敗下陣來，分崩離析。但是摩尼教思想中殘留下來的隻言片語就像劃過天際的流星一樣，在歐洲和亞洲的大地上廣為傳播，在以後的世紀裡在樸實貧苦的民眾中引起巨大反響，民眾不自覺地挑選起了摩尼的思想，仔細審視它，發現它很合乎自己的口味。

摩尼教是何時，怎樣進入歐洲的，我也不得而知。

很可能它是經過小亞細亞、黑海和多瑙河流傳過來的。繼而它翻過

阿爾卑斯山，很快在德國和法國享有崇高聲譽。新教義的追隨者給自己起了個東方名字：叫「卡特里」（Cathari），即「過純潔生活的人」。這種令教會深感痛苦的思想迅速在西歐蔓延開來，以至在整個西歐，這個詞與「異端邪說」相提並論了。

不過請不要認為「卡特里」就是某個明確的宗教教派的成員，根本沒人試圖另立一種新教派。摩尼教的思想對許多人產生了巨大影響，而這些人卻又咬定自己只是基督教會的虔誠兒子。這使這種特殊形式的異端邪說非常危險，難以察覺。

但對於那些連紫外線都發現不了的細菌，我們只有祈求上天保佑了，因為它們有可能「繼承我們的地球」。

用基督教的觀點看，摩尼教是最危險的社會瘟病，這種不尋常的精神折磨方式使教會高層感到了前所未有的恐懼。

這些話不過是些竊竊私語，然而早期基督信仰的最堅定支持者也的確表現出了這種病的徵兆。就拿聖奧古斯丁[094]來說，這個十字軍的傑出勇敢衛士曾經一馬當先摧毀了異教的最後堡壘，但據說他內心卻向著摩尼教。

西元 385 年，西班牙主教普里西利安[095]被綁在柱子上活活燒死了。他因被指控傾向摩尼教，而成為反異端法的第一個犧牲品。

就連基督教會的頭面人物也漸漸被可怕的波斯教義吸引。

他們開始勸告不懂神學的門外漢不要讀《舊約》，最後在十二世紀還宣布了著名的條令：所有神職人員都必須保持獨身。在這個波斯禁慾理想的深刻影響下，造就了一位偉大的精神改革領袖，這位令人尊敬的偉

---

[094]　聖奧古斯丁（Saint Augustine, 354-430），羅馬帝國末期北非柏柏爾人，早期西方基督教神學家、哲學家，曾任北非城市希波（今阿爾及利亞安納巴）的主教，故史稱希波的奧古斯丁（Augustine of Hippo）。
[095]　普里西利安（Priscillian），西班牙主教，西元四世紀末創立異端派別普里西利安派，深受摩尼教的影響，提倡獨身，主張苦修。

人吸收了摩尼教嚴格的修行理念，建立了一套新式修道院制度。這使他贏得了「西方佛陀」的美名，他就是亞西西的方濟各 [096]。

當甘願清貧的保持謙卑靈魂的高貴精神開始逐漸向貧民階層滲透的時候；當皇帝與教宗的又一場戰爭一觸即發的時候；當外國僱傭軍各自扛著鑲有十字架和蒼鷹的旗幟為地中海岸珍貴的彈丸之地拚殺得你死我活的時候；當大批十字軍攜帶從朋友和敵人那裡掠奪的不義之財蜂擁回國的時候；當修道院長豢養一群阿諛之徒深居在窮奢極欲的宮殿的時候；當教士們乘馬撞過清晨熙攘的人群去飽享狩獵早餐的時候；一樁不妙的事情已經注定要發生，而且真的發生了。

毫不奇怪，對基督教現狀的不滿首先產生在法國的一個地方，那裡的古羅馬文化傳統雖然維持得最長，但野蠻卻沒能融化在文明之中。

從地圖上可以找到這個地方。它叫普羅旺斯，我們可以發現，它就坐落在地中海、隆河 [097] 和阿爾卑斯山之間的三角地帶。曾經淪為腓尼基殖民地的馬賽是這個地區最重要的港口，這裡有不少富裕的鄉鎮和村落，有肥沃的土地、充足的雨水和陽光。

當中世紀的歐洲還在聽著長髮日耳曼英雄的野蠻故事時，普羅旺斯的吟遊詩人就已經發明了一種新的文學形式，即現代小說的雛形。普羅旺斯人與鄰邦西班牙和西西里的穆斯林有著密切的貿易往來，這使人們能夠及時接觸到科學領域的最新圖書，而在同時期的歐洲北部，這類出版品還屈指可數。

在這個國家，要求回歸早期基督教的運動最早在十一世紀的頭十年便已初見端倪。

---

[096] 方濟各（Saint Francis of Assisi, 1182-1226），天主教方濟各會的創始人。1209 年經教宗英諾森三世批准，正式成立方濟各托缽修會。
[097] 隆河，法國東南部的河流。

但不管從哪個角度看，公開的叛亂都是沒有的。只是某個小村子裡的有些人，開始暗示牧師應該跟他們過得一樣樸實簡單；有的拒絕隨國王征戰（啊，多麼令人懷念古代的烈士啊！）；有的想學一點拉丁文，以便自己能夠閱讀和研究福音書；有的表示反對死刑；有的否認「煉獄」的存在，而早在耶穌死後六世紀，「煉獄」就被官方視為基督天國的一部分；還有的則拒絕向教會交納自己百分之十的收入（這是最重要的一點）。

　　但反對教會當局的反叛頭頭，教會都會盡可能地將他們揪出來。如果他們不聽勸解，就會被悄悄處死。

　　但是邪惡之事還在繼續蔓延，以至於整個普羅旺斯的主教們全被號召聚到一起，商量採取什麼行動阻止這場非常危險的煽動性騷動。他們的爭執一直延續到西元 1056 年。

　　這時已經清楚地表明，一般性的懲罰和逐出教會是徒勞無功的。要過「純潔生活」的樸實鄉民只要有機會在監獄鐵窗裡表現基督仁慈和寬厚的信條就高興不已，如果有幸被判處死刑，他們便如溫順的綿羊一般奔赴刑場。一位殉道者死去了，還有更多鮮活的生命為了神聖的事業，義無反顧地填補他的位子，這樣的例子屢見不鮮。

　　教會的代表堅持要採用更殘酷的迫害，而地方貴族和牧師（由於了解老百姓的本意）則拒絕執行羅馬的命令，他們抗議說暴力只會使異教徒以更堅定之心反對理性的聲音，是白白耗費時間和精力。就這樣，兩方面的意見爭吵了整整一個世紀。

　　到了十二世紀末期，這場運動受到了來自北方的激勵。

　　與普羅旺斯隔著隆河的里昂，住著一位商人，叫彼得·瓦勒度（Peter Waldo）。他嚴肅，卻不失慷慨、善良之心，他一心渴望追隨耶穌的榜樣，幾乎像著魔了一樣。耶穌曾經說過，想讓富有的年輕人進入天堂，

比讓駱駝穿進針孔還難，多年以來，基督徒絞盡腦汁想弄明白耶穌說這話時的確切含意。彼得·瓦勒度並沒有這樣，他讀了這句話便深信不疑。他把自己所有的財產都分給了窮人，然後退離商界，不再累積新的財富。

有二十位教宗曾評注過這句話，並小心翼翼地規定，要在什麼條件下，凡人才可以在沒有教士的幫助下研讀《聖經》。

但彼得·瓦勒度不這麼看。

既然約翰寫道：「汝等需自尋聖經。」

那麼好吧，彼得·瓦勒度就要自己讀一讀。

當他發現一些與哲羅姆 [098] 的結論不相吻合的東西，他便把《新約》譯成自己的母語，把手稿散發到普羅旺斯各地。

起先他的活動並未引起很大注意。他渴望貧窮的熱情似乎沒有危險。很可能他會建立一種新的修道院苦行制度，以滿足那些想過真正艱難生活的人，他還指責現存的修道院有點太奢侈太舒服了。

羅馬是很會為信仰熱情過盛而常常鬧出亂子的人找到適當發洩場所的。

但是一切都要按照常規和先例辦。如此說來普羅旺斯的「純潔人」和里昂的「窮人」真是棘手萬分。他們不僅不告訴教宗他們的所作所為，甚至還膽大包天地公然宣稱沒有職業教士的指點他們也能成為完美的好基督徒，羅馬的主教在自己的司法許可權之外沒有權力告誡人們應該做什麼和信仰什麼，正如培爾塔利的大公爵或巴格達的哈里發也沒有這種權力一樣。

---

[098]　哲羅姆（Jerome, 347-420），教堂交付和翻譯家。傳統上認為他是最博學的拉丁神父，寫有很多聖經評注。406 年他完成拉丁文《聖經》的翻譯工作。

教會當時處於進退維谷的境地，實事求是地講，它等待了很長時間才最後決定訴諸武力根除這些異端邪說。

但是如果一個組織基於的原則是：只有一種正確的思想和生活方式，其他的都是臭名昭著、人所不恥的，那麼當它的權威受到質詢時，它就必然會採取極端措施。

教會如果做不到這一點，也就無法生存，這終於迫使羅馬採取果斷行動，制定出一整套懲罰條例，使以後的持異見者都心懷恐懼。

阿爾比教徒 [099]（以阿爾比城命名的異教徒，該城是新教義的發祥地）和瓦勒度教徒 [100]（因其創始人彼得・瓦勒度得名）在國家中的政治地位並不高，因而無法有效地保護自己。他們被選中作為第一批犧牲品。

一個教宗的代表統治了普羅旺斯好幾年，他把那裡當作被征服的領土作威作福，結果被殺死了。這給英諾森三世的干涉提供了藉口。

他召集了一支正規十字軍，攻擊阿爾比教徒和瓦勒度教徒。

凡是參加了討伐異端分子的為期四十天遠征的十字軍戰士，都可以免徵債務利息，赦免過去和將來所犯的一切罪孽，也可以在一段時間內不受一般法庭的審判。這些恩惠煞是可觀，北歐的人正求之不得。

他們何苦遠道征戰巴勒斯坦？去富饒的普羅旺斯打仗就可以獲得與東徵相同的精神和物質獎勵以及同等的榮譽，並且服役時間還要短很多。

於是，聖城暫時被人遺忘。來自法國北部、英國南部、奧地利、薩

---

[099]　阿爾比教派，十二世紀和十三世紀法國南部的新教徒教派成員，在中世紀宗教法庭活動期間作為異教派而遭到根除。

[100]　瓦勒度教派，原為十二世紀起源於法國的宗教運動，現指流行於法義邊境地區的瑞士基督教派。

克森和波蘭的貴族紳士中的敗類紛紛為躲避地方官員，南下到富饒的普羅旺斯進行燒殺搶掠，還順便充實一下虧空的金庫。

被十字軍絞死、燒死、斬首或大卸八塊的男女老幼的數目眾說不一，我也不清楚究竟有幾萬人送了命。各地在正式的執行大規模死刑後很少提供具體數字，通常都在兩千和兩萬之間，視城鎮大小而定。

貝濟耶城被占領後，十字軍士兵分辨不出哪些是異教徒，哪些不是，左右為難。這個問題被送到隨軍的教宗代表精神顧問那裡。

這位善良的人回答說：「孩子們，幹吧，把他們全殺光，主自會分辨！」

當時有一個英國人叫西蒙·德·孟福爾[101]，是個久經沙場的正牌十字軍。他殘暴無比，嗜血成性，不斷變出新花樣殺戮掠奪。作為對他的「功績」的報答，他得到了大片剛被他搶掠過的土地，他的部下也按「功」分得賞賜。

有少數幾個瓦勒度教徒躲過劫難，逃到了人跡罕至的皮德蒙特山谷。在那裡，建立了一個自己的教會，直至十六世紀的基督教改革運動。

但阿爾比教徒就沒那麼走運，在歷經長達一個世紀的不斷迫害之後，他們的名字已經從宗教法庭的庭審記錄中消失了。但是，三百多年後，他們的教義稍微調整了一下形式，又重現人間，並由一個叫馬丁·路德的薩克森牧師廣為傳播。他們將要進行一場改革，打破長達一千五百多年的教廷壟斷統治。

當然，這一切都瞞過了英諾森三世的機敏眼睛，他還以為困難局面

---

[101]　西蒙·德·孟福爾（Simon de Montfort, 1165-1218），討伐阿爾比派十字軍的法國首領，後在包圍土魯斯城時陣亡。

已經終止，絕對服從的信條已經成功地確立了。在《路加福音》（*Gospel of Luke*）中有一條著名的命令，講的是一個人想舉辦一個晚會，他發現宴席上有空位子，幾個客人還沒有來，便對僕人說：「到大街上去，給我拉幾個人進來！」如今，這種事情再一次發生了。

異教徒也就這樣被拉進來了。

教會發愁，怎樣才能讓他們老實待在裡面，這困擾了教會很多年，始終沒得到解決。

由於地方法庭未能完成自己的使命，諸如在第一次阿爾比教徒造反時組織的特別調查法庭便在歐洲其他首都紛紛建立起來。法庭專門審判所有異端邪說，後來人們乾脆稱它們為「宗教法庭」。

甚至在今天宗教法庭早已不發揮作用的時候，這個名字仍然使我們心驚肉跳。我們彷彿看見哈瓦那的黑牢，里斯本的刑具室，克拉科夫的生鏽鐵鍋和烙人的刑具，黃色的頭巾和黑色的面具，以及一個下額寬大的國王凝視著一排排望不到邊的男男女女慢慢地走向絞架。

十九世紀後期的幾部通俗小說的確描寫了令人髮指的野蠻行徑，我們可以把其中百分之二十五的內容歸於作者的想像，百分之二十五歸於異教徒的偏見，即使這樣所剩下的恐怖也足以證明所有祕密法庭都是難以容忍的魔鬼，在文明世界中是絕不會被容忍的。

亨利・查理・李（Henry Charles Lea）在煞費苦心寫成的八卷書中講敘了宗教法庭的活動。我在這裡把它縮減至兩三頁，要在這樣短的篇幅內對中世紀最複雜的問題做一精闢解釋當然是不可能的，因為沒有一個宗教法庭能與如今的最高法院或國際仲裁法庭相比。

在不同的國家裡有形形色色的宗教法庭，它們又都負有不同的使命。

最著名的是西班牙的皇家宗教法庭和羅馬的聖宗教法庭。前者主要處理地方事務，包括監視伊比利半島和美洲殖民地的異教徒。

後者的魔爪伸往歐洲各地，在大陸北面燒死了聖女貞德（Joan of Arc），在南面燒死了喬達諾‧布魯諾。

嚴格地講，宗教法庭從未殺過任何人。

由教士組成的法庭宣判之後，異教罪犯便被送到非宗教的當局手裡，當局可以用他們認為合適的方式處置他。不過當局如果沒能判處他死刑，便會招致許多麻煩，甚至被逐出教會或失去教廷的支持。如果罪犯逃離了此難，沒有被送到地方當局，這類事也曾發生過，那麼他受的磨難就更大，因為他會被囚在宗教法庭的孤獨牢房裡慘熬餘生。

相比在岩石城堡的陰暗洞穴裡被慢慢逼瘋，死在火刑架上更痛快。於是，許多罪犯拚命往自己身上攬各種根本就沒有犯的罪行，這樣可以減輕他們的痛苦。

要想毫無偏見地闡述這個問題真的太不容易。

說來令人難以相信，在整整五個多世紀裡，世界各地成千上萬與世無爭的平民僅僅由於多嘴的鄰居道聽塗說而半夜三更被人從床上拖起來，在汙穢的地牢裡關上幾個月或幾年，眼巴巴地等待既不知姓名又不知身分的法官的審判。沒有人告訴他們罪名和指控的內容，也不准許他們知道證人是誰，不許與親屬連繫，更不許請律師。如果他們一味堅持自己無罪，就會飽受折磨直至四肢都被打斷，別的異教徒可以揭發控告他們，但要替他們說好話卻是沒有人聽的。最後他們被處死時連遭到如此厄運的原因都不知道。

更難以置信的是，已經入土五六十年的男女也會被從墳墓中挖出來「缺席」判罪，以這種方式定了罪的人的後裔還要在罪犯死去半個世紀之

後被剝奪財產。

但事實的確是這樣，因為宗教審判官正是靠分享所有被沒收來的物品來填充私囊，所以這種荒唐的事就絕非罕有，時隔兩代的祖父據說做過某件事而導致孫子們被逼得一貧如洗，這種事屢見不鮮。

凡讀過二十年前沙皇俄國處於全盛時期的報紙的人都記得什麼是暗探。這種暗探總是以引人注目的個性和「悲傷」的樣子出現，扮成道道地地的小偷或洗手不幹的賭徒。他故作詭祕地使人知道他是由於創痛才參加革命的，常常能博得誠心反對帝國政府的人的信任，但他一旦探得新朋友的祕密，便向警察局告密，把報酬裝進腰包，再到另一個城市重演卑鄙的勾當。

在十三、十四和十五世紀中，南歐和西歐布滿了這些居心歹毒的私人暗探。

他們的謀生方式是靠告發那些據說抨擊了教會或對教義中的某幾點持懷疑態度的人。

如果周圍沒有異端邪說者，暗探就要人為地製造出幾個。

他心裡有數，被告不論多麼清白無辜，在嚴刑拷打下也會承認罪名。他絲毫不會擔風險，可以無止境地從事這個職業。

在許多國家中，人們可以匿名告發別人思想不端，這種制度在人們頭上籠罩了恐怖。最後，就連最親密無間的朋友都不敢相信，一家人也要互懷戒心，留神言詞。

掌管宗教法庭大量工作的托缽僧人充分利用了他們造成的恐懼，在差不多兩世紀中他們搜刮了許多民脂民膏。

是的，我們可以毫無顧忌地說，宗教改革的主要原因就是廣大民眾對這些盛氣凌人的乞丐深惡痛絕了，他們披著虔誠的外衣，闖入安分守

己的公民家裡，睡在最好的床上，吃最好的飯菜，嘴裡還喋喋不休地說他們應該被當作上賓招待，應該活得無比舒服。他們的唯一本領就是恫嚇人們，他們說，如果他們沒有得到理所應當的奢侈豪華，就要向宗教法庭告發施主。

教會當然可以答覆說，宗教法庭這樣做完全是起思想健康檢查官的作用，立誓要盡的職責就是防止錯誤思想在群眾中流傳開來。它可以舉例說明對於出於無知而誤入歧途的異教徒的既往不咎。它甚至還可以宣稱除背教者和屢教不改的人之外幾乎沒有人被處死過。

可事實又如何呢？

一個鬼把戲可以把無辜的人變為死囚，也可以使他表面上悔過自新。

暗探和偽造者從來都是如影隨形。

而對於這些奸細來說，偽造幾份檔案又算得了什麼呢？

第八章

艱難的求知

現代的不寬容，就像古代高盧人一樣[102]，可以分為三種：出於懶惰的不寬容、出於無知的不寬容和出於自私自利的不寬容。

第一種也許最普遍。它在每個國家和社會各個階層都能看到，尤其在小村子和古老鎮子裡更為常見，而且不僅僅限於人類的範圍。

我家養的那匹老馬，前二十五年裡在考利鎮的溫暖馬廄度過了安定的生活，說什麼也不願意到西港的同樣溫暖的穀倉去，理由很簡單，牠一直住在考利鎮，熟悉這裡的一磚一石，即使康乃狄克州沒有景緻會嚇到牠，更不會打擾牠平日裡悠閒的散步。

我們的科學界迄今花費了巨大精力研究早已不復存在的波里尼西亞群島的方言，卻很可惜忽視了狗、貓、馬和猴子的語言。不過，假如我們懂得一匹名叫「杜德」的馬與從前考利鎮的鄰居說些什麼，就能聽到一場空前激烈的不寬容的大發洩。杜德已經不是小馬駒，在許多年前就已定型，所以牠覺得考利鎮的禮節、習慣和風俗樣樣順眼，而西港的禮節、習慣和風俗則完全不對頭，到死牠還是這樣認為。

正是這種不寬容使父母對子女的愚蠢行為搖頭嘆息，使人們荒唐嚮往「過去的好日子」，使野蠻人和文明人都穿上令人難受的衣服，使這個世界充滿了多餘的廢活，也使抱有新思想的人總被群起而攻之。

不過即使這樣，這種不寬容相對來說還是無害的。

我們大家或早或晚都要因為這種不寬容而受罪。在過去的幾代中，它致使數以百萬計的人背井離鄉，這樣一來，大片荒地變成了永久居住區，否則那裡還會是荒無人煙。

第二種不寬容更為嚴重。

---

[102] 在《高盧戰記》（*Bellum Gallicum*）中，凱撒從地理上把高盧人分為三種：比爾及人、阿奎丹尼人和克勒特人。

無知的人因為無知而變得危險。

但是，他如果還為自己的智力不足措辭辯解，那就更為可怕。他在靈魂裡建立起了花崗岩的堡壘，自我標榜一貫正確，他站在咄咄逼人的要塞頂端，向所有敵人（也就是不苟同於他的偏見的人）挑戰，質問他們有什麼理由活在世上。

有這種苦惱的人既苛刻又卑鄙。他們常年生活在恐懼之中，很容易變得殘酷暴虐，喜歡折磨他們憎恨的人。正是從這夥人當中首先冒出了「上帝的特選子民」的念頭。況且這些幻覺的受害者總是想像他們與無形的上帝有某種關係，以此來壯膽，為自己的偏執辯護增色。

譬如，他們絕不會說：「我們絞死丹尼·迪弗爾[103]，是因為他威脅了我們的幸福，我們對他恨之入骨，只是喜歡絞死他而已。」他們是絕不會這樣說的。他們湊到一起召開氣氛莊嚴的祕密會議，一連幾個小時、幾天或幾個星期詳細研究上面說的丹尼·迪弗爾的命運，最後判決一經宣布，丹尼這個也許只搞了些諸如小偷小摸的可憐蟲便儼然成為犯有重罪的最可怕的人物，膽敢違反上帝的意志（這意志只是私下授予上帝的特選子民，也只有上帝的選民才能理解），對他執行判決是神聖的責任，法官也因為有勇氣給撒旦的同夥判罪而光宗耀祖。

忠厚老實、心地善良的人和野蠻粗魯、嗜血成性的人一樣，都很容易被這個最為致命的幻覺所迷惑，這在歷史學和心理學上已經司空見慣了。

人們興致勃勃地觀看一千名可憐的犧牲者遭難，他們肯定不是殺人犯，他們是正直虔誠的老百姓，自己還覺得是在上帝面前從事一件榮耀喜人的事情呢。

---

[103]　丹尼·迪弗爾（Danny Deever），英國詩人吉卜林（Rudyard Kipling）於 1890 年所寫的一首敘事詩中的主角，這首詩被譽為是吉卜林早期最傑出的作品之一。

　　如果有人向他們提到寬容，他們還會表示反對，認為這是不體面地承認自己道德觀念衰退。也許他們自己就不寬容，但在那種情況下他們反倒以此而自豪，還振振有辭，因為在潮溼寒冷的晨光裡站著丹尼·迪弗爾，他穿著藏紅色襯衣和綴滿小魔鬼的馬褲，一步一步緩慢而堅定地走向執行絞刑的市場。示眾一結束，人們便回到舒適的家裡，飽餐一頓燻肉和豆子。

　　這本身不就足以證明他們所想的和所做的是正確的嗎？

　　不然他們怎麼能是觀眾呢？怎麼不和死者調換一下位置呢？

　　我承認這個觀點是經不起推敲的，但卻很常見，也難予以回擊，人們只是深信自己的思想就是上帝的思想，因此根本無法明白自己會有什麼錯。

　　剩下的第三種不寬容是由自私自利引起的，實際上它是嫉妒的一種表現，就像麻疹一樣普遍。

　　耶穌來到耶路撒冷後教導人們，靠屠殺十幾隻牛羊是換不到全能上帝的垂青的，於是所有靠典禮祭祀謀生的人都詆毀祂是危險的革命者，在祂還沒有從根本上危害他們的大股收入時，就設法把祂處死了。

　　幾年後，聖保羅來到以弗所，宣揚一種威脅珠寶商買賣的新教義，因為當時珠寶商透過製作和販賣當地的女神黛安娜（Diana）的小塑像大發橫財，為此金匠行會差一點要用私刑教訓這個不受歡迎的侵入者。

　　一些人依靠某種已經建立的崇拜來謀生，另一些人卻要把人們從一個寺廟引到另一個寺廟，他們之間一直存在著公開的戰爭。

　　我們在討論中世紀的不寬容時，必須記住我們要對付一個非常複雜的問題。只是在極為個別的情況下我們才能遇到三種不同的不寬容中的單獨一種表現。在引起我們注意的迫害案件中，常常三種情況並存。

一個組織如果擁有了雄厚的財富，掌管了數千英哩的土地和統治了成千上萬的農奴，它自然會不擇手段地打壓那些企圖重建簡單而質樸的「人間天國」的農民了。

　　這樣看來，想要保證經濟利益，就必須消滅異端分子，這種情況便屬於第三類形式 —— 出於自私自利而導致的不寬容。

　　不過還有一種人感到了來自官方禁令的壓力，這就是科學家。這個問題更為複雜。

　　為了理解教會當局對揭示大自然奧祕的人所執有的邪惡態度，我們必須得回到若干世紀以前，研究一下歐洲頭六個世紀內發生了什麼。

　　野蠻人的入侵像一股無情的洪水掃蕩著歐洲大陸每個角落。在混濁的汙水中還雜亂無章地矗立著幾個古羅馬的國家組織。但是，城牆裡面的社會已經泯滅，書籍被浪潮捲走，藝術也在新型的無知泥潭裡被遺忘。收藏、博物館、圖書館和慢慢累積起來的科學數據全都被亞洲中部的野蠻人用來點了篝火。

　　我們還保留著一些十世紀圖書館的書目。至於古希臘的圖書（君士坦丁堡除外，那時君士坦丁堡被視為遠離歐洲中心的地方，就像如今的墨爾本 [104] 那樣遠），西方人所擁有的也寥寥無幾。這說來似乎難以置信，但是書的確是沒有了。學者為了熟悉古人的思想煞費苦心，但找到的只有亞里斯多德和柏拉圖著作中個別章節的翻譯（譯文也很拙劣）。要學習古人的語言也找不到老師教授，只有幾個希臘僧侶，他們是在拜占庭的神學爭吵中被迫放棄家園逃到法國或義大利避難的。

　　拉丁文的圖書倒是不少，不過大部分是四世紀和五世紀才寫成的。所剩無幾的古人手稿被無數次漫不經心地轉抄，如果不耗費畢生心血研

---

[104]　墨爾本，澳洲城市。

137

究古代文學根本就無法看懂。

至於科學書籍，除去歐幾里得的一些最簡單的幾何作圖題可能倖免外，其他的在任何圖書館都找不到，更可悲的是，這些書也不再為人們所需要。

那時統治世界的人用敵視的眼光看待科學，根本不鼓勵數學、生物學和動物學領域的獨立鑽研，更不必說醫學和天文學了，它們的地位低下，不為人們所重視，絲毫沒有實用價值。

要現代人來理解這些無疑是非常困難的。

二十世紀的人都信仰進步，儘管各自的角度不同，我們並不知道是否能使世界趨於完美。不過都覺得應該試一試，這是我們的神聖職責。

是的，進步已然成為一種勢不可擋的趨勢，有時這個信念似乎成為整個國家的信仰。

但是中世紀的人卻沒有也不可能有這樣的想法。

希臘人曾經憧憬著這個世界將充滿美好與生機，但是這個美夢最終曇花一現！政治的動盪無情地摧殘了它。以後幾個世紀的希臘作家都成了悲觀主義者，他們凝視著曾經一度是樂土的廢墟，悽慘地認為人間所做的任何努力，都只不過是一場空！

另一方面，羅馬的作家從近一千年延綿不斷的歷史中得出了結論，從人類的發展中發現了一種蓬勃向上的潮流，羅馬哲學家們，其中最著名的是伊比鳩魯，也興致勃勃地為更幸福、更美好的未來教育年輕一代。

這時，基督教到來了。

人們關心的中心從這個世界移到了另一個世界。幾乎在一夜之間，人們又跌入萬丈深淵，那裡只有絕望和服從。

人是邪惡的。人的天性和偏好都是邪惡的。人在罪惡中孕育，在罪惡中生，在罪惡中活，在對罪惡的懺悔中死去。

但是新的絕望跟舊的絕望還是有差別的。

希臘人堅信自己比別人更聰明，受過更好的教育，還憐憫那些不幸的野蠻人。但是他們從來都沒有因為自己是宙斯的選民，而覺得比其他種族優越。

相反，基督教從未能脫離自己的老祖宗。當他們把《舊約》吸收進《聖經》，成為他們的信仰時，他們便繼承了猶太人的那條難以置信的信條，認為他們跟別人不太一樣，相信只有信奉正統的教義的人才能得到救贖，其他人都注定要走向滅亡。

當然，對於那些欠缺謙虛精神，自信滿滿地認為自己是眾生中集上帝萬千寵愛於一身的人來說，這種思想是不無裨益的。正合了他們的胃口。在許多至關重要的年代裡，這種思想使基督徒成為連繫緊密、自成一家的整體，在異教橫行的汪洋大海中超然地漂流著。

對於像特土良[105]和聖奧古斯丁，以及其他忙著把基督教會的思想寫成具體文字的作家來說，在這股向四面八方擴散的浪潮裡，別的地方發生了什麼，他們是漠不關心的。他們只想安全抵達彼岸，建立起上帝之城，而其他地方的人的願望與他們毫不相干。

因此，他們為自己創造了關於人的起源和時間空間界限的完全新型的概念。埃及人、巴比倫人、希臘人和羅馬人發掘的祕密絲毫引不起他們的興趣。他們真誠地相信，隨著基督的誕生，一切過去有價值的東西都已土崩瓦解。

---

[105]　特土良（Tertullian,150-230），迦太基基督教神學家、倫理學家。宗教領袖，早期基督教作家。

譬如關於地球的問題。

古代科學家認為地球是數十億星球中的一個。

基督徒從根本上反對這個觀點。在他們看來,他們藉以生存的小圓地盤就是宇宙的中心。

地球是為一群特殊的人專門創造的臨時棲身之所。它的來龍去脈很簡單,在《創世記》(*Genesis*)第一章描寫得一清二楚。

到了需要確定上帝偏愛的人在地球上生活了多久的時候,問題就更複雜了。因為在各個方面都能找到遠古時代的證據,比如深埋地下的城池,滅絕的怪獸和早已石化了的植物。不過這些都不足為據,可以被忽視,或被矢口否認。這一切做完後,再決定創世記的具體日期就易如反掌了。

在這樣的宇宙裡,一切都處於靜止狀態,它從某年某月某時開始,又在某年某月某時結束。地球的目的僅僅是為了一個獨一無二的目的,根本沒有數學家、生物學家、化學家以及諸如此類的人探索求知的任何餘地,因為這些人關心的只是一般規律和時間空間的永恆和無限。

的確,許多科學家抗議說,他們在內心裡是上帝虔誠的兒子。不過正牌的基督徒都更明確地認為,一個人如果真心誠意地主張要熱愛和忠誠於信仰,就不會知道得那麼多,也不會有那麼多書。

有一本書就足夠了。

這本書就是《聖經》,裡面的每個字、每個逗號、每個冒號和每個感嘆號都是由受到神示的人寫下的。

伯里克里斯時代的希臘人要是知道世上存在這樣一本所謂的聖書,裡面包括一鱗半爪生澀難懂的民族史、感情混漠的愛情詩、半瘋半痴的先知描繪的虛無飄渺的夢幻和對出於某種原因而惹惱了亞洲許多部落神靈的人連篇累牘的惡意痛斥,那他們是不會感興趣的。

但是，三世紀的野蠻人卻對「文字」拜服得五體投地，在他們看來，這便是最神祕的文明形式。經過他所在的教會多次召開會議後，才向他推薦這本書，並告訴他，這是一本完美無缺的書，沒有任何錯誤、疏漏和缺陷。他便欣然接受了這本非同尋常的奇書，把他當作人類已經掌握並且希望掌握的所有知識的總和，還和作者一道，咒罵並迫害那些研究範圍膽敢超出摩西和以賽亞（Isaiah）所規定的界限之外，公然藐視天國的人。

　　甘願為原則去死的人畢竟有限。

　　不過，有些人對知識的渴望是無法壓抑的，積蓄已久的精力必須有發洩的地方才行。結果，求知與壓制的矛盾衝突導致產生了另一株弱小乏味的智力幼苗，人們後來稱它為「經院學派」[106]。

　　這要回溯到八世紀中葉。法蘭克國王矮子丕平[107]的妻子伯莎（Bertha）生了一個兒子，和路易[108]國王相比，這個孩子[109]更有理由被稱作是法國民族的恩主聖人。因為為了路易的自由，國民不得不交付了約八十萬土耳其金幣的贖金，可是他對國民的回報，卻是在自己的國家建立起一個宗教裁判所。

　　這孩子受洗禮時起名叫卡羅魯斯（Carolus），在許多古代憲章的結

---

[106]　經院學派，中世紀神學和哲學的主要形式，始於 11 世紀的神學和哲學運動，既是一種方法論，同時也是一種體系，其主要目標是調和基督教神學與以亞里斯多德及其追隨者為代表的希臘哲學之間的矛盾。

[107]　丕平（Pepin the Short, 714-768），曾任巴黎市長，西元 751 年至 768 年為法蘭克國王。西元 754 年接受教宗斯德望二世（Stephen II）的加冕。是查理曼大帝的父親。

[108]　路易，指路易九世（Louis IX, 1214-1270）。法蘭克國王，西元 1226 年至 1270 年在位，被尊稱為聖路易。他參加了十字軍第四次東征。後在巴勒斯坦滯留四年，1254 年回到法國。1270 年他參加另一次十字軍遠征，死於北非的突尼西亞。

[109]　指丕平國王的兒子查理曼大帝（Charlemagne, 724-814），西元 768 至 814 年為法蘭克國王，他將法蘭克王國的疆域擴人到西歐和中歐的大部分地區，他征服了義大利。西元 800 年，羅馬教宗李奧三世（Leo III）替他加冕為西羅馬帝國皇帝，與都城在君士坦丁的東羅馬帝國分庭抗禮。

尾處都能看到他簽的名字。他簽字有些笨拙，不過他對拼寫一向是馬馬虎虎的。他幼年時學過法蘭克文和拉丁文，但他的手指由於在疆場上和俄國人與摩爾人搏鬥而患了風溼病，很不聽使喚，最後他不得不打消了寫字的念頭，請來當時最好的書寫家當祕書，替他簽字。

這個久經沙場的老兵在整整五十年裡只穿過兩次「城市服裝」（羅馬貴族穿的外袍），還以此而自豪，不過他真正了解學習的價值，把王宮變成了私立大學，教授他的孩子和其他官員的子女。

這個西方的新皇帝周圍簇擁著當時的許多名人，他自己也很津津樂道於和他們消磨業餘時間。他極為崇拜學院式的民主，甚至把禮節都放棄了，還像大衛兄弟（Brother David Steindl）那樣積極參加各種討論會，允許地位最低下的學者與他辯論。

但是，我們在審度他們在討論中感興趣的問題時，自然會聯想到田納西州任何一所鄉間中學的辯論小組選中的題目。

這些人至少是很天真的。如果說西元 800 年的情況的確如此的話，那麼西元 1400 年的情況也不例外。這並不能責怪中世紀的學者，應該說他們的頭腦和二十世紀的後人一樣敏捷。他們的處境和現代化學家和醫師有雷同的地方，可是他們儘管享有調查研究的充分自由，但所做所為和主張卻不能違反 1768 年的第一版《大英百科全書》（*Encyclopaedia Britannica*），其原因很簡單，那時的化學還是一個不大為人知的科目，外科也常常與屠宰相提並論。

結果（我有些混淆了自己的比喻），中世紀的科學家儘管有非凡的智力和能力，但試驗的範圍卻很窄，就像在一輛舊汽車的底盤上安一臺勞斯萊斯牌的現代引擎，一踏油門便會出現一連串故障。等他能安全操縱、按規定和交通規則駕駛這臺古怪的新玩意時，已經變得荒唐可笑

了，即使費上天大的牛勁，也無法到達目的地。

當然，面對這不得不遵守的限速規定，這一群菁英很絕望。

他們想方設法擺脫教會鷹犬的無休止監視。他們寫下了長篇大論，試圖證明與自己的真實想法相悖的東西，以此來遮掩自己的真正思想。

他們做出各種掩人耳目的假象：穿上奇裝異服，屋頂上掛滿了鱷魚，架子上擺滿了裝有怪物的瓶子，在爐子裡燒些氣味難聞的草藥以便把左鄰右舍從前門嚇跑，這樣便得到一種聲譽，說他們是與人無害的神經病患者，可以隨心所欲地胡說八道，不必對自己的思想負很大責任。漸漸地他們形成一整套科學的偽裝，甚至在今天我們也難以判斷出他們的真正意圖。

若干個世紀以後，新教徒也和中世紀教會一樣對科學和文學毫不寬容，不過這裡就不多談了。

大宗教改革家們可以痛痛快快地大聲疾呼和咒罵，卻從沒能把恫嚇轉化為反抗的具體行動。

羅馬教會卻不然，它不僅有致異己於死地的威力，而且一俟時機成熟便加以施展。

對於那些喜歡抽象地思考寬容和專橫的理論價值的人，上面所說的差別倒無足輕重。

然而，對於那些必須從當眾放棄信仰和當眾受鞭笞做出選擇的可憐人來說，這可就是個大問題了。

而有時他們不敢說出真話，寧願把時間花在用〈啟示錄〉中的動物名字組成的填字遊戲上，我們倒也不必太苛求他們。

我敢肯定，假如倒退六百年，我也不敢寫現在這本書。

第九章

向印刷文字開戰

　　我發現現在寫歷史越來越困難了。這就像我從小就是拉小提琴的，到了三十五歲時，別人突然給我一臺鋼琴，要我像鋼琴大師一樣以此為生，它們不都是「樂器」嗎？我已經學會了某個領域的技巧，卻必須從事另一種完全不同的某個領域的技巧，我必須用一種既定的秩序，來審查過去發生的事，這個秩序是由皇帝、國王、大公和總統來統治，議員、財政大臣來輔佐的世界。另外，在我年輕的時候，上帝還預設是世間萬物的主，理應受到推崇和愛戴。

　　但戰爭打響了。

　　舊秩序被打翻在地，皇帝和國王被廢黜，負責的大臣被不負責任的祕密委員會取代，在世界許多地方，天國的大門被不經議會同意而頒布的敕令關閉了，一個已死的經濟學傭傭文人被官方認作古往今來所有先知的繼承人。

　　當然所有這些並不會長久，但卻使文明再過幾世紀才能趕上來，而到那時我早就不在人世了。

　　我必須充分利用現有的一切，但這並不容易。就拿俄國的情況來說吧。大約二十年前我在這個所謂的「聖地」住了一段時間，那時我們得到的外國報紙中總有整個四之一的篇幅被塗抹得漆黑一片，技術上稱之為「魚子醬」。這次塗抹是為了擦去一些內容，因為小心翼翼的政府不願意讓心愛的臣民們知道。

　　整個世界把這種監督看作是「黑暗時代」[110]的復甦，令人難以容忍，而我們這些偉大的西方民主國家的公民們保留了不少塗有「魚子醬」的美國報紙，把這些滑稽的玩意展示給國民看，原來那些遠近聞名的俄國人是如此的封閉落後。

---

[110]　「黑暗時代」，十八世紀左右開始使用的一個名詞，指西歐歷史的中世紀早期；具體地說，指西方沒有皇帝的時期，約西元476年至800年；更常見的說法是指西元約500至1000年之間。

隨後，爆發了俄國大革命。

在那接下來的七十五年間，俄國的革命者高呼人民生活困難，政治高壓，根本談不上「自由」，還舉出證據，說宣揚社會主義的報刊都要接受嚴格審查。但到了 1918 年，原本受壓迫的人占了上風。然而事情後來怎麼樣？曾經主張自由的那一方，在得勝之後真的取消了書報審查制度了嗎？萬萬沒有！凡是沒有為這個國家的新主人說好話的報紙、雜誌社，通通關門歇業，還抓了許多編輯，把他們流放到西伯利亞和阿爾漢格爾斯克（俄羅斯西北部港市），可以選擇的地方不是很多。與沙皇手下的那些廣遭詬病的大臣和警察們相比，他們的寬容心還不及其百分之一。那位沙皇被稱為「白袍小神父」。

我是在較為開明的社會環境中長大成人的，這個社會信仰彌爾頓[111]的格言：「最高形式的自由是按照自己的良心自由地了解、自由地闡述和自由地辯論。」

「開戰了！」正如電影裡演的，我記得《登山寶訓》[112]被宣布是德國的危險檔案，不允許在千百萬王國臣民中流傳，編輯和印刷商要是出版了它就會被罰款或坐牢。

鑑於這些，似乎放棄研究歷史，搞短篇小說或搞房地產更明智些。

但這是服輸認栽，我要堅持自己的工作，盡量記住在秩序井然的國度裡，每個正直的公民都應該有權表白、思考和陳述自己認為正確的東西，只要不干涉他人的幸福、不破壞文明社會的禮儀和不違背當地警察局的制度就行。

---

[111] 彌爾頓（Milton, 1608-1674），英國詩人。他的文章多謳歌和捍衛民權與宗教自由。被認為是英國繼莎士比亞之後最偉人的詩人。

[112] 《登山寶訓》（*Sermon on the Mount*），《新約・馬太福音》中記錄的宗教教義和耶穌發表的倫理演說，這是耶穌對其門徒和許多人做的訓誡。

當然，這使我備錄在案，成為所有官方出版審察的敵人。依我之見，警方應該追查的倒是那些為了私利而印刷的色情雜誌和報紙。至於其他的，誰願意印什麼就由他去印吧。

我講這些並不是說我是理想主義者或改革家，我很講實際，最憎惡浪費精力，也很熟悉過去五百年的歷史。這段歷史清楚地表明，對文字和言論的任何暴力壓服都沒有過任何益處。

胡言蠢話就如同炸藥，只有放在狹小密封的容器裡，再加上外力的打擊，才會產生危險。如果放任一個可憐蟲去講演，他至多只能招來幾個好奇的聽眾，他的苦心只會成為大家的笑柄。

同一個人，如果被目不識丁粗魯的地方長官戴上手銬，送進監獄，再判處三十五年的單獨囚禁，那他就會變成大家同情的對象，最後還會被譽為烈士。

但是要記住。

既有為好事獻身的烈士，也有為壞事送命的亡命徒，後者手段狡猾，人們無從知道他們下一步要幹什麼。

因此我主張，由他們去說去寫吧。如果說的是至理名言，我們就應該知道，如不然，也會很快被忘記。希臘人似乎意識到了這一點，羅馬人在帝國時代之前也是這樣做的。但是一俟羅馬軍隊總司令成為帝國半神半人的人物、成為朱比特的遠親、遠遠地離開了普通民眾，一切就都改變了。

「欺君犯上」的滔天罪名被炮製出籠。這是一種政治罪，從奧古斯都[113]時代到查士丁尼當政時期，許多人僅僅由於上諫直言稍有冒犯，便

[113]　羅馬帝國的奠基人奧古斯都‧凱撒是歷史上舉足輕重的偉大人物之一。他結束了西元前一世紀間使羅馬共和國陷入混亂的內戰，重新組建了羅馬政府，因此他的國家內部出現了長達兩個世紀之久的太平盛世。

被投入監獄。但如果人們把羅馬皇帝束之高閣不去搭理，也就沒什麼談話題目可忌諱了。

到了教會統治世界的時候，快樂的時光一去不復返了。

耶穌死後沒幾年，善與惡、正統與異教之間便有了明確的分界線。一世紀後期，聖徒保羅在小亞細亞的以弗所附近周遊了很長時間。那個地方的護身符和符咒是聞名已久的。保羅四處傳教，驅逐魔鬼，獲得極大成功，使許多人承認了自己的異教錯誤。作為懺悔的象徵，人們在一個晴空萬里的一天，帶著魔法書聚在一起，把價值一萬多美元的祕密符咒付之一炬，你在《使徒行傳》（Acts）第十九章可以讀到這些記載。

不過這完全是出於懺悔罪人的自願，《使徒行傳》上並沒有說保羅曾經禁止過其他以弗所人閱讀或藏有這些東西。

直到一個世紀以後，才邁出了這一步。

以弗所城的一些主教發出命令，凡載有聖徒保羅的書都是禁書，忠誠的信徒不應當閱讀。

在以後兩百年中，被禁封的書籍很少，因為問世的圖書也寥寥無幾。

但是在 325 年召開尼西亞會議以後，基督教成為羅馬帝國國教，對文字的審查隨之成為教士日常工作的一部分。某些書是絕對禁止的。還有些書則被稱為「危險品」，並有警告說，閱讀這類書的人都要冒身家性命的危險。作者在出版作品之前，最好還是先獲得當局的批准，以保平安，這形成了一種制度，作者的手稿必須送當地主教審批。

即使如此，作者也不總能擔保著作可以久存於世。這個教宗宣布這本書無害，而他的繼承人卻會宣布它不正派。

不過整體來說，這個辦法倒也較為有效地保護了撰寫人免於與自己

在羊皮紙上的作品一起被燒為灰燼。那時的圖書還靠手抄相傳，出版一套三卷本需要五年時間，所以這項制度甚為奏效。

然而這一切都被古騰堡[114]的發明改變了。他的別名叫約翰·弗萊士（John Gooseflesh）。

從十五世紀中葉以後，有魄力的出版商在不足兩星期內便可以出版四百至五百本之多的圖書，在1453年至1500年的短暫時間內，西歐和南歐的讀者竟獲得不下四萬冊不同版本的圖書，這相當於當時較大的圖書館歷代累積的全部藏書。

圖書數量出乎意料地迅速增加，使教會憂心忡忡。明知一個異教徒在閱讀自抄的《馬太福音》（Gospel of Matthew），卻不能輕易逮捕他，不然的話對擁有兩千萬冊編輯整潔的圖書的兩千萬異教徒又該如何處置呢？他們對當權者的思想構成了直接威脅，看來必須指派一個特別法庭審查以後所有的出版品，決定哪些可以出版，哪些永遠不能見天日。

這個委員會經常公布一些書目，認為這些書含有「犯禁知識」，由此產生了臭名昭著的《禁書目錄》（Index Librorum Prohibitorum）。其名聲與宗教法庭的名聲一樣狼藉。

有人認為對印刷出版的監督是天主教會獨有的。其實這並不公正。許多國家的政府也害怕出版品像雪崩一樣突然壓下來，威脅國家的安寧。他們早已強迫出版商把書稿送到公共檢察機關，凡是沒有蓋上官方批准大印的書都不得出版。

不過除羅馬外，沒有一個國家把這種做法延續至今，即使羅馬的情形也與十六世紀中葉迥然不同。這也是勢在必行。出版工作的進展迅速

---

[114] 古騰堡（Johann Gutenberg, 1395-1468），德國發明家，活版印刷的發明人。1455年完成傑作42本《聖經》，這是歐洲最早的活字印刷品。

澎湃，紅衣主教是為審查各類印刷品而成立的「《禁書目錄》委員會」，也就是紅衣主教會議，很快就應接不暇、力不從心了。除圖書以外，還有小冊子和油印文稿，以報紙、雜誌和傳單的形式，如洶湧洪水衝擊過來，再勤勉的人也休想在兩三千年內通讀一遍，更不用說審查分類了。

統治者對不幸的臣民施以了恐怖專橫的手段，但自己也因為專橫而大吃苦頭。

西元一世紀羅馬帝國的塔西佗[115] 就曾宣布自己「反對迫害作者」，認為「這種愚蠢的做法無疑給本來不會引起大眾注意的書做了廣告」。

《禁書目錄》證實了這個論斷。宗教改革剛一成功。目錄上所列的禁書馬上就成了希望掌握流行文學的人的便利指南。可還不止這些。十七世紀時，德國和低地國家[116] 的精明書商還專門派代表到羅馬，專門蒐集被禁止或被刪節的最新書目，到手後便由特別信使跋山涉水越過阿爾卑斯山和萊茵河谷，以最快速度送到贊助人手裡。繼而德國和荷蘭的印刷廠著手工作，夜以繼日搶印特別版，以高價賣出，由大批職業書販偷偷運往禁令森嚴的國度。

不過偷運過境的書畢竟有限，而且在一些國家，如義大利、西班牙和葡萄牙，《禁書目錄》不久前還在執行，其鎮壓影響仍在發揮顯著作用。

如果這些國家在發展競賽中落後了，這是情有可原的。大學的學生們無法接觸到國外的教材，只能使用國內質量低劣的教科書。

最可悲的是，《禁書目錄》使人們心灰意冷，沒有心思再搞文學和科學了，因為頭腦健全的人不願意辛辛苦苦寫下一本書，卻被無能無知的

---

[115] 塔西佗（Tacitus, 56-120），歷史學家，古羅馬元老院議員。主要著作有《歷史》（*The Histories*）、《編年史》（*The Annals*）等。
[116] 低地國家，指荷蘭、比利時、盧森堡。

檢查官「修正」得七零八落，或者被無學無識的宗教法庭調查委員會校訂得面目全非。

他情願釣釣魚，或者去化裝舞會和酒館消磨時間。

當然，也有人選擇默默地坐下來，在對自己和民族的徹底絕望中，坐下來寫出了《唐吉訶德》[117] 的故事。

---

[117]　《唐吉訶德》（*Don Quixote*），西班牙作家賽凡提斯（Miguel de Cervantes）所著同名小說及其主角。

第十章

歷史寫作的普遍性與本書的特殊性

　　我熱忱地向你們推薦伊拉斯莫斯[118]的信札，尤其是已經讀膩了現代小說的人們。這位博學的求知者當年收到了許多比他更為膽怯溫順的朋友的來信，其中不乏老生常談的警告。

　　「聽說您正在考慮寫一本關於路德派之爭的小冊子。」某位行政長官寫道，「請注意掌握火候，因為您非常容易冒犯教宗，而教宗希望您能萬事平安。」

　　又或者：「某君剛從劍橋回來，他告訴我，您正在籌備出版一本散文集。看在上帝份上，千萬不要惹皇帝陛下不高興，他有權有勢，觸怒了他會讓您吃不了兜著走。」

　　一會是魯汶[119]的主教，一會是英格蘭國王，一會是索邦神學院[120]教師，一會又是劍橋大學可怕的神學教授，四面八方都得考慮周全，不然作者就會失去收入，喪失官方保護，還會落入宗教法庭的魔掌，在刑車輪下被輾成碎塊。

　　如今，作為刑具的輪子（除作為運載工具外）已經降格放在老古董博物館裡了，宗教法庭在近百年裡已經關門閉戶，對致力於文學的人來說，官方保護沒有一絲實用之處，歷史學家聚在一起時更緘口不談「收入」二字。

　　但是，一旦提到我要寫一部《寬容的歷史》時，另一種形式的警告和忠言便紛至沓來，擁入我那與世隔絕的小住所。

　　「哈佛大學已經拒絕黑人女學生入住宿舍」，一個書記官寫道，「請務必在書中提一下這件令人非常遺憾的事情。」

　　又或者：「麻薩諸塞州佛萊明漢市的一家食品店老闆公開宣稱加入了

---

[118]　伊拉斯莫斯（Desiderius Erasmus, 1466-1536），荷蘭文藝復興時期學者，羅馬天主教神學家。其作品主要包括《基督教騎士手冊》（*Handbook of the Christian Knight*）和《愚人頌》（*In Praise of Folly*）。

[119]　魯汶，比利時中部的一個城市。

[120]　索邦神學院，巴黎大學的前身。

羅馬天主教，當地三K黨[121]已經開始聯合抵制他，您在撰寫寬容故事的時候一定會就此談幾句吧。」

諸如此類，不勝列舉。

毋庸置疑，所有這些事情都十分愚蠢、非常無聊，理應受到指責。不過他們似乎不屬於論述寬容的著作範疇之內。這些只是惡劣做派和缺乏高尚的公共精神的展現，他們與官方形式的不寬容形式有很大不同。官方的不寬容是與教會和國家的法律緊密連繫的，它使對安分守己的百姓的迫害成為神聖的職責。

正如白芝浩[122]所說，歷史應該像林布蘭的蝕刻畫一樣，對那些選定的最美好最重要的事物，應該用生動的光線來表現，至於其他的，則隱沒在黑暗中，別去看吧。

現代的不寬容精神也曾經發瘋般地爆發過，新聞報導如實地記錄下了這一切，但即使從這樣的報導裡面，我們也能看到充滿希望的未來。

許多事情在老輩人眼裡或許合情合理，附上「一直如此」的批語，本應理所當然地被接受下來，可在今天卻要引起激烈的爭論。對那些我們的父輩和祖輩認為是荒誕不經和不切實際的思想，我們身邊的一些人常常會拍案而起，挺身而出，為之辯護，並加捍衛。而且，在與某些甚為可恨的群氓思想的鬥爭中，他們通常還能取得勝利。

本書力求簡明扼要。

生意興隆的當鋪老闆之自私勢利，獨霸一方的北歐人之逐漸削弱的自豪感，邊遠地區的福音傳教士之愚昧無知，鄉村教士和巴爾幹拉比[123]

[121]　三K黨，美國最悠久、最龐大的種族主義組織。
[122]　白芝浩（Walter Bagehot, 1826-1877），英國經濟學家，報紙編輯。
[123]　拉比，猶太教負責執行教規、律法並主持宗教儀式的人。原意為教師，即口傳律法的教師，古代原指精通經典律法的學者。後在猶太教社團中，指受過正規宗教教育，熟悉《聖經》和口傳律法而擔任猶太教會眾精神領袖或宗教導師的人。

之偏執頑固，所有這些我都不會費力去討論。這些人，人品倒是不錯，只是思想糟糕得很，這樣的人我們周遭有很多。

不過只要沒有官方支持，他們相對來說倒也無害，在大多數開明的國度裡，已經基本杜絕了這種可能。

個人的不寬容是個非常討厭的東西，它導致社團內部的極大不快，它所帶來的危害比麻疹、天花和饒舌婦人加在一起的還要大。但是，個人的不寬容不能擁有刑罰手段。如果允許不寬容的人充當劊子手的角色，就像有些時候某些國家發生的情形那樣，那就超出了法律的限度，成為警方關注的對象。

個人的不寬容不能操縱監獄，也不能將其思想上升為國家意志，規定和限制人們的思想、言論以及吃喝等日常生活。如果真要這麼做，就必然會招致所有正派安分守己的民眾的強烈不滿，以至新的法令就會成為一紙空文，即便在哥倫比亞地區也無法執行。

簡言之，個人的不寬容是有限度的，即只能以自由國家的大多數公民不介意為極限，不得超越。然而官方的不寬容卻不然，它可以權力浩大，無所不及。

它不承認任何高於自己的權威。

官方的不寬容專橫跋扈、蠻不講理，對給無辜者造成的損害，從來不予以任何形式的補償，且不容分說，不聽任何理論。它還求助於「神靈」來支持自己的決定，承擔起解釋上天旨意的職責，似乎開啟生存之謎的思想鑰匙為那些剛剛在大選中獲勝的人所獨有。

如果本書的「不寬容」一詞總是意味著「官方的不寬容」的意思的話，如果我對個人不寬容的關注度不夠的話，那還請充分諒解。

我一次只能做一件事情。

第十一章

文藝復興

在我們國家有一個知識淵博的漫畫家，他總是喜歡問自己這樣一個問題，撞球、十字填充遊戲、大提琴、漿洗的襯衫和門前的擦鞋墊是怎樣看待這個世界的呢？

不過，我想知道的是那些接受命令去操縱大型現代攻城炮的人是什麼樣的心理反應。戰爭期間，許多人做著形形色色奇怪的工作，但是還有比發射貝爾塔巨砲[124]更加荒誕可笑的工作嗎？

其他士兵或多或少都知道自己在幹什麼。

飛行員可以從飛騰而起的紅光中判斷是否擊中了煤氣工廠。

潛艇指揮員在返航兩三個小時後，可以透過殘骸漂浮物的多少來判斷戰果如何。

趴在壕溝裡的可憐蟲，憑藉自己還堅持在某個塹壕裡，便知道是守住了陣地，心裡也沾沾自喜。

即便是那些野外的炮兵，在向看不見的目標射擊後，也可以拿起耳機，向他那藏在七英哩以外一顆枯樹上的同伴詢問，所要摧毀的教堂塔尖是否有倒塌的跡象，是否需要調整角度再打一次。

但是，那些操作使用貝爾塔巨砲的弟兄們卻生活在奇怪虛假的孤獨世界中。他們冒冒失失地把炮彈射往天空，即使有資深彈道學專家的幫助，也無法預見炮彈的命運是什麼。炮彈也許真的擊中了目標，也許落在了兵工廠或要塞中心。然而它也會擊中教堂或孤兒院；或者安靜地潛入河底，又或者扎入石坑沙礫中，沒有造成任何的傷害。

依我看來，作家在許多地方與攻城炮兵有相同之處。他們也在操縱一門重型火炮，他們的文學炮彈也許會在最意想不到的地方引發一場革

---

[124] 貝爾塔巨砲，第一次世界大戰期間，德國人研製出的專門用於攻克堡壘的大砲。大砲長7公尺，直徑420公厘，炮身連同炮車重達120噸，能將1噸重的炮彈發射至14.5公里外。

命或是引起一場大的火災。不過一般發射的只是可憐的啞彈，無聲無息地靜臥在附近的田野裡，最後被當作廢鐵，或者製成雨傘架和花盆。

的確，歷史上沒有哪一個時期像眾所周知的「文藝復興」時期那樣，在非常短的時間內，消耗了這麼多的紙漿。這個時代就是通常說的「文藝復興」。

義大利半島上的每一個托馬索（Tomasso）、里卡多（Ricardo）和恩里格（Enrico），條頓大平原上的每一個托馬修斯博士、里卡都斯教授和多米尼·海因里希，都急匆匆地印刷出版自己的作品，所用的紙張最小也是十二開的。更不用說模仿希臘人寫的動人的十四行詩的托馬西諾，以及參照羅馬祖先的佳篇文體寫頌歌的里卡蒂諾了。還有那些不計其數的人，熱衷於收藏古錢幣、雕塑作品、肖像畫、作家手稿和古代盔甲。他們用近三百年的時間，每天都忙於把剛剛從前人的廢墟裡挖掘出來的東西分類、整理、製表、登記、存檔和編纂，用無數對開紙印出集子，再配上美麗的銅版和精製的木刻。

人們的這種求知熱，無疑使弗羅本、阿爾杜斯、愛提恩尼以及其他新印刷公司發了財，他們靠著古騰堡的發明大撈油水（而此項發明卻使古騰堡公司破產）。不過，文藝復興時期的作品並沒有在當時的世界 —— 藝術家們生活的十五、十六世紀 —— 產生巨大的效果。貢獻出新思想的傑出人物，也只是為數不多的幾個手握鵝毛筆的英雄，他們像那些開巨砲的朋友一樣，並沒能親眼看到自己取得多大成功，也無法知道自己的作品對社會造成了多大的毀壞。但是，他們畢竟是剷除了進步道路上的種種障礙。我們應當感謝他們，是他們乾淨徹底地清掃了堆積如山的精神垃圾，沒有他們，這些垃圾還會在我們的思想領域裡礙手礙腳。

　　不過，嚴格地講，文藝復興起先並不是一次「復古」的運動。它鄙視剛剛消失的過去，稱上一代人的著作為「野蠻」之作（或「哥德式的野蠻」之作，因為哥德人曾一度和匈奴人一樣聲名狼藉）。文藝復興的主要志趣在藝術品上，因為藝術品裡蘊藏著一種叫「古典精神」的物質。

　　如果非要說文藝復興為人的良知自由、為寬容事業，或為建立一個更美好的世界，造成推動和振興作用的話，那也不是這場運動的領袖們最初的本意。

　　早在此之前，便有人提出質疑，羅馬主教有什麼權力強行規定波希米亞農民和英格蘭自由民必須用哪國語言祈禱，應該用什麼精神來解讀耶穌的教誨，應該為自己的放縱行為付出什麼樣的代價，又應該讀些什麼書以及怎樣教育子女。他們公開對抗這個超級王國的強權，卻被它打得粉身碎骨。即使他們以民族事業的名義而戰，還是難逃失敗的命運。

　　偉大的約翰·胡斯[125]餘火未息的骨灰被恥辱地擲入萊茵河，這顯然是對全世界的警告：教宗的統治仍然是至高無上的。

　　威克利夫[126]的屍體也被官方行刑人焚燒了，似乎是在昭告萊斯特郡卑微的下層農民，樞密院和羅馬教宗還能把手伸到墳墓裡。

　　顯然，正面攻破是不可能的了。

　　「傳統」這座堅固的堡壘，是在一千五百多年的漫長歲月裡，用巨大的權威逐漸精心地建立起來的，單靠外力是無法攻破的。在這神聖的高牆壁壘之中，也不乏許多醜聞。三個教宗之間爭戰不休，誰都說自己是合法的，是聖徒彼得的唯一繼承人；羅馬和亞維農[127]教廷腐敗至極，制

---

[125]　約翰·胡斯（John Huss），捷克宗教改革者，受火刑而死。
[126]　威克里夫（John Wycliffe），英國神學家，歐洲宗教改革的先驅。
[127]　亞維農，坐落在巴黎和藍色海岸之間，也是普羅旺斯省的必經之門。它是法國最美麗的城市之一，十四世紀時曾是教廷所在地，當時的宮殿保留至今。

定的法律，只要肯花錢，就可以購買而隨意踐踏；修道士的生活完全靡爛墮落；還有一群貪財謀利之人，利用人們對煉獄與日俱增的恐怖心理，從死去孩子的可憐父母那裡敲詐大筆錢財，因為沒有父母願意自己的孩子遭受煉獄之苦。所有這一切，儘管大家都心知肚明，但卻又絲毫無礙於教會的存在和安全。

但是，也有一些人對基督教事務毫無興趣，對教宗和主教也沒有什麼不滿，然而，他們無意間胡亂地開了幾炮，卻最終導致這座陳舊的大廈轟然倒塌了。

那個來自布拉格的「身材瘦弱而面容蒼白的人」（指約翰·胡斯），有著嚮往基督美德的崇高理想，可他沒有完成他應該完成的任務，但卻被一群混雜的平民百姓實現了。這夥人別無他求，於生於死（最好是能享盡天年）只想能誠心地為世界做諸般善事，做教會的虔誠弟子。

這些人來自歐洲的各個角落，代表各行各業的人群。如果當時的歷史學家指出他們的所做所為的真實本意，他們也許還會非常惱火。

以馬可·波羅（Marco Polo）為例。

我們都知道，他是一個偉大的旅行家，他一生見過無數美妙絕倫的風光。然而，每當他向人們說起，他看到的金色御座有塔那麼高，大理石牆的長度猶如從巴爾幹到黑海的距離，總是引得他們捧腹大笑，並調侃地稱他為「百萬美元的馬可」，因為他們一輩子都局限在西方城市的狹小地域內，從來就沒有見過什麼大世面。

這個小個子也許有些手足無措，然而不管怎樣，他在歷史發展的程序中扮演了一個很重要的角色，起了非常重要的作用。他的文筆並不好，他和與他同時代同階層的人一樣，對文學也懷有偏見。他們認為，一個真正的紳士（即便是對複式記帳法再熟悉不過的威尼斯紳士）應該

揮舞寶劍而不是擺弄鵝毛筆，因此馬可先生不願意成為作家。然而，一場戰爭使他進了熱那亞的監獄。為了打發枯燥的鐵窗時光，他把自己一生的經歷和奇遇，講給同監室的一個可憐的文人。靠這種間接的途徑，歐洲人終於了解了許多過去一無所知的事情。

馬可‧波羅是個頭腦簡單的傢伙，他堅信他在小亞細亞見過有座山被一個虔誠的聖人挪動了兩英哩，因為聖人想告訴異教徒「真正的虔誠的信仰有多大的力量」；他也輕易地相信了許多廣為流傳的故事，比如「沒有腦袋的人」和「三隻腳的雞」。但是他講述的遊歷經歷對推翻教會的地理學理論的作用，勝過此前一千三百年中所發生的一切。

當然，馬可‧波羅一直到死都是教會虔誠的信徒。如果有人試圖將他和與他幾乎是同時代的著名的羅傑‧培根（Roger Bacon）相提並論的話，那他肯定會怒不可遏。因為培根是個道道地地的科學家，他為了追求知識，忍痛整整十年沒有寫作，還在監獄裡關了整整十四年。

不過，這兩個人相比較，還是馬可‧波羅更具危險性。

因為，會跟隨培根追逐天上的彩虹，思索那些顛覆當時神聖觀點的演化理論的人，恐怕十萬個人中最多只有一個；而每一個只學過 ABC 的平民百姓，卻可以從馬可‧波羅那裡了解到，世界上竟然還存在著《舊約》作者想都沒有想到過的東西。

在這裡，我並不是說在世界尚未獲得一絲一毫的自由之前，僅靠出版一本書就能引起對《聖經》的權威性的反叛。大眾的啟蒙教化，從來都是歷經數百年艱苦準備的結果。但是，探險家、航海家和旅行家們那些通俗易懂的解釋和說明，人們更容易理解和接受，這就為懷疑論精神的興起，起了重大推動作用。懷疑論是文藝復興後期的特點。有了這種懷疑精神，人們開始去說去寫那些以前從不敢觸碰的東西和話題，而在

這之前不久，發表這些言論就足以使其落入宗教裁判所的魔爪。

以薄伽丘[128]的奇特故事為例。他的朋友們從佛羅倫斯出發，進行充滿趣味的長途旅行，旅行的頭一天便聽到了這些故事。故事裡面講到，所有宗教體制都可能有對有錯。可是如果這個說法成立，所有宗教體制都對錯參半，那麼許多觀點就無法證實或否定，既然如此，持各種觀點的人為什麼還要被判處上絞刑架呢？

讀一讀像羅倫佐·瓦拉（Lorenzo Valla）這樣著名學者的探險經歷，會更加讓人稱奇。他生前曾是羅馬教會機構中受人尊崇的高階官員。可是，他在鑽研拉丁文時，卻無可辯駁地證明了，傳說中「關於君士坦丁大帝曾把羅馬、義大利以及西部所有省分贈送給教宗思維一世（Sylvester I）」的說法（從這以後的歷代教宗都以此為依據，以為自己是整個歐洲的最高統治者）完全是一場拙劣的騙局，只不過是在皇帝死去幾百年後，由教庭裡一個一文不名的小官杜撰編造出來的。

再回到更加實際一點的問題上來，看看一直受聖奧古斯丁思想薰陶的那些虔誠的基督教徒。聖奧古斯丁曾教導他們說，誰要是相信在地球的另一端也有人存在，誰就是在褻瀆神靈，是異端分子，這些卑賤的人是不可能見到基督第二次降臨的，因而根本沒有理由活在世上。然而，當 1499 年達伽馬（Vasco da Gama）首航印度群島歸來，描述了他在地球另一端發現的人口稠密的王國的時候，這些虔誠的信徒又該如何看待聖奧古斯丁的教義呢？

這群頭腦簡單的人一直被灌輸這樣的思想，我們的世界是平面的圓盤，耶路撒冷則是宇宙的中心。然而，當「維多利亞」號輪船環球航行

---

[128]　薄伽丘（Giovanni Boccaccio, 1313-1375），義大利作家，人文學者。歷史上最偉大的作家之一，其最著名的作品《十日談》（*Decameron*）。

平安返回，告訴人們《舊約》中的地理學理論有許多相當嚴重的錯誤，那麼這些人又應該相信誰呢？

在此我重申，文藝復興並非一個自覺鑽研科學的時代，在精神領域中也缺乏真正的志趣，這一點令人感到十分遺憾。在這三百年間，對一切事物起主導和支配作用的，是人們追求美和追求享樂的欲望。雖然教宗通常會對一些臣民所持的異端邪說暴跳如雷，但是如果這些反叛者碰巧十分健談或者懂一點繪畫和建築的話，他倒也十分樂於邀請他們共進晚餐。而那些美德的熱情鼓吹者，如薩佛納羅拉[129]，以及不可知論者，則都有犧牲生命的危險，年輕的不可知論者很聰明，在他們的詩歌和散文中，用嚴厲的措辭而非平和的語言，猛烈地抨擊了基督信仰的基本觀點。

人們表露出的是對生活的新的嚮往，但是毫無疑問這裡面卻蘊藏著一種潛在的不滿，那是對現行制度的不滿，對擁有無上權力的教會嚴酷束縛人類理性發展的不滿。

從薄伽丘到伊拉斯莫斯，中間差不多有近兩個世紀的間隔。在這兩百年裡，抄寫工和印刷商從未清閒過。除了教會自己出版的圖書外，所有重要的著作幾乎無一不間接地暗示，這個世界已經陷入了無可救藥的困境，由於野蠻人的入侵造成的混亂局面取代了希臘和羅馬的古代文明，西方社會落入了無知的僧侶掌管之下，世界便陷入了極為悲慘的災難境地。

---

[129] 薩佛納羅拉（Girolamo Savonarola, 1452-1498），義大利宗教改革家。主張重整社會道德，提倡虔誠修行生活。

與馬基維利[130]和羅倫佐·麥地奇[131]的同時代的人對倫理學並不是很感興趣。他們都是講究實際的人,善於利用現實世界。他們表面上與教會和平共處,因為他們知道那是一個組織強大、影響深遠的龐大機構,如果和它作對,有可能會對自己造成很大的傷害;因此,他們從不有意識地參加任何改革的嘗試,或對管轄他們的制度提出質疑。

但是他們對於過去發生的事情永不滿足的求索之心、對新的激情的不斷追求,和那不肯安穩下來的極度活躍的思想,這一切的一切,都促使人們從篤信的「我們知道」,轉而開始提出了這樣的問題:「我們真的知道嗎?」

而這些,要比佩脫拉克[132]的所有十四行詩以及拉斐爾[133]的所有繪畫作品更值得後人紀念。

---

[130] 馬基維利(Machiavelli, 1469-1527),義大利政治理論家,主張為達到目的可以不擇手段,著有《君主論》(*The Prince*)。

[131] 羅倫佐·麥地奇(Lorenzo de' Medici, 1449-1492),義大利銀行家和政治家,文藝復興時期藝術和學術的主要支持者。

[132] 佩脫拉克(Francesco Petrarca, 1304-1374),義大利詩人和人文學者,被認為是最早的現代詩人。

[133] 拉斐爾(Raffaello Sanzio, 1483-1520),義大利著名畫家,也是「文藝復興後三傑」中最年輕的一位,代表了文藝復興時期藝術家從事理想美的事業所能達到的巔峰。

第十二章

宗教改革

現代心理學教會了我們幾件有用的東西，其中之一就是，我們極少出於一種單一的動機而做一件事情。我們不論是向一所新大學解囊捐贈一百萬美金，還是連一個銅板也不願意給飢餓的流浪漢；不論是宣稱只有在國外才能得到真正的精神自由，還是發誓永遠都不離開祖國；不論是堅持把黑的叫作白的，還是堅持把白的叫作黑的，我們做出這些決定時，總是出於幾種不同的動機，我們內心深處也明白，這的確是真的。但是，我們要是真敢對自己和周圍的人老實承認這一點，那我們在大庭廣眾之下的形象可就寒磣可憐了。出於天性，我們總要從各種動機中挑選出最值得欽佩、最有價值的一項，修飾一番以迎合大眾口味，然後公之於世，稱它是「我們做某件事的真正理由」。

不過這雖然可以在大多數場合下矇騙住大家，卻從來沒有一個方法能矇騙自己，哪怕是矇騙一分鐘。

大家都清楚這條使人尷尬的真理，因為自從有了文明以來，人們便狡點地達成默契，在任何公共場合裡都不得戳穿它。

我們內心怎樣想，這是自己的事。只要外表保持一副道貌岸然的樣子，心裡便會感到滿足，因此就很樂於遵守這樣的原則：「你相信我的謊話，我也相信你的。」

大自然卻沒有禮儀之限，它在我們的一般行為準則中是個絕大的例外，因此它極少能被允許跨入文明社會的神聖大門。由於歷史迄今只是少數人的消遣之物，所以名叫克利俄 [134] 的可憐女神至今一直過著枯燥無味的生活，尤其與不如她體面的姐妹們相比更是如此。她的姐妹們自從開天闢地以來就可以自由地唱歌跳舞，還被邀請參加每一個晚會，這

---

[134] 克利俄（Clio），希臘神話人物中九位古老的女神之一。這九位女神代表是傳統的音樂和舞蹈、即時的和流傳的歌所表達出來的傳說。祂們是赫利孔山的泉水的水仙。在羅馬時代，人們認為每一位繆斯掌管一門藝術，克利俄掌管歷史。

當然引起了可憐的克利俄的無比憤恨，她不斷施展微妙的手腕，以圖報復。

報復純屬人的天性，卻又很危險，在人類的生命和財產中常常索價高昂。

每當這個老婦人向我們揭露數世紀流傳下來的成套的謊言時，整個安寧幸福的世界就陷入動盪之中，狼煙四起，上千個戰場包圍了世界。騎兵團開始橫衝直撞，漫山遍野的一隊隊步兵慢慢地爬過大地。以後，所有的人都回到各自的家舍或墓地，整個國家一片荒涼，不計其數的金銀枯竭到最後一文錢。

如前所述，我們的同行現在已經開始認清，歷史既是科學，也是藝術，大自然的法則沒有什麼事物能夠逃脫，在化學實驗室和天文臺裡要遵守它，在歷史領域也同樣如此。因此，我們開展了卓有成效的科學普及運動，希望對子孫後代造福匪淺。

這終於把我帶到了本章開始時的題目，那就是：基督教改革運動。

直到前不久，對這場社會和思想的大變革只有兩種觀點，一種是全盤肯定，一種是全盤否定。

前種看法的支持者認為，它是一次宗教熱情的突然爆發，一些品行高尚的神學家對教宗齷齪的統治和受賄大為震驚，自己就建立起獨立的教堂，向真心誠意要當真正基督徒的人傳授真正的信仰。

仍舊忠於羅馬的人絕沒有這麼高的熱情。

按照阿爾卑斯山另一端的學者的說法，宗教改革是一場既可憎又可惡的反叛，幾個卑鄙的王公貴族不想結婚，還希望得到本該屬於教會聖母的財產，於是便開始陰謀鬧事。

一如既往，雙方都對，可又都錯了。

　　宗教改革是形形色色的人出於形形色色的動機造成的。直到最近我們才開始明白，對教會的不滿只是這場大動亂的一個次要原因，實際上它是一場不可避免的社會和經濟革命，神學的作用在這裡顯得微乎其微。

　　如果教導我們的子孫，使他們相信菲利普親王[135]是個開明統治者，他對改革後的教義很感興趣，這當然要比向孩子們說明一個無恥政客如何透過狡猾詭計，在向其他基督徒開戰時接受了異教的土耳其人的幫助要容易得多。於是幾百年來，新教徒便把一個野心勃勃的年輕伯爵打扮成慷慨大度的英雄，卻隻字不提他實際上是想看到現在掌權的哈布斯堡家族（歐洲最古老的王室家族，其成員從1273年至1918年當過神聖羅馬帝國、西班牙、奧地利、奧匈帝國的皇帝或國王）被其對手黑森家族（舊時德國中西部一個地區）所取代。

　　另一方面，如果把克萊孟主教[136]比作是仁慈的牧羊人，他把日益衰竭的最後精力都徒然地用在保護羊群不跟隨錯誤領袖誤入歧途上，這要比把他描寫成典型的麥地奇家族[137]的王子更易於理解，因為麥地奇家族把宗教改革看成是一群酗酒滋事的德國僧人的不光彩吵鬧，並運用教會的力量擴充義大利祖國的利益。因此，如果我們看到這個傳說中的人物在天主教的課本裡對我們微笑，我們絲毫不必驚訝。

　　這種歷史在歐洲可能是必要的，不過我們既然在新世界上幸運地落了腳，就不必堅持歐洲大陸祖先的錯誤，而應該自由自在地得出自己的結論。

[135]　菲利普親王（Philip of Hesse），這裡指德意志新教領袖。1520年代宗教改革運動席捲整個德國，他站在路德一邊，後來和德意志北部和東部的一些公爵結成防禦聯盟，並成為該集團的領袖。曾因重婚罪受到皇帝的審判。
[136]　克萊孟七世（Clement VII），瑞士籍對立教宗，西元1342至1394年在位。為歷時四十年的西方教會大分裂時期的第一代對立教宗。
[137]　麥地奇家族，義大利貴族家庭，出了三個教宗、兩個皇后。

黑森的菲利普是路德的摯友和支持者，他雖然懷有強烈的政治抱負，卻不能說在宗教信仰上不虔誠。

絕不是這樣的。

1529 年他在著名的《抗議》（*The Protest*）上簽字時，他和其他簽名者都知道，他們會「遭到猛烈暴風雨的嚴酷打擊」，還會在斷頭臺上了卻一生。他如果不是具有非凡的勇氣，就無法扮演他實際上扮演了的角色。

不過我要講明的是，歷史人物受到啟發做了一些事情，也被迫放棄一些事情，但如果不深入了解他的各種動機，要對他（或者對我們所熟悉的人）做出公允的評判是很困難的，也可以說是不可能的。

法國有句諺語：「了解一切即寬恕一切。」這個解決方法似乎過於簡單。我想做一點補充，修改成：「了解一切即理解一切。」善良的主在數世紀前已經把寬恕的權力留給了自己，我們還是讓他去盡寬恕之職吧。

我們也謙虛一些，盡量去「理解」，這對於人類有限的能力來說已經足夠了。

現在我還是回到宗教改革上來，這個題目使我把話題扯開了一些。

據我的「理解」，這個運動起初是一種新精神的展現，它是前三個世紀裡經濟和政治發展的結果，後來被人稱為「民族主義」，因此它與那個外來的國上之國是不共戴天的敵人。前五個世紀的歐洲各國都被迫要看那個國上之國的眼色行事。

要是沒有同仇敵愾，就無法使德國人、芬蘭人、丹麥人、瑞典人、法國人、英國人和挪威人緊密團結為一體，形成強大的力量，足以摧毀長期監禁他們的監獄圍牆。

如果各自懷有的險惡嫉妒之心沒有由於一個偉大的理想而暫時收斂，超脫私人的仇視和野心，宗教改革也絕不會成功。

　　反之，宗教改革就會變為一連串小規模的地方起義，只需一支僱傭軍團和幾個精力旺盛的宗教法官就可以輕而易舉地把它們鎮壓下去。

　　改革領袖便會重蹈胡斯的厄運，追隨者們也會像從前被殺的瓦勒度教派和阿爾比教派的人一樣被處死。教宗統治又一次輕易得勝，接踵而來的便是對「違反紀律」的人們施以斯雷克里克（Schrecklichkeit）式的恐怖懲戒。

　　改革運動雖然勝利了，但成功的範圍卻小到了極點。勝利一到手，對反抗者生存的威脅一解除，新教徒的陣營便瓦解成無數個敵對的小山頭，在已經大大縮小了的範圍內重演敵人當權時的所有錯誤。

　　一個法國主教（很遺憾我忘記了他的名字，他是個絕頂聰明的人）曾經說過，我們必須熱愛人類，不論人類處於什麼境況。

　　我們從局外人的角度回顧一下，在近四個世紀的時光裡，人們曾充滿希望，但同時也陷入更大的絕望。多少男男女女懷著崇高的勇氣，在斷頭臺和戰場上為了理想拋棄了生命，而理想卻從未實現過。我們也看一看數以百萬計默默無聞的小市民，他們認為某些東西是神聖的，便為之犧牲；還有新教徒的起義，他們本想建立更自由更開明的世界，卻一敗塗地。這都會使人們的博愛之心受到異常嚴峻的考驗。

　　直言不諱地講，新教徒奉行的主義從這個世界上剝奪了許多美好、高尚和美麗的東西，又加進了不少狹隘、可憎和粗陋的貨色。它不是使人類社會更簡樸、更和諧，而是使它更複雜、更無秩序。不過，與其說這是宗教改革的過錯，倒不如說是大多數人本身具有的弱點造成的。

　　他們從不慌慌張張。

　　他們根本跟不上領導者的步伐。

　　他們並不缺乏善良的願望，最終他們會跨過通往新世界的天橋。但

是他們要選擇最好的時機，而且還不肯放棄祖宗留下來的傳統。

宗教大改革原想在基督徒和上帝之間建立一種完全新型的關係，擯除過去的一切偏見和腐敗，可是它完全被追隨者們頭腦中的中世紀包袱搞得混亂不堪，既不能前進也無法後退，很快便發展成為一個與它所深惡痛絕的教廷組織毫無二致的運動。

這便是新教徒起義的悲劇，它無法超越它的多數支持者平庸的才智。

結果，西歐和北歐的人並沒有像所期望的那樣取得長足的進步。

宗教改革運動未能產生一個所謂一貫正確的人，卻貢獻了一本書，據說是完美無瑕的。

不是出現了一個至高無上的當權者，而是湧現了無數個小當權者，每一個都想在自己的範圍裡充當領袖。

它不是把基督世界分為兩部分，一半是占統治地位的，一半是占非統治地位的，或者一半是虔誠的教徒，一半是異端分子。而是製造出無數個意見分歧的小團體，彼此毫無共同之處，還深恨所有與自己意見不同的人。

宗教改革後，並沒有建立起寬容的統治，而是效法早期教會，一旦獲得權力，便依靠不計其數的宗教手冊、教旨和懺悔築起了一道堅固的防線，便公然宣戰，無情打擊不贊同他們社團官方教義的人。

但是在十六、十七世紀的思想發展中，這是無法避免的。

要形容像路德和喀爾文 [138] 這樣的領袖的勇氣，只有一個詞，說來還相當嚇人：膽大包天。

---

[138]　喀爾文（John Calvin, 1509-1564），法國著名的宗教改革家、神學家，基督教新教的重要派別喀爾文教派（在法國稱胡格諾教派）創始人。

　　德國邊遠地區的不毛之地有一所靠近海岸的大學，裡面的一位教授是一個樸實的道明會[139]修道士，他公然燒毀了教宗諭旨，用自己的叛逆思想狠狠敲擊了教會的大門。還有個體弱多病的法國人，他把瑞士的一座小村鎮變成了堡壘，完全不把教宗的力量放在眼裡。這些事例展示了人們的剛毅堅韌，堪稱超世絕倫，現代世界無一可與之媲美。

　　這些膽大包天的造反者很快找到了朋友和支持者，只不過這些朋友都抱有個人目的，支持者也只是為了混水摸魚撈一把，好在這不是本書探討的問題。

　　這些造反者為了自己的良知以性命賭博的時候，並不能卜測出世界將會怎樣，也沒能預見到北部大部分民族最後會雲集到自己的旗幟之下。

　　但他們一旦捲入自己引起的大漩渦，就不得不隨波逐流了。

　　不久，怎樣使自己保持在水面上這個問題就耗去了他們的全部力氣。教宗在千里之外的羅馬終於了解到，這場人所不齒的動亂要比道明會和奧古斯丁修道士之間的爭吵嚴重得多。它是一個法國牧師的陰謀。為了贏得眾多資助人的歡心，教宗暫時停建了心愛的大教堂[140]，開會商討發動戰爭。教宗的訓諭和逐出教會的命令飛送到四面八方，帝國的軍隊開始了行動。造反的領袖們無路可退，只好背水一戰。

　　偉大的人物在你死我活的衝突中喪失了公允判斷的能力，這在歷史上不是第一次。同一個路德曾經疾呼「燒死異教徒是違背聖靈的」，可是

---

[139]　道明會，又譯為多明我會，也稱「布道兄弟會」，天主教托缽修會的主要派別之一。會士均披黑色斗篷，因此稱為「黑衣修士」，以區別於方濟各會的「灰衣修士」和加爾默羅會的「白衣修士」。
[140]　指羅馬聖彼得大教堂。

幾年後，他一想起邪惡的德國人和荷蘭人竟然傾向於再洗禮教派[141]的思想，就恨得咬牙切齒，似乎達到了瘋狂的程度。

這個無畏的改革者在開始時還堅持認為，人們不應把自己的邏輯體系強加於上帝，而到了最後卻燒死了理論明顯比他更高一籌的敵人。

今天的異教徒到了明天就成為所有持異見者的大敵。

喀爾文和路德總是談論新的紀元，那時黑暗之後終歸會出現曙光，然而他們在有生之年卻一直是中世紀傳統的忠實後裔。

在他們眼裡，寬容從來就不是也不可能是什麼美德。他們在沒有容身之地的時候，還心甘情願乞靈於信仰自由的神聖權力，以它作為攻擊敵人的論點。一旦仗打贏了，這個深得信賴的武器便被小心翼翼地放在新教徒的廢品倉庫的牆角，和其他很多善良的意願一起被當作不實用的東西扔掉。它躺在那裡，被忽略、被遺忘，直到許多年後才從盛滿舊式說教的木簡後面被翻找出來，人們撿起它，擦去汙跡，又一次走向戰場，但是使用它的人的本質已經改變，與十六世紀初期奮戰的人截然不同。

不過，新教徒革命也為寬容事業做出了巨大貢獻。這倒不是革命本身取得的，這方面的收益的確很小。但是宗教改革的結果卻間接地促進了各個方面的進步。

首先，它使人們熟悉了《聖經》。教會從未嚴令禁止人們讀《聖經》，但也沒有鼓勵普通凡人研究這本聖書。現在每個正直的麵包匠和燭臺製造師終於可以擁有一本聖書了，可以在工棚裡獨自研究它，得出自己的結論，完全不必擔心在火刑柱上被燒死。

---

[141] 再洗禮教派，又稱重浸派、重洗派，是在歐洲的宗教改革運動發生時，從瑞士蘇黎世的宗教改革家慈運理所領導運動中分離而出的教派。

　　熟悉可以消除人們在面對一無所知的神祕事物時的敬畏和恐懼。在宗教改革後的兩百年裡，虔誠的新教徒相信自己從《舊約》中讀到的一切，無論是巴蘭[142]的驢，還是約拿[143]的鯨魚。那些勇於質疑哪怕一個逗號的人（博學的亞伯拉罕・科洛威斯的「帶有啟發性的」母音點）都知道最好別讓他人聽到他們懷疑的竊笑。這倒不是因為他們仍然害怕宗教法庭，而是因為新教牧師有時會使他們的生活很不愉快，眾口紛紜的責難所導致的經濟後果即使不是毀滅性的，也會十分嚴重。

　　實際上這本聖書是一個由牧民和商人組成的小民族的歷史，但是長期不斷地研究它卻逐漸產生了一些後果，這是路德、喀爾文和其他改革者未能預見的。

　　假如他們預見到了，我肯定他們會和教會一樣，討厭希伯來文和希臘人，小心謹慎地不使《聖經》落入凡世俗人之手。到頭來，越來越多的治學嚴謹的學生只是把《聖經》當作一本有趣的圖書來欣賞，在他們看來，裡面的許多描寫殘忍、貪婪和謀殺的鮮血淋漓令人髮指的故事絕不會是在神示下寫成的，根據內容的性質判斷，那只會是處於半野蠻狀態的民族的生活寫照。

　　從這以後，許多人當然不再去把《聖經》看成是唯一的智慧源泉。自由思考的障礙一旦掃除，被阻塞了近一千年的科學探索潮流便沿著自然形成的渠道奔騰而去，一度中斷了的古希臘和古羅馬哲學家的成果又從二十個世紀以前丟下的地方重新撿了起來。

　　其次，從寬容的角度來看，還有一點更為重要。宗教改革把西歐和北歐從一個權力專制中解脫了出來，這個專制儘管披著宗教組織的外

---

[142]　巴蘭（Balaam），《聖經》中的先知，被國王派去詛咒以色列人，在遭到自己所騎驢子責備後，反而祝福了以色列人。

[143]　約拿（Jonah），《聖經》故事人物，以色列的先知。

衣，但實際上卻是羅馬精神專制的不折不扣的翻版。

信仰天主教的讀者肯定很難苟同於這些觀點，但他們也會對這場運動懷有感激之情，因為它雖說是無法避免的，但對他們的天主教信仰也有好處。本來，天主教會這個一度神聖的名字已經淪為貪婪和暴虐的代名詞，所以教會才絞盡腦汁，千方百計掃清這些指責。

天主教在這一點上取得了相當輝煌的勝利。

十六世紀中葉以後，梵蒂岡不再容忍波吉亞家族[144]的人了。誠然，教宗和從前一樣，仍然都是義大利人，要改變這種規矩實際上是不可能的，就如同古羅馬時期受信任的大主教們在選舉教宗時要是挑上一個德國人、法國人或其他任何一個外籍人，下層百姓非把城市鬧得天翻地覆不可。

新教宗的選舉萬分慎重，只有最德高望重的人才有希望當選。新主人由忠誠的耶穌會[145]會士輔佐，一上任便要進行大清洗。

放縱胡為的事情不再有市場了。

修道院的神職人員必須研究（也就是服從）修道院創始人定下的規矩。

在文明城市裡，行乞的僧人蹤影全無。

大家對宗教改革的不屑一顧態度已經消失，繼之而來的是熱切嚮往聖潔有益的生活，做善事，竭力幫助那些無力承擔生活重擔的不幸的人。

即使如此，教廷還是未能收回已經失去的大片疆土。按地理概念講，歐洲北半部人信奉新教，只是在南半部保留了天主教。

不過，如果我們把宗教改革的成果用圖畫來說明，那麼歐洲實際發生的變化就更為清晰。

---

[144]　波吉亞家族，定居於義大利的西班牙世襲貴族家族。
[145]　耶穌會，又稱耶穌連隊，天主教的主要修會之一，主要任務是教育與傳教，在歐洲興辦許多大學，培養出的學生，除了是耶穌會人才外，也活躍於政界與文化界。

在中世紀，有一座精神和思想的監獄，它包羅萬象、無所不能。

新教徒的起義摧毀了舊的建築，並用現成的材料建立起自己的監獄。

1517 年以後，出現了兩座地牢，一座專為天主教徒，另一座是為新教徒。

至少原定的計畫是這樣的。

可是新教徒沒有經受過幾百年的迫害和鎮壓，少了這種訓練的優勢，便沒能建立起對抗反對者的監獄。

大批桀驁不馴的囚徒從窗戶、煙囪和地牢的大門逃跑了。

不久，整座監獄已成殘骸。

到了夜晚，異教徒便整車地搬走石頭、大梁和鐵棍，次日早晨用它們建造了一座自己的小堡壘。它的外表很像一千年前葛利果一世（Gregory I）和英諾森三世建造的監獄，但缺乏必要的內在力量。

堡壘一旦投入使用，新的規定和制度一旦被張貼在門上，大批心懷不滿的信徒便蜂擁出走了。他們的上司，即現在的牧師教長由於從未掌握過舊式執行紀律的方法（逐出教會、酷刑、處決、沒收財產和流放），只好無可奈何地站在一旁觀望著已經下定決心的亂民。這幫叛逆按照自己的神學偏好建起了一道防衛木樁，宣布了一套暫時能迎合他們信仰的全新教旨。

這一過程經常往復，最後在不同的禁地之間形成了精神上的「無人區」，求知者可以在這裡自由閒逛，誠實的人則可以自由思考，不會受到阻礙和干擾。

這就是新教為寬容事業所做的傑出貢獻。

它重建了人類的尊嚴。

第十三章

伊拉斯莫斯

在寫每一本書的過程中，作者都會有那麼一段危機時期，有時出現在前五十頁，有時卻直到稿子快要結束時才冒出來。的確，一本書如果沒有危機，就像一個孩子沒有出過天花一樣，也許這正是問題的所在。

這本書的危機在幾分鐘前出現了，因為想在 1925 年撰寫論述寬容思想的著作似乎相當荒謬，也因為我迄今為這部基礎研究而花費的那麼多寶貴時光和艱辛勞苦可能徒勞無益了。我很想用伯里（Bagnell Bury）、萊基（William Lecky）、伏爾泰[146]、蒙田[147]和懷特的書點燃篝火，也想把我自己的著作丟進火爐付之一炬。

這該怎麼解釋呢？

有很多原因。首先，作者長久地思考一個問題，難免會出現倦怠情緒。其次，我還真有點擔心這類書寫出來沒有一點用處。最後，我怕這本書發表之後，有不寬容之人斷章取義，從本書中摘取某些表面內容為自己的不正當利益作支撐。

可是除去上述問題（在大多數嚴肅圖書中這些問題也的確存在），這本書還有一個無法克服的困難，即它的「結構」。

一本書要獲得成功，必須要有開頭和結尾。這本書倒是有個開頭，但是能漂亮地收尾嗎？

這正是我所擔心的。

我可以舉出許多駭人聽聞的罪行，它們表面上打著公正和正直的旗號，實際上卻是不寬容的結果。

我可以描述那些痛苦的日子不寬容被抬舉到了至高無上的地位。

---

[146]　伏爾泰（Voltaire, 1694-1778），法國啟蒙思想家、文學家、哲學家、史學家。

[147]　蒙田（Montaigne, 1553-1592），法國文藝復興後最重要的人文主義作家。他是啟蒙運動以前法國的一位知識權威和批評家，是一位人類感情的冷峻的觀察家，亦是對各民族文化，特別是西方文化進行冷靜研究的學者。

我可以痛斥和嘲弄不寬容，直到讀者異口同聲地大聲疾呼：「打倒專制，寬容你我！」

　　但是有一件事我做不到。我說不清怎樣才能達到我奮力追求的目標。現在有各式各樣的手冊向我們講述世界上的許多事情，從飯後的閒談到如何表演口技。上星期日我看到一張函授課程廣告，不少於二百四十九個題目，學院保證學生的程度能登峰造極，而且費用很少。但是至今沒有人提出如何用四十（或四千）堂課講明白「怎麼做到寬容」。

　　歷史據說是能解開許多祕密的鑰匙，但卻無法幫助我擺脫這種危急情況。

　　的確，人們可以寫出大篇幅的專業著作，談談奴隸制、自由貿易、死刑和哥德式建築，因為這些問題是非常明確具體的。即使任何數據都沒有，我們至少還可以研究在自由貿易、奴隸制和哥德式建築中大顯身手或大力反對的男男女女的生平。在講述這些優秀人物的命題方法中，從他們的個人習慣上、社會關係上，從他們對食品、飲料和菸葉的嗜好上，甚至從他們穿什麼樣的馬褲上，我們都可以對他們熱情贊助或惡毒詆毀的理想得出某些結論。

　　可是從沒有人把寬容作為自己的職業。一些從事這項偉大事業的人只是出於很大的偶然性。他們的寬容只是一個副產品。他們所追求的是別的東西。他們是政客、作者、國王、物理學家或謙虛的美術家。在國王的事務中，在行醫和刻鋼板中，他們有時間為寬容美言幾句，但是為寬容而奮鬥卻不是他們的畢生事業，他們對寬容的興趣就像對下象棋和拉小提琴一樣。這夥人非常怪異混雜（想一想史賓諾沙、腓特烈大帝、湯馬斯·傑佛遜和蒙田竟會是好朋友），要發現彼此性格中有共同之處幾

乎不可能，儘管一般來說，從事共同工作的人都有共同的性格，不論這個工作是從戎、探測還是使世界免於罪孽。

因此，作家很想求助於警句。世界的某一處有一句警句，能應付各種進退維谷的困境。但是在這個特殊問題上，《聖經》、莎士比亞[148]、艾薩克·華爾頓[149] 和老貝恩哈姆都沒有給我們留下什麼東西。也許強納森·史威夫特[150]（按我的記憶）接近了這個問題，他說，大多數人都用足夠的宗教信仰做依據憎恨旁人，卻無法愛別人。遺憾的是，這條真知灼見還無法完全解決我們目前的困難。有些人對宗教的熟悉不遜於任何人，也從心底仇恨別人。有些人全無信仰宗教的天性，卻對野貓、野狗和基督世界的人類傾注了真摯感情。

不行，我必須得出自己的答案。經過必要的思考（但是沒有多少把握），我要講述一下我自己所認為的真理。

大凡為寬容而戰的人，不論彼此有什麼不同，都有一點是一致的，他們的信仰總是伴隨著懷疑；他們可以誠實地相信自己正確，卻無法使自己的懷疑轉化為堅固的信念。

在如今這個國家利益高於一切的時代，我們總是熱情地叫嚷要百分之百地相信這個，百分之百地相信那個，但是我們不妨看一看大自然給我們的啟示，它似乎一直對標準化的理想很反感。

純粹依靠人餵大的貓和狗是人所共知的傻瓜，因為如果沒人把牠們從雨裡抱走，牠們就會死亡。百分之百的純鐵早已被拋棄了，取而代之

---

[148] 莎士比亞（Shakespeare, 1564-1616），歐洲文藝復興時期英國最重要的作家，傑出的戲劇家和詩人。他創作了大量膾炙人口的文學作品，在歐洲文學史上占有特殊的地位，被喻為「人類文學奧林帕斯山上的宙斯」。莎士比亞號稱戲劇之王、又有「人類文學歷史上最偉大的戲劇家」之稱。

[149] 艾薩克·華爾頓（Izaak Walton, 1593-1683），英格蘭文學家。

[150] 強納森·史威夫特（Jonathan Swift, 1667-1745），生於都柏林，諷刺文學大師，以《格列佛遊記》（*Gulliver's Travels*）、《一隻桶的故事》（*A Tale of a Tub*）等作品聞名於世。

的是混合金屬：鋼。沒有一個珠寶商會費盡心思地去搞百分之百的純金、純銀手飾。小提琴無論多好，也必然是由六七種不同木材組成的。至於一頓飯，如果是百分之百全是蘑菇，非常感謝，鄙人實難領教。

一句話，世間絕大多數有用的東西都含有不同成分，我不明白為什麼信仰要例外。我們「肯定」的基礎裡要是沒有點「懷疑」的合金，那我們的信仰就會像純銀的鐘一樣總是叮噹作響，或像銅製的長號一樣刺耳。

寬容的英雄們正是由於深深讚賞這些，才與其他人分道揚鑣了。

在人品的正直上，諸如對信仰的真誠，對職責的無私忠實，以及其他人們所共知的美德，他們中大多數人本來可以被清教徒法庭視為十全十美的完人。我想講得更深一些，他們中至少有一半人活著和死了以後本可以進入聖人行列，可是他們的特殊意識逼迫他們成為某一個機構的公開可怕的敵人，而這個機構自稱只有自己才有權力把普通百姓加封為聖人。

這些英雄懷疑天國的神靈。

他們知道（一如前輩古羅馬人和古希臘人），自己所面臨的問題浩瀚無際，頭腦正常的人絕不期望能夠解決。他們一方面希望並祈禱自己所走的路能最終把他們引向安全的目的地，另一方面又不相信這條路是唯一正確的，其餘的全是歧途，更不會認為那些引誘單純的人們上道的都是通向地獄之路。

聽來這與《教義問答手冊》（Catechism）和倫理學教科書上的觀點截然相反。這些書宣傳由絕對信念的純潔火焰照耀的世界具有絕對的美德。也許是這樣。但是整整幾個世紀裡，儘管那團火焰一直以最強的亮度熊熊燃燒，但普通大眾卻不能說是幸福美滿的。我並不想搞激烈的變

革，但是為了變換一下，不妨試一試別的光亮，寬容行會的兄弟們靠著它一直在審度著世界的事情。如果這試驗不成功，我們還可以回到父輩的傳統裡。似是如果新的光亮能把一縷宜人的光芒照射在社會上，多帶來一點仁慈和克制，使社會少受醜惡、貪婪和仇恨的騷擾，那麼收穫一定會很大，我肯定，所花的代價也會小得多。

在介紹完這條我認為有價值的建議後，我必須回到歷史上來了。

當最後一個羅馬人被掩埋後，世界的最後一個公民（取其最佳、最廣泛的意義）也泯死消亡了。古代世界充滿了人道的古老精神，這是當時先進思想的特點，只是過了很長時間，它才平安地重返大地，社會才又一次有了安全的保障。

我們知道，這發生在文藝復興時期。

國際貿易的復甦為西方貧窮的國家帶來了新的資本。新的城市平地而起，出現了新的階層。他們資助藝術、解囊購書，還投資給隨著繁榮而興起的大學。一些「人道思想」的支持者大膽地以整個人類作為對象進行試驗，高舉叛旗，打破舊式經院哲學的狹小局限，與舊的虔誠之徒分手了，因為後者把他們對古人智慧和原理的興趣看作是邪惡骯髒的好奇心的展現。

一些人站在了這一小隊先驅的前列，這本書以後的部分全是他們的故事，其中最可稱讚的要算那個溫順的靈魂：伊拉斯莫斯。

他固然很溫順，卻也參加了當時所有的文字大論戰，並且精確地操縱了各類武器中最屬害的一種 —— 幽默遠端大炮，從而使自己成為敵人的眼中釘肉中刺。

炮彈裡裝著由他的智慧製成的芥子氣，直接射往敵人的國土。伊拉斯莫斯式炮彈種類繁多，很危險。一眼看去似乎毫無害處。它沒有劈啪

作響的明顯導火線，倒像是絢麗多彩的花炮，可是，上帝保佑那些把這些玩意拿回家讓孩子玩的人們吧。毒氣肯定會進入幼小的心靈，而且根深蒂固，整整四個世紀都不足以使人類免除後遺症。

這樣一個人，竟出生在北海淤泥沉積的東海岸的一個索然無味的小鎮子，也頗為奇怪。十五世紀時，這些被水浸透的土地還沒有達到獨立富足的全盛時期，只是一群無足輕重的小公國，處於文明社會的邊緣。他們長年累月聞著鯡魚味，因為鯡魚是他們的主要出口品。即使招來一個客人，也只會是個走投無路的水手，他的船在陰沉的岸邊觸礁沉沒了。

這樣討厭的環境會形成童年的恐懼，但也會刺激好奇的孩子奮力掙扎，最後擺脫出來，成為那個時代最知名的人物。

他一生下來就事事不順。他是個私生子。中世紀的人們與上帝和大自然親密無間，誠摯友好，對這種事情比我們現在要計較得多。他們為之甚感遺憾。這種事既然不應該發生，他們當然也就很不贊同。不過除此之外，他們的頭腦過於簡單，沒有想到要去懲罰搖籃裡的小生命，因為這不是孩子的過錯。伊拉斯莫斯的不正規的出生情況並未對他造成很大不便，這只是表明他的父母太糊塗，根本沒有能力應付局勢，只好把孩子和他的哥哥留給了不是笨蛋就是流氓的親戚照看。

這些叔叔和監護人不知道怎樣打發他們的兩個小監護對象，母親一死，兩個小傢伙就無家可歸了，首先他們被送到德芬特[151]的一所負有盛名的學校，那裡的幾個教師加入了「共同生活兄弟會」[152]，不過我們如果讀一讀伊拉斯莫斯後來的信件，便可以判斷出，這些年輕人只是在共

---

[151]　德芬特，荷蘭中部城市。
[152]　共同生活兄弟會，中世紀後期的一個修道團體，由格羅特（Geert Groote, 1340-1384）和拉德文（Floris Radewyns, 1350-1400）創辦。

同生活這個詞的完全不同的意義上「共同」。繼而，兩個孩子分手了，弟弟被帶到豪達[153]市，置於拉丁文學校校長的直接監督之下。校長是三個被指定管理孩子繼承的微薄產業的監護人之一。如果伊拉斯莫斯時代的學校像四個世紀以後我參觀過的學校那樣糟，我只能為這可憐的孩子感到難受。更糟糕的是，三個監護人這時已經揮霍掉了孩子的每一分錢，為了逃避起訴（那時荷蘭法庭對這類事情毫不通融），他們急忙把他送進修道院，讓他出家修行，還祝他幸福，因為「現在前途有保障了」。

歷史的神祕磨盤終於從這些可怕的經歷中磨出了具有偉大文學價值的東西。中世紀末期，所有修道院中半數以上的人都是隻字不識的鄉巴佬和滿手老繭的種田人，這個過於靈敏的年輕人形孤影單，多年被迫與這些人住在一起，一想起來真覺得不是滋味。

幸運的是，斯泰恩修道院紀律鬆散，使伊拉斯莫斯能把大部分時光用在前任修道院院長收藏的拉丁文手稿上，這些手稿擱置在圖書館裡早已被忘記了。他吸吮著卷帙浩繁的著作，最後成為古代學問的活百科全書。這對他以後有很大的幫助。他總是在活動，很少去參考圖書館的書。不過這倒沒關係，因為他可以憑藉自己的記憶加以引用。大凡讀過收有他著作的十大本卷宗或是只通讀了其中一部分的人（因為現在人的命太短促了），一定會對十五世紀所說的「古典知識」大加讚嘆。

當然，伊拉斯莫斯最後還是離開了那個古老的修道院。像他這樣的人是不會被環境左右的，這樣的人造出自己的環境，而且是用根本不成器的材料創造的。

伊拉斯莫斯的餘生完全自由了，他沒完沒了地要找一個清靜的地方，以便使工作不受慕名來訪的客人們干擾。

---

[153] 豪達，荷蘭西部城市。

可是直到他行將辭世，對童年時代「活生生的上帝」的緬懷使他的靈魂陷入死亡的沉睡中的時候，他才飽嘗了一會「真正的清閒」。這對於緊步蘇格拉底和芝諾後塵的人來說，一直是極少有人得到過的最美好的佳境。

這些過程經常被描寫，我就不詳細贅述了。每當兩個或更多的人以真正智慧的名義湊在一起時，伊拉斯莫斯或早或晚一定會出現。

他在巴黎學習過，是個窮學者，差一點在飢寒交迫中死去。他後來到劍橋任教，在巴塞爾印過書，還想（幾乎是徒勞無功）把啟蒙之光帶進遠近聞名的魯汶大學，衝破壁壘森嚴的正統偏執。他在倫敦度過很長時間，獲得杜林大學神學博士學位。他熟知威尼斯大運河，咒罵起澤蘭[154]的糟糕道路來就像咒罵倫巴底[155]一樣熟悉。羅馬的天國、公園，人行道和圖書館在他的頭腦中留有深刻的印象，就算是遺忘河[156]的水也無法抹去他對這座聖城的記憶。他只要還在威尼斯，便可得到一筆慷慨的年金，每當威尼斯興辦一所新大學，他肯定會被請去，擔任他選中的任何課程的教授，即使他不願任教，只要偶爾光臨一下校園也會被視作莫大恩惠。

但他堅定地回絕了諸如此類的邀請，因為這裡面含有一種威脅：束縛和依賴。萬事之中他首先要自由。他喜歡一間舒適的屋子，而不是條件糟糕的屋子；他喜歡有趣的同伴，而不是愚鈍的人，他知道勃艮第的美味佳釀和亞平寧的淡色紅墨水之間的區別。但所有這些都必須以自由為前提，如果任何人強迫他叫「主人」，他肯定不幹了。

他為自己選定的角色做了一盞道道地地的知識探照燈。在時事的地

---

[154]　澤蘭，荷蘭省名，為荷蘭西南部一農業省。
[155]　倫巴底，義大利北部的一個行政區。
[156]　遺忘河，希臘神話中冥府裡的五條冥河之一。亡魂須飲此河之水以忘掉人間事情。

平線上，無論出現什麼情況，伊拉斯莫斯立即讓自己的智慧明光照在上面，盡力讓旁人看清那東西的真面目，剝光它的裝飾，戳穿它的愚蠢和他所痛恨的無知。

伊拉斯莫斯在歷史的最動亂時期能這樣做，既避開了新教狂熱者的憤怒，又不惹惱宗教法庭的那幫朋友，這是他的一生中最常被人們指責的一點。

後代子孫似乎一提起古人，便對殉道犧牲者有真摯情感。

「這個荷蘭人為什麼不挺身支持路德、不拚出性命與其他改革者站在一起呢？」幾百年來，許多仁人志士總愛糾結於這個問題。

訴諸暴力並不是伊拉斯莫斯的本性，他也從來沒有把自己看成是什麼運動領袖。他也絕不會像有些人那樣自以為是，教導世人應該如何迎接千禧年[157]。這確是一大特色。此外，他還認為，我們每次覺得有必要重新布置住所時，不一定非得把舊房子拆掉。的確，地基急待整修，下水道也過時了，花園裡雜亂不堪，很久以前搬走的人家扔下了許多破爛。可是，如果屋主兌現了諾言，花些錢做些立竿見影的改進，容貌便會煥然一新。伊拉斯莫斯所要做到的也僅限於此。儘管他像敵人譏諷的那樣「中庸」，但成功卻不亞於（也許高於）那些「激進派」，世界上原來只有一個暴君，激進派卻帶來了兩個。

伊拉斯莫斯像所有真正的偉人一樣，對制度毫無好感。他相信世界的美好在於每個人的努力，改造好每一個人，便是改造了世界。

於是，他走到人群中間，向廣大民眾呼籲，將矛頭指向時弊，但他的方法非常巧妙。

首先，他寫了很多信，寄給國王、皇帝、教宗、修道院長、騎士和

---

[157]　千禧年，又名千福年，其概念源於基督教教義，可以簡單地理解為 1000 年。

惡棍。他寫信給每一個想接近他的人（那時信封上尚無需蓋郵戳和寫上發信人的地址），一拿起筆就洋洋至少八頁。

第二，他還校正了大量古籍，這些古文常常被傳抄得十分糟糕，已經文不達意。為了搞好編輯，他不得不學習希臘文，他煞費苦心要掌握這門被教會禁用的語言文法，致使許多虔誠的大主教徒指責他內心裡與真正的異教徒一樣壞。這聽來未免荒誕無稽，但卻是事實。在十五世紀，體面的基督徒絕不會夢想學會這門禁用的語言。會一點希臘文會使人陷入無數困境。它會誘惑人拿福音書的原文與譯文做比較，而這些譯文早已得到保證，說它是原文的忠實再現。這才是個開頭。不久他便會到猶太區去，學會希伯來文法，差一點就要公開反叛教會的權威了。在很長時間裡，一本畫得稀奇古怪歪歪扭扭的文字書，便可以成為祕密革命傾向的物證。

為了查禁這些「違禁品」，教會當局常常會突然闖入人們的住所，進行搜查。一些拜占庭難民為了謀生私下教一點本國語言，便常常被趕出藉以避難的城市。

伊拉斯莫斯克服了這些障礙，學會了希臘文。他在編輯居普良[158]、克里索斯托姆和其他教會神父的書時加入了一些注釋，裡面巧妙地藏匿了許多對時事的評論，這些話如果作為一本小冊子的主題，是絕不會給印出來的。

但是，注釋的頑皮精靈在伊拉斯莫斯創造的另一種全然不同的文學形式中出現了，我是指大家都知道的他的希臘和拉丁文成語收藏。他把成語歸到一起，以便使當時的孩童都能學會古文，變得高雅。這些所謂

---

[158]　居普良（Cyprian, 200-258），早期基督教神學家，拉丁神父，曾任迦太基主教，其著作《論教會合一》（*On the Unity of the Catholic Church*）和一些書信是了解北非基督教的重要數據。

的「格言」中充滿了精妙的評論，在保守派看來這肯定不是出於教宗的好友的手筆。

後來，他又寫了一本書，可以算是時代精靈所孕育的最怪異小書中的一本。這種書其實是為了幾個朋友一笑而作的。卻在古典文學史中占據了一席，連作者本人也沒有想到。這本書叫《愚人頌》，而我剛好知道它是怎樣寫成的。

那是在 1515 年，一本構思精巧的小冊子震驚了世界。沒有人知道它是在攻擊修道士，還是為修道院生活辯護。封面上沒有姓名，但對作者有些了解的人認了出來，它出自一個有些古怪的人之手：烏爾里希·馮·胡滕 [159]。他們猜得對，因為這個有才幹的年輕人、桂冠詩人 [160]、奇怪的城市遊民在這本大作中起了不小的作用，寫了有用的滑稽部分，他自己也頗為之自豪。他聽說連英國新學領袖湯瑪斯·摩爾 [161] 都稱讚了他的書，便寫信給伊拉斯莫斯，請教他一些細節。

伊拉斯莫斯對馮·胡滕沒什麼好感。他的頭腦有條有理（表現在他生活的有條理），厭惡邋裡邋邊的條頓人，這些人在上午和下午都為啟蒙事業瘋狂地揮舞筆和劍，晚上則到附近的小酒館裡喝得酩酊大醉，暫時忘卻現實的黑暗。

不過，馮·胡滕的確是個很有天賦的人，伊拉斯莫斯的回信也彬彬有禮。他寫著寫著，就對他倫敦的朋友湯瑪斯·摩爾的美德讚不絕口，

---

[159]　烏爾里希·馮·胡滕（Ulrich von Hutten），德國詩人和人文學者，曾被授予桂冠詩人的稱號。他熱情鼓吹日耳曼愛國精神，極力支持馬丁·路德的宗教改革運動。

[160]　桂冠詩人，歐洲中古世紀，在皇帝的侍從隊伍內也有詩人，他們的工作就是寫下紀念某事或某節慶的詩歌，這種詩人在英國就稱之為桂冠詩人，其職位由國王任命。

[161]　湯瑪斯·摩爾（Thomas More），文藝復興時期英國空想社會主義者，以其名著《烏托邦》（Utopia）而名垂史冊，其書全名為《關於最完美的國家制度和烏托邦新島的既有益又有趣的全書》（Libellus vere aureus, nec minus salutaris quam festivus, de optimo rei publicae statu deque nova insula Utopia）。

並描繪了湯瑪斯爵士一家和睦美滿的景象，足以成為所有家庭的永久楷模。在這封信裡，他提到摩爾這個作用非凡的幽默家怎樣賦予了他寫《愚人頌》的最初靈感，很可能正是摩爾創立的善意的鬧劇（一個真正的諾亞方舟，有兒子、兒媳、女兒、女婿、鳥、狗、私人動物園、私人業餘演出和業餘小提琴樂隊），啟發他寫出了使人興奮的並使他一舉成名的作品。

這使我隱約想起了英國木偶劇《潘趣與茱蒂》（*Punch and Judy*），在好幾個世紀裡，它是荷蘭兒童唯一的娛樂節目。《潘趣與茱蒂》木偶劇中有大量粗俗的對話，卻又保持了一種格調嚴肅高雅的氣息。用空洞嗓音說話的「死神」出現在舞臺上。演員們一個挨一個來到這位衣衫襤褸的主角面前，自我介紹一番。接著，死神拿了根又大又粗的木棍，敲打他們每個人的腦袋，然後把他們扔到假設的垃圾堆裡，這始終是孩子們最愛看的一幕。

在《愚人頌》中，整個時代的社會面紗被仔細地剝去，而「愚人」就如一個受到感化的驗屍官，始終站在勞苦大眾這邊，用他的評論為大眾說話，且他想要點評的人一個都不能逃脫。整個「中世紀主要街道」裡的合適形象被蒐集一空。當然，當時的野心家和那些滿口胡謅要拯救人類的僧侶，自然都沒有被落下，他們假裝虔誠地遊說，無知和空洞浮誇的言詞也一同被寫進書裡，遭到嚴厲的抨擊。

教宗、紅衣主教和主教這些與加利利的貧苦漁民和木匠南轅北轍的後裔，也出現在人物表裡，占據了好幾章的篇幅。

不過，伊拉斯莫斯撰寫的「愚人」相對於其他幽默文學作品中搞怪的形象來說，更切合實際。在整本小書中（其實在他所寫的一應文字中），他都在宣揚自己的一套哲理，人們不妨稱它為「寬容的哲學」。

他希望人們都能寬以待人；他堅信信奉神聖律法的精髓，而非死扣原著的字句；他主張人們將宗教以道德的方式來接受，而非某種統治的形式。這些使得伊拉斯莫斯成為一本正經的天主教徒和新教徒攻擊的對象，說他是「不信上帝的流氓」，還把他列為教會的敵人，因為他在嬉笑怒罵中，隱藏有「褻瀆上帝」的真實意圖。

攻擊（一直持續到伊拉斯莫斯去世）沒有起任何作用。這個尖鼻子的矮個子一直活到七十歲，而那時有誰想從官方既定的文字裡增加或減少一個字都會導致絞刑。他對風靡一時的英雄毫無興趣，也公開這樣講。他從不希望從劍和火繩槍裡得到任何東西，因為他清楚地知道，如果神學上的一點爭執便導致全世界的宗教戰爭，那麼世界將要冒多麼大的危險。

於是，他像個巨大的海狸，日夜不停地築造理智和常識的堤壩，慘淡地希望能擋住不斷上漲的無知和偏執的洪水。

他當然是失敗了。要擋住從日耳曼山峰和阿爾卑斯山上沖來的邪惡意圖和仇恨的洪水根本不可能。他死後沒幾年，他的書也全部被沖走了。

不過，由於他的傑出努力，許許多多沉船的骸骨又沖到了後代人的岸邊，成為永遠無法制服的樂觀主義者們的好材料，他們相信，總有一天，我們會建起長堤，切實擋住洪水。

伊拉斯莫斯於 1536 年 6 月與世長辭了。

他到死也一直保持著他那獨有的幽默感。他死在他的出版商家裡。

第十四章

拉伯雷

社會的動盪變革總會製造出一些奇怪的同盟者。

伊拉斯莫斯的名字可以堂而皇之地印在一本受人尊敬，並可供一家老小閱讀欣賞的書上；但是若在公共場所談及拉伯雷[162]，則被認為是有傷大雅。確實，這個人很危險，以至於國家都通過了一項法律，禁止天真的兒童觸及他的那些「邪惡」的作品，在很多國家裡，他的書只能從膽量更高的書販那裡得到。

當然，這還只是那些騙人的官僚，利用恐怖統治強加於我們的許多荒唐事情中的一件。

首先，拉伯雷的書對二十世紀的普通民眾來說，就像《七角樓》（*The House of the Seven Gables*）和《棄兒湯姆‧瓊斯史》（*The History of Tom Jones, a Foundling*）一樣枯燥無味。很少有人能讀完冗長繁瑣的第一章。

其次，他的作品中也並沒有什麼寓意和啟發性。拉伯雷用的詞彙在當時很通俗，如今卻不常用了。然而，在那一片碧藍的田園時代，那百分之九十的人口靠土地為生的年代，「鐵鍬」（Spade）就是「鐵鍬」，母狗（Lady-dog）也不會被理解為「貴夫人的狗」。[163]

不過，人們目前針對這位出色的外科醫生的著作的反對意見，不僅僅限於反對他那豐富但有些過於直率的用詞，而是比這深刻得多。這是因為，許多傑出人物對於那些對生活拒絕持絕望態度的人的觀點感到無比恐懼。

在我看來，人可以劃分為兩大類：一種是對生活說「是」的人，另一種則是對生活說「不」的人。前一種人接受生活，勇敢地和生活爭鬥，並充分利用命運所賜予的一切。

---

[162]　拉伯雷（François Rabelais, 1493-1553），法國作家，以辛辣諷刺的作品著稱。

[163]　英文中「spade」這個詞還有撲克牌「黑桃」的意思，「lady-dog」則既有「母狗」也有「貴婦狗」之意。

後一種人也接受生活（他們又怎能不接受呢？），但是對命運的賜予嗤之以鼻、抱怨不休。就好比一個小孩本想要木偶玩具或小火車，結果卻得到了一個小弟弟。

一方面，「是」派的同胞們，很樂意接受那些鬱鬱寡歡的鄰居對自己的評價，並注意處處寬容忍讓他們，即使「不」派將悲傷的情緒瀰漫整個大地，或者因對生活感到失望而到處修建起可怕的紀念碑，等等舉動，「是」派的人也不會去阻攔。另一方面，「不」派的夥伴卻極少向「是」派的人給予和前者相同的待遇和情懷。

事實上，如果可能的話，一旦有機會，「不」派便會立即把「是」派從這個星球上清除乾淨。

然而，要做到這一點，可不是一件容易的事。於是「不」派為了滿足他們靈魂深處的嫉妒之心，便會無休止地迫害那些主張「世界是屬於生者的而不是屬於死者」的人。

拉伯雷醫生屬於第一種人，他的病人，或者他的思想，從未嚮往過墓地。當時這無疑是件憾事。但是，似乎人們也不可能都去做掘墓人。這個世界必須要有一些像波隆尼爾 [164] 這樣饒舌的人物；不然的話，如果世界上到處都是哈姆雷特式的人物，那該有多恐怖。

至於拉伯雷的生平，倒也沒有什麼特別神祕之處。由他的朋友撰寫的關於他生平的著作裡，有些許情節被遺漏了，但可以在他敵人撰寫的大量作品裡找到，因此，我們可以對他一生的經歷有一個相當準確地了解。

拉伯雷所處的時代是緊隨伊拉斯莫斯之後的一代，但他生活的世界

---

[164]　波隆尼爾（Polonius），莎士比亞戲劇《哈姆雷特》（Hamlet）中的人物，是一個多嘴的大臣，一個樂天派。

仍被僧侶、修女、執事和各種類型的托缽僧們把持。他出生在法國希農，父親不是藥劑師就是醋劑商（十五世紀這兩種職業並不相同），家境富裕，因此有足夠的錢供兒子在好的學校唸書。在那裡，年輕的法蘭索瓦結識了杜貝萊·蘭格（du Bellay-Lange）家族的後裔。那個家族在當地頗有些名氣，那些男孩子像他們的父親一樣，具備寫作的天賦，偶爾也能打仗。他們「老於世故」——這個詞常常被曲解，我這裡取其褒意。他們是國王的忠誠侍從，擔任很多社會要職，而僅一個頭銜便可以把他們打入眾多責任和義務、但極缺乏樂趣的生活。他們有的成為主教，有的成為紅衣主教，有的則是大使；他們翻譯古典文字作品，編撰炮兵、步兵訓練手冊，出色地完成了貴族應做的許多事務。在那個時代，一個貴族頭銜帶來的不是充滿樂趣的快樂生活，而是無盡無休的責任和義務。

從杜貝萊家族後來對拉伯雷的友誼可以看出，拉伯雷並不只是一個陪他們飲酒作樂的有趣的食客。在他人生遭遇坎坷與挫折之時，總能得到他那舊時同窗的幫助和支持。不管何時他和他的上司產生矛盾，發生了糾紛，杜貝萊家族古堡的大門都會向他敞開，為他排憂解難；假如偶爾在法蘭西這片土地上出現了對這個年輕執著的道德學家什麼不利的情況，便總會有一個杜貝萊家族的人恰好奉命出國，並急需一位既懂點醫術又有拉丁文造詣的學者做祕書。

這個細節不容忽視。不只一次，我們這位博學大夫的生涯似乎就要在不幸中突然終結，而他那頗具影響力的老朋友的勢力干預，又將他從索邦神學院的憤怒中或喀爾文主義者的怒火中解救出來。那些喀爾文主義者對他感到非常失望，因為本來他們已經把他看作是他們中的一分子，但是他卻在大庭廣眾之下無情地嘲諷喀爾文派大師偏執的宗教熱

情，認為他狂熱、偏見、殘忍，和他在豐特內和馬耶薩斯那些三杯酒下肚就將神聖和聖潔什麼的完全拋在腦後的同僚沒有什麼兩樣。

兩個敵人中，索邦神學院當然更具危險性。喀爾文可以隨心所欲地大聲斥責，但一超出細小而狹長的疆界，他的雷霆之怒就會像爆竹一樣，沒有什麼威力了。

而索邦神學院就不同了。它和牛津大學一道，頑固而堅定地支持正統派和「舊的學說」，一旦有人膽敢挑戰或質疑它的權威，它絕不會對這些人手下留情，並且，法蘭西國王和他的劊子手也會心照不宣地予以鼎力合作。

唉！拉伯雷一畢業，就成了「引人注目」的人物。這並不僅僅因為他喜歡喝上等的美酒，也不是他喜歡講那些僧侶同伴的有趣故事。他所做的事情比這些更加糟糕，那就是他無可救藥地迷上了邪惡的希臘文。

這消息一傳到他所在的修道院的院長那裡，上司便做出了搜查他住所的決定。在他的住所，他們發現了許多的違禁書籍，其中包括一本《荷馬史詩》、一本《新約》，還有一本希羅多德[165]的書。

這可真是個可怕的發現。雖然他的那些朋友權大勢強，但也是費盡周折，多方活動，才使他得以解脫困境，逃過一劫。

在教會發展史中，這一階段是一個非同尋常的奇妙的階段。

起初，正如我前面所提到的，修道院是社會文明的先行者，僧侶和修女在促進教會利益方面付出了無法估量的努力。不止一位教宗曾預料到，如果一個修道院的勢力發展得太過強大，那將是十分危險的。但是，和以往一樣，明明所有人都知道應該對修道院採取某些措施，最終卻還是什麼也沒有做，遲遲不見有所行動，其結果就是任其越發壯大。

---

[165]　希羅多德（Herodotus, 484-425 B.C.），古希臘歷史學家，被稱為歷史學之父。

在新教徒中似乎有這樣一種看法，認為天主教會是個穩定的組織，該組織由少數傲慢的貴族平穩地、自然而然地把持著，內部不應該有任何動亂；而其他所有由普通平民組成的組織則必然與內訌如影隨形。

然而，事實並非如此。

也許正如前面提到的一個原因，之所以會有這種看法，有可能是因對某一個詞的錯誤解讀而造成的。

在一個熱衷於民主理想的世界，很容易就會被一個「一貫正確的人」的觀點給嚇唬住了。

因此也就產生了這樣一個流行的觀點和說法，「一個龐大的組織，假如只是一個人說了算，而其他所有人只需跪下來高喊『阿門』表示服從，那麼管理起來就會容易得多。」

對一個在新教國家長大的人來說，要對這個錯綜複雜的問題形成一個正確、公正、全面的理解和認識，那真是難上加難。然而，如果我沒有弄錯的話，教宗「一貫正確」的言論就像美國的憲法修定案一樣，少之又少。

此外，重大決策的形成，總是要經過充分醞釀和討論；而做出決定之前的最後那場爭論，常常會動搖教會的穩定。因此，透過這樣的程序而產生的決議或宣言是「一貫正確」的，正如跟我們的憲法修正案也「一貫正確」一樣，因為它們是「最終」的決議，一旦明確地寫進了國家的最高法律之中，那麼其他任何爭執都已經沒有什麼意義了，一切都到此結束。

如果有人聲稱，要統治管理美國是一件很容易的事情，因為一旦發生了什麼緊急狀況，所有的人都會堅定地站在憲法的一邊，那麼他就大錯特錯了。這無異於就是在說，既然所有虔誠的天主教徒在有關信仰的

重大問題上，都承認教宗的絕對權威，那麼，他們一定是一群溫馴的羔羊，心甘情願地把擁有自己獨特想法的權利都放棄了。

假如真是這樣，那麼居住在拉特蘭教堂和梵蒂岡宮殿裡的人就大可以高枕無憂了。但是，只要對最近一千五百年來的歷史稍加研究就會發現，事情恰恰相反。那些主張宗教改革的人，常常會在他們的著作中反映羅馬當權者對路德、喀爾文和慈運理[166]滿懷仇恨譴責的那些罪惡似乎全然不知曉。由於他們過於追求美好的事業，其實他們自己才真正不知道事情的真相，或者看問題有失公正，無法處理好他們對美好事業的熱情。

這些人，如哈德良六世[167]和克萊孟七世，很清楚他們的教會在很多方面存在著致命的問題。不過，能夠指出丹麥王國裡腐敗墮落的現狀是一回事，而能改正弊病挽救局面則是另一回事，就連可憐的哈姆雷特最終也意識到了這一點。

那個不幸的王子（指哈姆雷特）是美好幻覺最後的一個受害者，他以為靠一個正直誠實之人的無私的努力，那幾百年的錯誤統治便會在一夜間得到糾正。

也有許多聰明的俄國人知道，統治他們帝國的舊式官僚機構已經腐敗不堪，效率低下，對國家與民族的安全已經構成巨大的威脅。

他們也曾做出瞭如暴風雨般巨大的努力，推行改革，到最後依然是以失敗告終。

那些曾經也有那麼一刻思考過這個問題的美國人，又有多少能清楚地看到這一點：若是建立民主式的政體而不是代議式的政體（正如共和

---

[166]　慈運理（Ulrich Zwingli, 1484-1531），瑞士宗教改革家。
[167]　哈德良六世（Adrian VI, 1459-1523），1522 年至 1523 年為教宗，是唯一當選為教宗的荷蘭人。

政體的創立者們所嚮往的那樣），最終會導致社會陷入一系列的混亂啊！

可是，即使看到這一點，他們又能怎麼樣呢？

這些問題最終引起人們關注的時候，已經變得極其複雜了，除非經歷一場社會大動亂，不然是很難得到解決的。然而這種社會大動亂是極為可怕的事情，大多數人都力求避免其發生。這些人認為，與其走極端，不如對陳舊的和衰老的機器（體制）做一番修補，並祈禱奇蹟發生，讓它再次運轉起來。

由許多宗教教派建立和維持的專橫的宗教以及社會專制制度，是中世紀末期最臭名昭彰的罪惡。

歷史無數次地顯示出「樹倒猢猻散」（主帥一跑，軍隊也跟著主帥一起逃跑）的局面。說的更直白一些，這種形勢已經完全脫離了教宗的掌控。他們所能做的就是穩住自身陣腳，改善加強組織內部的管理，同時盡力阻止像那些托缽僧（他們共同的敵人）遇到的那樣糟糕厄運的到來。

伊拉斯莫斯就是頻頻受到教宗保護的學者之一。不管是魯汶颳起狂風暴雨還是道明教會暴跳如雷，羅馬總是不加理會，並指著這個無視命令的人無奈地表示：「由著這個老頭子去吧！」

經過上述的介紹，我們對下面敘述的情況便不會感到驚訝：頭腦敏捷但桀驁不馴的拉伯雷，經常在他的上司要降罪於他的關鍵時候，總是能得到羅馬教廷的幫助；並且，當他的研究工作接連不斷受到干擾而無法進行下去，生活也不堪忍受的時候，他也總能順利地得到教廷的許可而離開修道院。

因此，他長長地鬆了一口氣，揮去腳上馬耶薩斯的塵土，轉而前往蒙彼利埃 [168] 和里昂學習醫學課程。

---

[168]　蒙彼利埃，法國南部城市。

他的確才智、能力非凡。在不到兩年的時間裡，這個昔日本篤會[169]的獨身僧人就成為里昂市醫院的內科主治醫生。不過，在他獲得這些榮譽以及頭銜之後，他那不安分的靈魂便又開始尋找新的樂園棲息地。他沒有扔下藥粉和藥片，但是除去學習解剖學（這絕對是一項新的研究學科，其危險程度與研究希臘文不相上下）之外，他還開始擺弄起了文學。

位於隆河峽谷中心地帶的里昂市，對致力於純文學的人是個理想的城市。而且毗鄰義大利，只需輕快地走上幾天，就可以到達普羅旺斯。在那裡，雖然遊唱詩人[170]的古代樂園在宗教裁判所的手中化為狼藉，但是那偉大古老的文學傳統還沒有完全喪失。而且，里昂的印刷技術也以品質上乘而遠近聞名；書店裡，各種最新出版的書籍、刊物應有盡有。

當地一個叫賽巴斯汀‧格里弗斯（Sebastian Gryphius）的大印刷商，他要找人編輯中世紀經典作品文集，理所當然地想起了這個新來的、被稱為學者的醫生。他僱用了拉伯雷為他做這項工作。拉伯雷先是整理了蓋侖[171]和希波克拉底[172]那博大精深的醫學論文和著述，緊接著又整理曆書和注釋的集子。正是從這樣一個不起眼的開端中，產生出了這部奇特的大卷本，它使編輯者成為當時最受歡迎的名作家。

拉伯雷追求新奇事物的這種天賦，不僅使他成為著名的執業醫生，還成為成功的小說家。他做了許多以前少有人敢做的事情，開始用普通大眾的語言寫作。他打破了千年的舊傳統，因為傳統的寫作條例規定，有學之士寫書必須用那些普通民眾看不懂的文字。而他偏偏反其道而行

---

[169] 本篤會，亦稱本尼狄克派，是天主教隱修會之一。
[170] 普羅旺斯詩人稱為遊唱詩人（Troubadours）。騎士抒情詩俗稱「普羅旺斯抒情詩」，主題多是謳歌騎士之愛。
[171] 蓋侖（Galen），西元二世紀古羅馬名醫。他繼承和發展了古希臘名醫希波克拉底的體液說提出的關於人類氣質類型的理論。
[172] 希波克拉底（Hippocrates, 460-377 B.C.），古希臘著名醫生，被尊為「醫學之父」。

之。他用法語寫作，並且還用的是 1532 年那個時間民間通用的、不加任何修飾的地方話。

關於拉伯雷腦海裡何時何地，如何構思出他那兩個心愛的主角——巨人卡岡杜亞（Gargantua）和龐大固埃（Pantagruel），這我就不得而知了，我倒是很願意把這個問題留給那些研究文學的專家們去探討。說不定，這兩人是異教的神靈，憑藉本性，經受住了一千五百年來基督教的迫害和鄙視。

還有一種可能，就是拉伯雷是在一陣令人狂喜的靈感中發現這兩個人物的。

無論如何，不管是什麼促使拉伯雷寫這兩個人物，他都給各個民族帶來了巨大的歡樂，對於一個作家來說，不可能再獲得比「他的作品大大增加了人們的笑聲」更高的讚譽了。然而，他的作品絕非現代意義上所謂的庸俗「趣味書」；它有其嚴肅深刻的一面，透過對人物的諷刺描寫，為寬容事業打出了勇敢的一記重拳。這些人物是宗教恐怖統治的罪魁禍首，而正是這種恐怖統治造成了十六世紀上半葉不計其數的苦難。

拉伯雷是一個訓練有素的神學家，他避免用直白的語言進行攻擊性的評論，這樣會給自己招惹麻煩。他秉持的原則是：監獄外面一個活潑的幽默家，勝過監牢裡面一堆臉色陰沉的改革者。因而，他避免了過分表露他那極不正統的觀點。

但是，他的敵人非常清楚地知道他的意圖。索邦神學院很明確地斥責了他的書，巴黎的國會也把他的書列入了黑名單，沒收並燒毀一切在其管轄範圍內所能找到的任何一本他寫的書。但是，儘管劊子手們迫不及待地要銷毀這些書（他們是當時官方指派的有權銷毀書籍的人），拉伯雷的這本《巨人傳》（*Gargantua and Pantagruel*）仍然是暢銷的經典作

品。差不多四百年以來，它不斷地給那些能夠從善意的幽默和諷刺的智慧的作品中汲取樂趣的人們以啟發；並且還總是讓那些認為「真理女神嘴邊一旦掛出一絲微笑，就不再是個好女人」的人感到煩惱不安。

至於作者本人，他在過去是，現在仍然是被看作「一本書而聞名天下」的人。他的朋友杜貝萊家族自始至終都對他非常忠誠。不過，拉伯雷一生都很謹慎，雖然他的「十惡不赦」的作品是在這些權貴朋友的「特別關照下」才得以發表，但是他從來都是和他們保持一個禮貌的距離。

拉伯雷冒險去了一次羅馬，在那裡，他非但沒有遇到任何麻煩，相反卻受到了熱忱的歡迎。西元 1550 年，他回到法國，住在默頓，三年後離開人世。

然而，我們無法準確衡量這樣一個人到底給世界帶來了多大的影響。他畢竟是個人，不是電流，也不是一桶汽油。

有人說他僅僅是在摧毀。

也許是這樣的吧。

可是，在他從事這項工作的年代裡，正是人們大聲疾呼迫切需要有一支能摧毀舊社會的隊伍的時候，也恰恰需要伊拉斯莫斯和拉伯雷這樣的人來領導。

他們打算建立起新的大廈來取代舊的，但是這些新的大廈和舊的一樣醜陋不堪、齷齪難看，這是人們始料未及的。

不管怎樣，那是下一代人的過錯。

他們才是該受到責備的。

他們本來有機會重起爐灶、改弦易轍，要知道這樣的機會不是經常會出現的。

然而，他們卻錯失了這個良機；願上帝寬恕他們吧。

第十五章

舊世界的新招牌

偉大的現代詩人認為世界就是一片汪洋大海，海面上有無數船隻在航行。每當一隻船撞上另一隻，便產生「美妙的音樂」，人們稱它為歷史。

在這裡我借用海涅[173]提及的大海來做一個比喻，以闡明我的想法。我們在孩提的時候喜歡向水池裡扔石子，覺得好玩。石子濺起美麗的水花，漂亮的漣漪形成不斷擴大的圓圈，很好看。如果手邊有磚頭（有時正好有），還能用核桃殼和火柴做成「無敵艦隊」，讓它陷於壯觀的人為風暴之中。沉重的投擲物可別讓人失去平衡，不然會把離水太近的小孩摔下去，弄得他事後躺在床上，連晚飯都吃不了。

在專門為成人保留的世界裡，同樣的消遣並不是無人知曉，但結局卻遠為慘痛。

一切都平靜安然，陽光明媚，滑冰者歡快地搖擺著。突然，一個膽大的壞孩子抱著塊大石頭來了（天曉得他是從哪裡找來的），別人還沒來得及攔住他，他已經用力把石頭扔在池塘中間，接著是一場大亂。大家問是誰幹的，該怎樣揍他的屁股。有人說：「放他走吧。」其他人嫉妒這孩子，因為他吸引了所有人的注意力，就也拾起周圍的舊東西扔進水窪，大家都濺了一身。一波未平一波又起，結局往往是一場群毆，幾百萬人打破了腦袋。

亞歷山大[174]就是這樣一個膽大的壞孩子。

---

[173]　海涅（Heinrich Heine, 1797-1856），德國詩人。代表作有《詩集》（*Poems*）、《新詩集》（*New Poems*）、《德國，一個冬天的童話》（*Germany. A Winter's Tale*），論集《論德國的宗教和歷史》（*On the History of Religion and Philosophy in Germany*）、《論浪漫派》（*The Romantic School*）等。

[174]　亞歷山大大帝（Alexander the Great, 356-323 B.C.），馬其頓王國國王。他統一了因敵對交戰而分裂的希臘諸城邦，又征服了波斯、埃及和許多王國，直至印度邊界。

特洛伊的海倫 [175] 美麗動人，是個膽大的壞女人，導致特洛伊戰爭爆發，這些人分布於歷史中。

但從古至今，最壞的肇事者是那些卑鄙的小人，他們懷有自己的目的，把人們一潭死水般的思想上的冷漠態度作為用武之地。頭腦正常的人對他們恨之入骨，一旦抓住他們，就非科以重罰不可，我對這一點毫不奇怪。

想一想近四百年他們造成的災難吧。

他們是復辟舊世界的首領。中世紀的雄偉城壕反映這樣一個社會的影子：它在顏色和結構上都很協調。它並非完美無缺，但人民喜歡它，愛看自己小宅院的紅磚牆與昏灰色的天主教堂融為一體，教堂塔樓居高臨下，望著他們的靈魂。

文藝復興可怕地飛濺而起，隔夜間天翻地覆。不過這僅僅是開始。可憐的自由民剛從震驚中清醒過來，嚇人的日耳曼僧人又出現了。他們帶來整整一車特意準備的磚頭，扔進教宗的環礁湖中心。這的確太過分了，難怪世界花了三個世紀才從震驚中恢復過來。

研究這段歷史的老歷史學家常犯一個小錯。他們看到動亂，下定論說漣漪是由一個共同原因引起的，並輪換稱它是文藝復興或宗教改革。

如今我們了解得清楚多了。

文藝復興和宗教改革是兩項運動，都宣稱追求同一個目的。不過它們為達到最終目標所採取的手段卻截然不同，以致人文主義者和新教徒雙方經常互懷敵意。

雙方都信仰人應享有最高的權利。在中世紀，個人淹沒於集體之

---

[175] 特洛伊的海倫（Helen of Troy），希臘傳說中的美女，原是斯巴達國王墨涅拉俄斯（Menelaus）的妻子，後被特洛伊國王的二兒子帕里斯（Paris）拐走，因而引發特洛伊戰爭之

中。這不像約翰·多伊 [176] （這是一種泛指的代稱，指無名的普通人）。約翰·多伊是個聰明人，隨意來去，任意做買賣，十幾個教堂中他想去哪個便去哪個（也許哪個都不去，這要看他的嗜好和偏見）。他一輩子從生到死都遵循經濟和精神禮節的僵板小冊子行事，這小冊子教導他說，身體是從自然之母那裡隨便借來的次品衣服，除用來暫時寄託靈魂外毫無價值。

手冊還讓人們相信，這個世界只不過是個通往來世的中轉站，沒必要予以重視。正如一個要去紐約的人，根本不會在意中途會經過的皇后鎮 [177] 和哈利法克斯 [178] 一樣。

約翰很安於這個世界，幸福地生活著（因為他只知道這個世界）。這時來了兩個神仙教母：文藝復興和宗教改革。她們說：「高貴的公民，起來吧，從今往後你自由啦。」

約翰問道：「自由能做什麼？」她們回答迥然相異。

「自由將帶領你踏上發現美的旅程！」文藝復興回答。

「自由會引領你走向真理！」宗教改革告誡他。

「自由去探索過去，那時的世界是真正屬於人類的。自由去實現詩人、畫家、雕塑家和建築家曾一心一意追求的理想。自由去把整個宇宙囊括在你的永恆的實驗室裡，使你知道它的一切奧祕。」文藝復興許諾道。

「你可以自由地研究上帝的箴言！這樣你的靈魂將獲得救贖，罪惡也會得到寬恕！」宗教改革警告道。

---

[176]　約翰·多伊（John Doe），這個名字常常和理查·羅伊（Richard Roe）一起出現，最初是不成文法訴訟中假想的原告與被告的名字。現在法律中常用他們指身分不明的一方，且更常用約翰·多伊這個名字。這裡僅僅作為假想人名。

[177]　皇后鎮，紐西蘭的一個被南阿爾卑斯山包圍的美麗小鎮，也是一個依山傍水的美麗城市。

[178]　哈利法克斯，加拿大諾瓦斯科細亞省首府，一個海港城市。

說完，她們便揚長而去，留下可憐的約翰‧多伊獨享新的自由。但是，和過去的束縛相比，這新自由卻更令他難受。

不管是萬幸還是不幸，文藝復興很快與既定的秩序攜手和好了。菲迪亞斯[179]和賀拉斯[180]的後繼者發現，對上帝的信仰和表面上對教會法規的順從大相逕庭，一個人要是既想作異教的畫，寫異教的十四行詩，又不想受到懲罰，就必須先把海克力斯說成是施洗者聖約翰（John the Baptist），把天后希拉（Hera）叫作聖母瑪利亞（Virgin Mary）。

就像去印度觀光的遊客，只要遵守一些當地的規章制度，即使這些規則在他們看來毫無價值，就可以自由進出當地的寺廟，自由自在地旅行，也不會擾亂當地治安。

但在路德的真誠追隨者眼裡，最小的細節也會成為無比重大的事。〈申命記〉[181]中錯了一個逗號便意味著流放。要是在〈啟示錄〉裡用錯了一個句點，就會立即處死。

這種人以極其嚴肅的態度對待宗教信仰，在他們看來，文藝復興的輕鬆折衷精神是懦夫的行為。

結果，文藝復興和宗教改革分手了，再也沒有聯合。

於是宗教改革單獨抵擋整個世界，穿上「正確」的鎧甲，準備保衛它最神聖的財產。

開始時，反叛的軍隊幾乎全是日耳曼人。他們驍勇善戰，負嵎頑抗。但是，相互嫉妒是災禍之根，北方各國間的爭吵很快抵消了他們的努力，最後被迫接受停戰。導致最後勝利的策略是由一個完全不同的天才提出來的。路德讓位給了喀爾文。

---

[179]　菲迪亞斯（Phidias, 490-430 B.C.），古希臘雕刻家、畫家和建築師。
[180]　賀拉斯（Horace），羅馬抒情詩人、諷刺作家。
[181]　〈申命記〉（*Deuteronomy*），《聖經‧舊約》第五卷，一般認為是摩西作品。

　　早該如此。

　　就在那所讓伊拉斯莫斯度過不少鬱悶時光的法國大學，有個蓄著鬍子的年輕西班牙人（指羅耀拉[182]）。他的腿有點瘸（拜高盧的子彈所賜），夢想著有朝一日，能夠率領一支主的新軍，剷除所有異端分子。

　　只有極端分子才能對抗極端分子。

　　也只有像喀爾文這樣堅韌不拔的人，才能打敗羅耀拉的計畫。

　　我很高興沒有生活在十六世紀的日內瓦。不過同時，我也深感慶幸十六世紀有日內瓦存在。

　　沒有它，二十世紀的世界會更為糟糕，我這樣的人很可能會鋃鐺入獄。

　　這場光榮之戰的英雄，著名的約翰‧喀爾文，比路德年小幾歲。出生日：1509 年 7 月 10 日。出生地：法國北部諾揚城。出身：法國中產階級。父親：低階的聖職人員。母親：酒館老闆之女。家庭成員：五個兒子，兩個女兒。少年受教育的特點：敏捷、單純、做事有秩序、不吝嗇、細心、有效率。

　　約翰是二兒子，家裡本打算讓他當教士。父親有一些有勢力的朋友，可以把他安排在好教區。他沒滿十三歲就在城裡的教堂做事，有一小筆固定收入，這筆錢被用來送他去巴黎的好學校讀書。這孩子很出眾，和他接觸過的人都說：「留神這個年輕人！」

　　十六世紀的法國教育制度能夠培養這樣的孩子，盡量發揮他的才能。十九歲時，約翰被批准布道，他做一個稱職的副主祭的前程似乎注定了。

---

[182]　　依納爵‧羅耀拉（Ignatius of Loyola, 1491-1556），天主教耶穌會創始人。出生於西班牙，後從軍，1521 年被法軍炮彈擊傷右腿，終生殘疾。1528 年至 1535 年在巴黎大學深造，在此期間邀集一批同道，建立了耶穌會。

但是家中有五兒兩女，教堂的晉升又很緩慢，而法律卻能提供更好的機會。況且那正是宗教動亂之時，前途難測。一個叫皮爾·奧利維坦（Pierre Olivetan）的遠親剛剛把《聖經》譯成法文。約翰在巴黎時經常與他在一起。一個家庭裡有兩個異教徒就無法相處，於是約翰便拿起行李前往奧爾良，拜一個老律師為師，以便學會辯護、爭論和起草辯護狀的業務。

在巴黎發生的事在這裡也發生了。到了年底，這個學生變成了老師，教那些不夠刻苦的同學補習法學原理。他很快掌握了所需要的一切，可以出師了。他的父親高興地希望兒子有朝一日能成為著名律師的對手，那些律師發表一點意見就能得到一百個金幣，還能坐著四輪馬車到遙遠的康比涅 [183] 去接受國王的召見。

可是這些夢想從未實現，約翰·喀爾文根本沒有當過律師。

相反，他賣掉了法律文獻和法典，回到自己最初的愛好上。他費盡心思收集了成套的神學著作，專心致志地搞起了研究。就是這項工作讓他成為過去二十個世紀以來最重要的歷史人物之一。

不過那幾年學的羅馬法典為他以後的活動打下了深刻的烙印，再讓他用感情看問題是根本不可能了。他對事物很有感受，而且入木三分。請讀一讀他寫給追隨者的信吧，這些人後來落入天主教會手裡，被判處用火活活烤死。在無望的痛苦中，他們依然把他的信視為世間最優美的佳作，信中表達了對人的心理的入微理解，致使那些可憐的受害者在臨死前還在為一個人祝福，而正是這個人的教誨使他們陷入危境。

可喀爾文並不像他的敵人所說，是一個薄情寡義之人。他只是把生活看為一種神聖的職責。

---

[183]　康比涅，法國中北部城市。

他竭盡全力對上帝和對自己誠實，因而他必須把每一個問題化簡為基礎的原則和教義，再把它交付人類感情的試金石檢驗。

當教宗庇護四世[184]得知他的死訊時說：「這個異教徒的力量在於他視金錢為糞土。」如果這句話是稱讚他毫無個人的私慾，那教宗就說對了。喀爾文一生清貧，並拒絕接受最後的一筆季薪，因為「疾病已經使他無力完成與薪水相匹配的工作了。」

但是他的力量卻表現在另一方面。

他只懷有一個信念，一生只有一個強大的推動力：認清《聖經》中展現的絕對的真理，當他最後得出的結論在他看來已經能夠經得起所有的爭辯和反對時，他就把它納入到自己的生活準則中。從此他按照自己的想法行事，完全無視自己的決定會引起的後果，成為不可戰勝、不可阻擋的人。

然而這個特質直到許多年後才表露出來。在轉變信念後的前十年，他不得不竭盡全力對付一個平庸的問題：謀生。

「新學」在巴黎大學獲得的短暫勝利，關於希臘文詞尾變化、希伯來文的不規則動詞和其他受禁的知識的幾次授課，全部引起了反響。連坐在著名的博學寶座上的教區長也受了有害的日耳曼新教義的汙染，於是人們採取措施，清洗那些現代醫學會稱為「思想傳播者」的人。據說喀爾文曾經把幾篇最會引起異議的講演稿交給教區長[185]，於是他的名字出現在嫌疑犯名單的前列。他的房間被搜查，文章被沒收，還有人簽署了逮捕他的命令。

他聞訊藏到了朋友家裡。

---

[184]　教宗庇護四世（Pius IV），羅馬教宗，1499 至 1565 年在位。

[185]　1533 年，喀爾文的摯友尼古拉斯‧科布（Nicholas Cop）出任巴黎大學校長，喀爾文幫助他起草就職演說詞時，強調宗教改革是大勢所趨，被法國王室認為是異端。

誠然，小小學院裡的風浪不會持久，但在羅馬教會裡任職已經不可能了。到了做出明確決斷的時刻。

1534 年，喀爾文與舊信仰絕裂了。幾乎與此同時，在俯瞰法國首都的蒙馬特山上，羅耀拉和他的幾個學生也莊嚴起誓，誓言沒多久就被寫進了耶穌會的章程中。

接著，他們都離開了巴黎。

羅耀拉往東而去，但一想到自己第一次進攻耶路撒冷時的不幸遭遇後，便折回羅馬，在那裡開展了一系列活動，使他聲名遠播（又或許臭名遠播吧）。

喀爾文則是另外一種類型，他的理想抱負不受時間和地點的局限。他四處漫遊，希望能找到一席安靜之地，用餘下的時間閱讀、思索和平靜地宣講他自己的觀點。

不巧的是，在通向史特拉斯堡的路上，一場戰爭在查理五世和法蘭西斯一世（Francis I）之間爆發了。這迫使他繞道瑞士西部。在日內瓦他受到威廉・法勒爾 [186] 的歡迎，他是法國宗教改革中的海燕，是從長老會和宗教法庭的牢籠裡逃出來的傑出人物。法勒爾張開雙臂迎接了他，告訴他在小小的瑞士公園裡可以完成的業績，並請他留下。喀爾文要求有時間考慮，然後他留下了。

就這樣，因為一場戰爭，新天國就注定要修建在阿爾卑斯山腳下。

那是個奇怪的世界。

哥倫布（Christopher Columbus）本想去印度，卻意外地發現了新大陸。

---

[186]　威廉・法勒爾（William Farel），法國宗教改革家，生於加普。1509 年在巴黎大學學習，後任多種神職，為逃避當時對宗教改革者的迫害，前往瑞士，1532 年赴日內瓦。

　　喀爾文只希望找到一塊適合讀書、研究和冥想的清靜之地，卻陰差陽錯地晃盪到了一個三等的瑞士小鎮，使之後來成為新教的精神之都。新教徒受其影響，不久便把大部分天主教管轄下的領土變成了龐大的新教帝國疆土。

　　讀歷史既然能達到包羅萬象的目的，為什麼還要讀小說？

　　我不知道喀爾文家裡的那本《聖經》是否仍被保留著。如果有，人們會發現，載有但以理[187]的書的第六章磨損得特別厲害。這個法國改革家是個有節制的人，但他常常要從一個堅定不移的上帝僕從的故事裡獲取安慰，那個人被扔進獅穴，後來他的清白救了他，使他沒有悲慘地英年早逝。

　　日內瓦不是巴比倫。它是個令人起敬的小城，居住著體面的瑞士裁縫師。他們嚴肅地對待生活，卻比不上這位新宗教領袖，他像聖彼得一樣在講壇上滔滔不絕地布道。

　　況且，有一個叫尼布甲尼撒的人，他是薩沃依公爵[188]。被凱撒征服的阿洛布羅基斯人[189]的後裔，正是在與薩沃依家族的無休止的爭吵中決定和瑞士的其他地區聯合起來，加入宗教改革運動。日內瓦和威登堡的聯合猶如相互利用的婚姻，是建立在共同利益而不是相互愛慕基礎上的結合。

　　但是，日內瓦改奉新教的消息一傳開，所有熱衷於各種新的千奇百怪教義的傳教士——他們不下五十個——都湧到了雷夢湖[190]畔。他們幹勁十足，開始宣講迄今活人所能想出的最怪誕的教義。

---

[187]　但以理（Daniel），《聖經》故事人物，以色列著名先知。

[188]　薩沃依家族是義大利的一個皇族，1416年在羅馬皇帝的支持下首次獲得公爵領地。1536年，薩沃伊公爵對日內瓦的統治權被終止，法國國王法蘭西斯一世接管了薩沃伊家族的全部領地。

[189]　阿洛布羅基斯人，古代高盧凱爾特人部落。生活在今天法國、瑞士的邊境，包括日內瓦。

[190]　雷夢湖，即日內瓦湖。歐洲最大的湖泊，面積約583平方公里，橫跨瑞士至法國邊境一帶。

喀爾文打心底憎惡這些業餘預言家。他深知他們只會對自己所標榜的事業帶來危險，他們是熱情的戰士，但走錯了路。他休息了幾個月後，做的頭一件事便是盡可能準確、簡練地寫下他希望新教民能夠掌握的對與錯的界線。這樣，誰也不能挪用老掉牙的藉口：「我不知道呀。」他和朋友法勒爾親自把日內瓦人分為十人一組進行檢查，只有宣誓效忠這個奇怪的宗教法才能享有全部公民權力。

接著，他為年輕人編寫了一本龐大的教義問答手冊。

他又說服了市議會，把所有仍然堅持錯誤的舊觀點的人趕出城去。

為下一步行動清掃了道路之後，他按照〈出埃及記〉（*Exodus*）和〈申命記〉中政治經濟學家制定的規範，開始建立一個公國。喀爾文像其他許多大改革者一樣，不是現代基督徒，倒更多像個古典猶太人。他嘴上崇拜上帝耶穌，但心裡卻嚮往摩西的耶和華。

當然，在感情壓力很大的時候常會出現這種現象。耶穌這個卑賤的拿撒勒木匠對仇恨和鬥爭的看法明確無誤，以至於在他的見解和暴力辦法之間不可能找到折衷物。兩千年來，各個民族、每一個人都想以暴力達到目的。

所以戰爭一爆發，所有有關的人便都默許了；人們暫時合上福音書，在血泊和雷鳴中興高彩烈地打滾，沉迷於《舊約》的以眼還眼哲學之中。

宗教改革的確是場戰爭，而且很凶殘。沒人乞求生命保障，也沒有饒恕，喀爾文的公國實際上是個軍營，任何個性自由的表現都逐一被壓制了。

當然，這一切的取得並非沒有阻力。1538 年，社會上傾向於自由的勢力壓倒了喀爾文的統治，他被迫離開了日內瓦。但到了 1541 年，他的支持者又一次掌權。在一片鐘聲和教士們響亮的讚美聲中，喀爾文行政

長官又回到了隆河的城堡。從此他成為日內瓦沒有王冠的國王，在以後的二十三年中致力於建立和完善神權形式的政府，這自從以西結[191]和以斯拉（Ezra）的年代以來還沒人見過。

按照《牛津大辭典》（*Oxford English Dictionary*）的解釋，「紀律」一詞意為：「使受控制，訓練服從和執行。」它最好地表達了喀爾文夢想中的整個政治宗教結構的實質。

路德的本性和大部分日耳曼人的一樣，是感傷主義者。在他看來，只有上帝的話才足以向人們指出通向永恆世界的道路。

但這實在太模稜兩可了，根本不對這位偉大的法國宗教改革家的口味。上帝的話可以是希望的燈塔，但是道路漫長黑暗，還有能使人忘記自己目的的各種誘惑。

然而這個新教牧師卻不會走彎路，他是個例外。他知道所有陷阱，也不會被收買。如果偶爾要走出正道，每週的教士例會就很快能使他認清自己的責任，在會上，所有名副其實的正人君子都可以自由地相互批評。因此他是所有真切追求拯救的人心目中的理想人物。

我們爬過山的人都知道，職業導遊偶爾可能成為不折不扣的暴君。他們知道一堆岩石的險處，了解一塊看起來很平坦的雪地的危險，他們對自己所照顧的旅行者有完全的命令權，哪個傻瓜膽敢不聽命令，批評的話便會劈頭蓋臉潑下來。

喀爾文的理想公國中的教士也有同樣的責任感。對那些跌倒了、要求別人扶起來的人，他們高興地伸出援助之手。但是，一意孤行的人只要想離開已經開闢好的道路，要做迷途羔羊，那麼牧師伸出去的手就會

---

[191]　以西結（Ezekiel），以色列先知。《聖經·舊約》中有一卷《以西結書》（*Ezekiel*），共四十八章，傳為先知以西結所作。

先縮回來，再立刻變成拳頭，給予他又快又狠的一擊。

在其他許多宗教組織裡，教士也喜歡使用同樣的權力。但是地方長官嫉妒他們的特權，極少允許教士與法庭和行刑官抗衡。喀爾文知道這些，在他的管轄區，他建立了一種教會紀律，實際上超過了法律。

大戰之後出現了許多怪異的錯誤歷史概念，還流傳甚廣，但其中最令人吃驚的是說法國人（與它毗鄰的日耳曼族相比）是熱愛自由的民族，憎恨所有的管轄。數世紀以來，法國一直在官僚體制的統治之下，很龐雜，卻比戰前普魯士[192]政府的效率低很多。官員們上班遲到早退，領子也繫得不周正，還抽著劣等紙菸。要不然他們就亂搞一頓，引起人們反感，像東歐的政府官員一樣，而大眾卻很溫順地接受官員們的粗魯，這對於一個醉心於反叛的民族來說真是使人驚訝。

就熱衷於集權這一點來看，喀爾文是個典型的法國人。他在某些細節上已經接近了拿破崙（Napoleon I）成功的訣竅。但他不像那個偉大的皇帝，缺乏個人的雄心大志，他的胃口很差，也沒有幽默感，只是個嚴肅得可怕的傢伙。

他為了尋找適應於他那個耶和華的詞句，翻遍了《舊約》，然後讓日內瓦人接受他對猶太歷史的解釋，把它作為上帝意願的直接展現。一夜之間，隆河的這座迷人城市變成了悲哀的罪人雲集之地。由六個教士和十二個長者組成的城市宗教法庭日夜監聽著市民的私下議論。誰被懷疑有「受禁的異教觀點」的傾向，就會被傳訊到長老會法庭，他的所有論點將被檢查，他要解釋是從哪裡、怎樣得到那些向他灌輸有害思想使他迷失路徑的書的。被告如果有悔過表示，使可免刑，判處他到主日學

---

[192]　普魯士，位於北歐，1701 年起成為王國，1871 年成立了統一的德意志帝國。

校 [193] 旁聽。如果他固執己見，便要在二十四小時內離開城市，不許再在日內瓦聯邦管轄區內露面。

但是與所謂的「教議會上院」發生矛盾，並不只是因為缺乏一點正統感。下午在鄰村玩一玩滾木球，如果被控告（常常會這樣），便有理由被狠狠責罵一番。而開玩笑，不管有用沒用，都被認為是極惡劣的行徑。婚禮上搞一些智力題目就足夠鋃鐺入獄了。

漸漸地，這個新天國裡充滿了法律、法令、規則、命令和政令，生活變得無比複雜，失去了昔日的風采。

不許跳舞、不許唱歌、不許玩撲克牌，當然也不許賭博。不許舉辦生日宴會，不許舉辦鄉間市場，不允許有絲綢和所有外表華麗的裝飾品。允許的只是去教堂、去學校，因為喀爾文是個思想主張鮮明的人。

胡亂的禁止可以免除罪孽，但不能強迫人熱愛美德，美德來源於內心的啟迪。於是建立了優秀的學校和第一流大學，鼓勵一切治學活動。還建立了有趣的集體生活，以吸引大家的剩餘精力，使人忘記苦難和限制。喀爾文的制度如果完全不考慮人的情趣，就無法存在下去，也就不會在近三百年歷史中造成決定性的作用。不過，所有這些要歸功於一本論述政治思想發展的書。現在我們感興趣的是日內瓦為寬容事業做了些什麼，結論是，新教徒的羅馬一點也不比天主教的羅馬強。

我在前面幾頁歷數了可以減輕罪孽的情況。那個時代有聖巴托羅繆日大屠殺 [194]，不少荷蘭城市被夷為平地，所以，不必指望一方（而且還

---

[193]　主日學校，基督教教會最初為了向兒童灌輸宗教思想，在星期天創辦的兒童班，後來對象則擴大到各年齡人士。

[194]　聖巴托羅繆日大屠殺，1572 年 8 月 23 至 24 日夜間，胡格諾派的重要人物正聚集巴黎，慶祝其領袖波旁家族亨利的婚禮。吉斯公爵之子亨利·吉斯（Henri I de Lorraine）以巴黎各教堂鐘聲為號，率軍隊發動突然襲擊，殺死胡格諾教徒 2,000 多人，由於 24 日正值聖巴托羅繆節，因此這一血腥的夜晚在歷史被稱為「聖巴托羅繆之夜」。

是弱勢一方）能實行寬容政策，那無異於自取滅亡。

但這並不能開脫喀爾文煽動法庭殺害格魯特（Jacques Gruet）和塞維特斯 [195] 的罪責。

在第一個人的案件中，喀爾文尚且可以說，雅克·格魯特有重大嫌疑煽動市民暴動，是圖謀推翻喀爾文主義的政黨。但是，塞維特斯很難說是否對社會安全，也就是對日內瓦構成了威脅。

若參照現代護照的規則，他只是「過境者」，再過二十四小時就離境，但他誤了船，為此喪了命。這是個駭人聽聞的故事。

米格爾·塞維特斯是西班牙人，父親是受尊敬的公證人（這在歐洲有法律依據，不只是拿著蓋章機看人家簽了字便索取兩毛五的年輕人）。米格爾也準備從事法律工作，被送到土魯斯 [196] 大學。那是個幸福的時代，所有課程和國際接軌，都用拉丁語教學，只要掌握了五種詞尾變化以及一些不規則動詞，就可以把全世界的知識都收入囊中。

塞維特斯在法國大學裡認識了胡安·德·金塔納（Juan de Quintana）。金塔納不久成為查理五世皇帝的懺悔教父。

中世紀的皇帝加冕很像現代的國際展覽會。1530 年，當查理在波隆那 [197] 舉行加冕儀式時，金塔納把塞維特斯帶去做祕書。這個聰明的年輕西班牙人看到了所有的一切，他像當時的許多人，有永遠滿足不了的好奇心，在以後的十年裡接觸了各式各樣的學科，有醫學、天文學、占星術、希伯來文、希臘文、還有最要命的神學。他是個很有潛力的醫生，在研究神學時產生了血液循環的想法。這可以在他的反對三位一體教義

---

[195]　塞維特斯（Michael Servetus, 1511-1533），西班牙醫學家、神學家，出生於西班牙北部納瓦爾的都城。
[196]　土魯斯，法國南部城市。
[197]　波隆那，義大利城市。

的第一本書第十五章中找到，檢查過塞維特斯著作的人竟沒有看出他的這樣一項最偉大的發現，這充分說明十六世紀神學思想的偏執。

塞維特斯要是堅持醫學研究該有多好啊！他可以活到老年平安死去。

但他簡直無法避開那時被激烈爭論的緊要問題。他認識了里昂的印刷廠，便開始對形形色色的題目發表自己的看法。

如今一個慷慨的百萬富翁可以說服一所學院把「三位一體學院」改成一種流行菸草的商標，而且還安然無事。宣傳機器說：「丁古斯[198]先生如此大方解囊，難道不好嗎？」大家便說：「阿門！」

今日的世界似乎已經不再對褻瀆神明這種事情感到震驚，因而要想描繪過去的情況 —— 在那時，僅僅懷疑一個市民對三位一體說了些不敬之言，便足以使整個社會陷入驚恐 —— 這的確不是件容易的事。但我們要是不充分體會這些，就無法理解十六世紀上半葉塞維特斯在善良的基督徒心目中所造成的恐怖。

他根本不是激進派。

他是我們現在所稱的自由派。

他抵制新教徒和天主教徒都承認的三位一體舊信仰。由於他堅信自己的看法正確，便給喀爾文寫信，建議到日內瓦和他進行私人會晤，徹底討論整個問題。他寫信是犯了極大的錯。

他沒有被邀請。

其實他也不可能接受邀請，里昂的宗教法庭大法官已插手此事，塞維特斯入獄了。法官早已風聞這個年輕人的褻瀆行為，因為他祕密收到了受喀爾文指使的日內瓦人送來的一封信。

---

[198]　丁古斯（Dingus），原指一種叫不出名字或一時忘了名稱的東西，用在此有詼諧含義。

不久，又有一些手稿證實了對塞維特斯的控告，也是喀爾文祕密提供的。看來喀爾文並不在乎誰絞死這個可憐傢伙，只要他被絞死就行。可是宗教法官怠忽了聖職，塞維特斯跑掉了。

他首先想穿越西班牙邊境，但他的名字人所共知，長途旅行穿過法國南部很危險，於是他決定繞道日內瓦、米蘭、那不勒斯和地中海。

1553 年 8 月一個星期六的黃昏，他來到日內瓦。他本想搭船到湖對岸去，可是在安息日將近的時候是不開船的，要等到星期一。

第二天是星期日，當地人和陌生人都不許逃避宗教禮拜式，否則便是不端行為。塞維特斯也去教堂了。他被人認出來，遭到逮捕。塞維特斯是西班牙國民，沒有被指控違反日內瓦的任何法律。但他在教旨上是自由派，不敬神明，膽敢對三位一體發表異端言論。這種人要想得到法律的保護才是荒唐呢。罪犯或許可以，但異教者卻不行！他不由分說被鎖進骯髒潮溼的小洞，錢財及一切個人物品全被沒收。兩天後，他被帶上法庭，要求回答問題單上的三十八個不同問題。

審判延續了兩個月零十二天。

最後，他被控有「堅持反對基督教基礎的異端邪說」罪。在談到他的觀點時，他的回答使法官暴跳如雷。對這類案件的一般判處，尤其是對外國人，是永遠趕出日內瓦城，而塞維特斯的案子卻是例外。他被判處活活燒死。

與此同時，法國法庭也重新開庭審理這個逃亡者的案子，與新教徒達成同樣結論，判處塞維特斯死刑，並派出司法長官到日內瓦，要求把罪犯交給他帶回法國。

要求被回絕了。

在日內瓦也能執行火刑。

　　走向刑場的路程確實很艱難，一隊牧師跟著這異教者走完最後的旅程，嘴裡還喋喋不休地進行說服。極度的痛苦持續了半個多小時，直到人們出於對可憐犧牲者的同情向火焰裡扔了一把剛採集的柴枝為止。對於喜歡這類事情的人來說，這讀起來倒是有意思，不過還是略過不談為好。死刑多一個或少一個，在宗教狂熱、放肆、無忌的年代又有什麼區別呢？

　　可是塞維特斯案件不會事過境遷，它的後果實在可怕。業已赤裸裸地表明，那些新教徒雖然口口聲聲地叫嚷「保留己見的權利」，實際上不過是偽裝的天主教徒，心胸狹窄，對待不同意見者像對敵人一樣殘酷；他們只是等待時機，建立他們自己的恐怖統治。

　　這個指控是嚴肅的，不能只聳聳肩膀說「咳，你還能期望什麼」便一了百了。

　　我們有關於這次審判的大量材料，也詳細知道外界是怎樣看待這次判決的，讀起來的確令人痛心。喀爾文曾經出於一時的慷慨，倒也建議過不燒死塞維特斯，改為砍頭。塞維特斯感謝他的仁慈，卻要求另一種解決方法。他要求獲釋自由。他堅持認為（道理全在他這一方）法庭對他沒有裁判權，他只是探求真理的正人君子，因此有權利在大庭廣眾之下與對手喀爾文博士辯論。

　　但喀爾文不要聽這些。

　　他已經起過誓，這個異教徒一旦落入手中就絕不讓他活著逃走，他要信守誓言。他要給塞維特斯判罪，就必須得到頭號大敵 —— 宗教法庭的合作，但這無關緊要，如果教宗有可以進一步給那個不幸的西班牙人加罪的檔案，他甚至也可以與教宗攜手。

　　還有更糟的事情。

塞維特斯臨死的那天早上求見喀爾文，喀爾文便來到又黑又髒的牢房。

此時此刻，他應該大度一點，也要有點人性。

他全都沒有。

他站在這個兩個小時後就要去見上帝的人的面前，爭辯著，口沫橫飛，臉色鐵青，大發雷霆，卻沒有一句憐憫仁慈的話，一個字都沒有。有的只是惡毒和仇恨：「活該，頑固的流氓。燒死你這該死的！」

這是很多很多年以前的事。

塞維特斯死了。

儘管人們為他建了雕像和紀念堂，但這不可能讓他死而復生。

喀爾文也死了。

儘管人們寫下了上千卷的詛咒，但這也不會驚擾到孤墳裡的他了。

他們都已作古。那些狂熱的宗教改革家們在審判時戰戰兢兢，生怕褻瀆神明的流氓逃掉；教會的堅定支持者在行刑後讚美歡呼，相互寫通道：「日內瓦萬歲！惡棍終於死了！」

他們全都死了，也許最好也被人們遺忘。

我們只需要留心一件事。

寬容就如同自由。

只是乞求是得不到的。只有永遠保持警惕才能保住它。

為了子孫後代中的新的塞維特斯，讓我們記住這一點吧。

第十六章

再洗禮教徒

每一代人中都會出現一些怪物。

我們這一代有「赤黨分子」。

我們的父輩當中有社會主義者。

祖輩中有莫利馬圭爾社 [199]。

曾祖輩中出現了雅各賓派 [200]。

而三百年前的祖先的境況也好不到哪裡去。

他們那個時代出現了再洗禮教徒 [201]。

十六世紀最受歡迎的《歷史概要》（Weltbuch）是一本「世界史」或編年史，作者賽巴斯汀（Sebastian Franck）是個肥皂生產商，禁酒主義者，住在烏爾姆 [202]；這本書是在 1534 年出版的。

賽巴斯汀對再洗禮教徒有所了解。他和一個再洗禮教徒的女兒締結了婚姻。他並非贊成他們的觀點，因為他是一個堅定的自由思想者。關於再洗禮教，他這樣寫道：「再洗禮教只是教它的教徒們要學會愛，要有信仰，要學會忍受一切肉體的磨難，即便是釘死在十字架上；在任何苦難裡都要保持耐心和謙卑，彼此真誠相助，他們彼此互稱兄弟，認為所有的一切大家都可以共同分享。」

假如真是這樣的話，那麼毫不誇張地說，這些擁有美好特質的人，竟然在近乎一百年的時間裡被人像捕獵野獸一樣到處追殺，並將最血腥年代中的最殘忍的處罰加在了他們身上。這難道不是一件奇怪的事情嗎？

但是，這件事的確事出有因，要明白其中的原委，首先我們必須要

---

[199]　莫利馬圭爾社，美國賓夕法尼亞州礦工的祕密組織。
[200]　雅各賓派，法國大革命時期的資產階級激進派。
[201]　再洗禮教徒，較早的新教派別，誕生於胡斯宗教戰爭時期的捷克。它認為天主教在嬰兒出生時做的洗禮是違背人本身的意志的，因而是無效的，要求信徒在入教時重新洗禮。
[202]　烏爾姆，法國南部城市。

了解宗教改革中的一些事情。

宗教改革實際上什麼問題也沒有解決。

宗教改革不僅沒有摧毀原來的監獄，而且還給世界帶來了另一個監獄；它只是編造了一本「一貫正確」的書（《聖經》），用來取代某一個「一貫正確」的人（教宗）；並且還建立起（不如說是試圖建立）黑袍教士的統治秩序，用以取代白袍教士的統治。

經歷了半個世紀的奮鬥和犧牲，只取得這樣微不足道的一個結果，這的確使千百萬人心灰意冷。他們本來期盼會迎來一個社會公平正義、宗教信仰自由的新時期，而根本沒有料到會再次陷入新一輪的經濟上受到奴役、精神上受到殘酷迫害的地獄。

他們本來做好了冒一次險境的準備，然而卻事與願違。他們掉進碼頭和船的夾縫裡，不得不拚命掙扎，盡量露出水面，擺脫困境。

他們當時的處境非常危險，他們已離開原來的教會，摒棄了舊的宗教信仰，他們的道德良知又不允許他們加入新的教會。在當權者的眼裡他們已經不存在了，可是他們還真真切切地活著，還呼吸著，並確信自己依然是上天的臣民。既然正如繼續活下去、繼續呼吸是他們的責任一樣，那麼他們同樣也有責任，便是把這個世界從邪惡和愚昧中拯救出來。

最終他們還是活下來了，但是請不要問是怎麼樣活下來的！

舊的團體被粉碎，舊的關係被剝奪，那就需要組建新的團體組織，選舉新的領導者。

但是又有哪個理智健全的正常人會願意去管理領導這群可憐的狂熱分子呢？

結果，那些能未卜先知的鞋匠以及充滿幻覺和歇斯底里的接生婆，

就分別擔任了男先知和女先知的角色。他們做禱告、布道，鼓吹新教義的好處，他們胡言亂語，在他們集結的場所，傳出一陣陣「和撒那[203]、和撒那」的咆哮聲，那聲音震耳欲聾，以至於集會用的小黑屋的橡木都在虔誠信徒的讚美聲中顫抖，彷彿要震落下來。村子裡的法警也迫於無奈，不得不來干涉這不體面的騷擾。

於是，有好幾個男人和女人被送進了監獄。而那些高高在上的、無所不能的市政議員們則開始進行所謂的「調查」。

這些人既不去天主教教堂做禮拜，也不信奉新教徒的蘇格蘭教會；那麼就要請他們解釋和說明自己是什麼人、到底信仰什麼教。

說句公道話，這些可憐的市政議員們的處境也委實尷尬，因為這些囚犯是所有異教徒中最難對付的一批人，他們對自身的宗教信仰毫不含糊，非常堅定。而許多令人尊敬的改革者都不免頗為世故，認為只要能過得舒適一些、體面一些，即使做一點妥協也未嘗不可。

但真正的再洗禮教徒則完全是另一種人，他們厭惡所有不徹底的措施，反對任何形式的妥協。耶穌曾教導其追隨者道：「別人打你的左臉時，你把右臉也轉過去讓他打；持劍者必死於劍下。」對再洗禮教徒來說，這意味著告誡他們絕對不許使用暴力來解決問題。他們不喜歡慢條斯理無休止地小聲嘀咕說什麼「情況會因環境的變化而發生變化」；他們當然反對戰爭，但這場戰爭和以往不同，有其特殊性，若是偶爾地扔幾顆炸彈或者引爆一顆魚雷什麼的，只此一回，想必上帝是不會介意的。

聖諭就是聖諭，它就是一切。

因此，他們拒絕應徵入伍，拒絕拿起武器。並且，如果當他們因為其宣揚「反戰論」的主張而被逮捕的時候（他們的敵人正是這樣稱呼這

---

[203]　和撒那，讚美上帝的聲音。

類實用基督教派別的），他們總是會心甘情願坦然地接受這種宿命，默默背誦這《馬太福音》第二十六章第五十二節的經文，直到死亡結束他們的苦難。

但是，反對戰爭只是他們奇怪行為中的一小部分。耶穌曾說過：「上帝的天國和凱撒的帝國統治方式截然不同，彼此不可能和諧共存，也不應該和諧共存。」很好，說得再清楚不過了。從此，所有虔誠的再洗禮教徒都不再參與政事，拒絕擔任任何公職，並將他們的所有時間用來閱讀和研究《聖經》，而不是像其他人那樣，把時間浪費在無聊的政事當中。

耶穌也曾告誡他的信徒們，不要捲入那些喪失體面的爭吵中。因此，再洗禮教徒寧可喪失他們一切的合法財產，也不會向法庭提出任何異議。

他們還有許多其他的奇怪特點，而這些特點使這些怪人與整個世界隔離開來。然而他們這些怪異的特點卻引起那些蠢笨而又自得其樂享受生活的肥胖鄰人的懷疑和憎恨，因為這些鄰人總是把他們的虔誠和那條聽起來還蠻不錯的教義「待人以寬，則人亦待己寬」混為一談。

即便如此，再洗禮教徒也可以像浸信會[204]教徒以及許多其他的非國教派的人一樣，只要有能力保護自己不被朋友傷害，他們最終會找到與權威當局調和矛盾的方法。

毋庸置疑，有許多真誠的布爾什維克主義者，由衷地愛著他們的無產階級同胞；只要他們還活著，他們就會將全部精力用於建立一個更加美好、更加幸福的世界。但是，一個普通的人在聽到「布爾什維克」這幾個字的時候，他就會想到莫斯科，想到一小撮文化惡棍建立起來的恐

---

[204] 浸信會，又稱浸禮會，基督新教主要宗派之一，十七世紀上半葉產生於英國以及流亡荷蘭的英國人當中，當是屬於清教徒中的獨立派。

怖統治，想到擠滿無辜者的監獄，還有那滿臉帶著鄙夷神色正嘲笑那些可憐的將要被處死的受害者的劊子手。這幅畫面所展示給人們的東西還是有失偏頗的。但是，俄國在過去的七年間，發生了那麼多神祕的無法講述的事情，這幅畫面走進人們的腦海，成為眾人印象的一部分，這再自然不過了。

十七世紀，這些原本虔誠善良、愛好和平的再洗禮教徒，也遭受著類似的境遇。作為一個教派，他們被懷疑涉嫌有許多奇怪的罪名，而這些似乎還是有根有據的。首先，他們一絲不苟地讀《聖經》，並且篤信不疑；當然，僅憑這一點是無法定罪的。但是請聽我把話說完。這些再洗禮教徒可以不帶任何偏見地去閱讀和研究《聖經》，但若他們中有誰要是特別偏愛《啟示錄》這本書，那他可就危險了。

直到十五世紀，這本怪書仍然被人指責是一本「偽造的經文」，而遭到抵制。但是對於那些生活在感情大動盪時期的人來說，這本書卻是很受歡迎、很有吸引力的。被流放到帕特莫斯島上的人所說的語言，只有這些被人四處獵捕的可憐蟲們才能完全理解。當他再也無法忍受被流放的那種無能為力的狀況時，那內心虛弱的怒火便爆發出來，歇斯底里地發出對現代巴比倫的預言，於是，所有的再洗禮教徒都齊聲高呼「阿門」，祈禱新的理想天國和新大地快些到來。

在強大壓力的刺激之下，意志薄弱的人因無奈而不得不屈從，這並不是第一次。幾乎每一次對再洗禮教徒的迫害，都會引發一場突然的暴力瘋狂的宗教狂熱。不管是男人還是女人都會赤裸裸地衝上大街裸奔，並高聲宣布世界末日來臨。他們毫無顧忌地沉湎於這些怪異的行為當中，不惜犧牲一切，只求以此來安撫和平息神靈的憤怒。老巫婆們則趁機混入其他教派正在舉行的宗教儀式上，尖聲喊叫著「魔鬼來了」，故意

破壞他們的儀式。

當然，類似這種苦惱（程度較輕一些）總是和我們如影隨形。隨便翻開一張報紙，你都會讀到此類令人痛心的報導，比如在俄亥俄州、愛荷華州或佛羅里達州的某個偏僻小村裡，某個女人用切肉刀把自己的丈夫大卸八塊，僅僅因為「天使告訴她要這樣做」；或是某個頭腦清醒的父親殺死了他的妻子和八個孩子，只是因為他聽到了七隻號角[205]的聲音。然而，這些事件是極為罕見的。他們很容易就被當地警察抓住並做了處理，他們也不會對國家的生存和安全帶來什麼影響、構成什麼威脅。

但是1534年在美麗的小城明斯特[206]發生的一件事，其性質卻與以往截然不同。在那裡，一個嚴格按照再洗禮教徒的理論所組建的新天國，宣告成立了。

所有北歐的人民一想起那個恐怖的初春，就不寒而慄。

這件事的罪魁禍首是一個年輕英俊的裁縫師，名叫詹·比克斯宗（Jan Beukelszoon）。史書上稱他是「萊頓的約翰（John of Leiden）」，因為他出生和成長於一個以勤勞著稱的小城，在緩緩流淌的古老而寧靜的萊茵河畔度過了他的童年。像那個時代所有的學徒工一樣，他總是到處奔波、遊歷，學習他所從事的職業所需要的所有技能。

他沒有受過正規教育，但也可以讀點書，偶爾也寫點東西，以供消遣。許多人明白自己社會地位的卑賤，意識到自己知識的匱乏，有一種自卑感，但他沒有。他相貌英俊，並且臉皮很厚，像一隻孔雀一樣酷愛虛榮。

---

[205] 〈啟示錄〉中描繪的世界末日的五組景象，即七印、七號角、七異兆、七碗，以及基督與魔鬼爭戰。

[206] 明斯特，德國城市，地處廣袤的北德平原腹地，屬下薩克森州，面積19.3平方公里。今多有駐軍，有「軍營城市」之稱。

在離開英國和德國很長一段時間以後，他又回到了生他養他的故鄉，開了一家裁縫店，做起長袍和禮服的生意。與此同時，他逐漸涉足宗教事務，這標誌著他那不尋常生涯的開始，因為他成了湯瑪斯·閔次爾（Thomas Müntzer）的信徒。

這個閔次爾以做麵包為業，卻是個非常著名的人物，因為他是再洗禮教三個先知之一。1521 年，這三個再洗禮教先知突然出現在威登堡 [207]，試圖要向路德指出那條通往拯救世界的真正道路。他們的本意是好的，然而他們的努力卻得不到別人的賞識。不僅如此，他們還被驅逐出了新教的城堡，勒令永遠不許在薩克森公爵的管轄範圍內露面。

到了 1534 年，再洗禮教徒已經被挫敗了無數次，各種情況都對他們非常不利，於是他們決定孤注一擲，把一切希望寄託在一次非同尋常的大規模行動上。

他們選中了西發里亞 [208] 的明斯特作為最後的實驗地點，沒有人對選擇這個地方感到驚奇。因為，該城的公爵兼主教弗朗茲·馮·沃爾德克（Franz von Waldeck）是個性格粗鄙的酒鬼，長年肆無忌憚地和許多女人公開姘居；他從十六歲起，就是這副德行了，他那放蕩不羈、墮落無道的私生活很為人所不齒，也因而得罪了所有正派人士。當新教開始在小城盛行時，他也不得不妥協。然而，長期以來，人們都認為他是個遠近聞名不折不扣的大騙子，毫無誠信可言；所以，儘管他與新教徒簽訂了《和平友好條約》，也並沒有使新教徒獲得安全感，而沒有安全感的生活簡直太難受了。於是，明斯特的居民一直處於一種激動亢奮的狀態，都憋足了勁，等著下一次選舉的到來。但是，結果確實令人吃驚，城市

---

[207]　威登堡，位於德國柏林附近的一座小城。這個小城之所以非常有名，是因為這裡是馬丁·路德在天主教堂大門張貼 95 條天主教罪狀的地方，而馬丁·路德本人也埋葬在這裡。
[208]　西發里亞，德意志聯邦共和國西北部一地區。

政權落入了這些再洗禮教徒的手中，主席是一個叫伯納德‧尼普多林克（Bernard Knipperdollinck）的人。這個人白天是布匹商，晚上就是一個不折不扣的先知。

那個主教只是瞥了一眼這些新的市政議員，便落荒而逃了。

這個時候，萊頓的約翰出場了。他以詹‧馬希斯（Jan Matthys）的使徒的身分出現在明斯特。馬希斯是哈倫 [209] 的一個麵包師，他自己建立了一個教派，被人尊為聖人。當他聽說受到大力支持的正義事業有了進一步的發展，他便留下來，慶祝他們的勝利，並幫助他們清除原天主教在教區裡的殘餘。如果這次不徹底清除的話，再洗禮教徒就會前功盡棄，因此他們的意志非常堅決。為了斬草除根，他們把教堂變成採石場，他們查抄了修道院，讓那些無家可歸的人在裡面居住；他們還當眾焚燒了除去《聖經》以外的所有圖書。更有甚者，在運動達到高潮時，那些拒絕按照再洗禮教徒的儀式進行再洗禮的人，被關押到天主教管轄的營地。在那裡，他們要麼被斬首，要麼被溺斃，理由是，他們都是異教徒，殺死他們不會對社會造成什麼損失。

這所有的一切還只是序幕。

戲劇本身更加恐怖。

這時，信仰各種新教義、新信條的上層教士們，從四面八方急匆匆地湧向這個新耶路撒冷 —— 明斯特。在那裡，一些相信自己有責任來促進社會進步的人加入到他們的行列，這些人都認為自己是情緒高昂、積極進取、正直虔誠而又富有號召力的人；但是，一旦談到政治和治國方略，他們就像孩子一樣無知了。

明斯特被圍攻了五個月，在這期間，幾乎所有社會進步和精神復活

---

[209]　哈倫，荷蘭西部城市。

的計畫、制度、體系和議程等都被嘗試了一遍，每一個羽翼初豐的先知都會在議會上顯露一番。

當然，這樣一個充斥著逃犯、瘟疫和飢餓的小城，顯然不是一個合適的社會學實驗室。不同宗派、不同集團之間的分歧和爭吵，削弱了各派領袖所做出的一切努力。在這個危機關頭，只有裁縫師約翰挺身而出。

他一生當中那短暫而又輝煌榮耀的時刻到來了。

在那個地方，到處都是餓得奄奄一息的飢民，到處都是無家可歸受苦受難的孩子，任何事情都是有可能發生的。約翰依照他在《舊約》裡讀到的舊神學那一整套神權政體組織理論及其形式，開始建立他的王國。他把明斯特的自由民分為以色列的十二個部族，加冕自己為國王。他本來已經和先知尼普多林克的女兒結了婚，現在他又娶了他以前的師傅詹‧馬希斯的遺孀。接著他還效仿所羅門，便又封了幾個妃子。於是一場令人作嘔的滑稽劇開場了。

約翰整天坐在城市中心大衛王（King David）的寶座上，人們分站在國王的兩邊，聽皇家法庭的教士宣讀最新的法令。這一切來得如此迅速，是因為這座城市的命運日趨惡化，人們迫切需要一個強而有力的統治者來拯救它。

然而，約翰天生就是一個樂觀主義者，完全相信一紙法令具有無上的權威，對此，他從不懷疑。

若是有人抱怨太餓了，約翰便許諾解決這個問題。並且毫不遲疑地以國王陛下的名義簽署一道旨意，命令將全城所有的財富在富人和窮人之間平均分配；將所有的街道改造成菜園，所有的食物，無論貧富，都共同享用。

事情到這裡還算順利，開始的時候，法令執行得也還不錯。但是，不久就有人揭發說，有些富人藏匿了部分財產。於是，約翰一邊安慰這些人不要擔心，一邊又下達一道法令，規定任何人如果違反任何一條法律，一經發現，立即將其斬首。需要引起注意的是，約翰可不是虛張聲勢，這個警告也不是隨隨便便的恐嚇；因為，這個以前的裁縫、當今的國王，劍法也十分了得，和他當初使用剪刀的功夫不相上下，經常親自動手將那違法者斬首。

　　接下來的一段時期，人們彷彿進入到一種幻覺狀態，紛紛陷入各種宗教狂熱之中；成千上萬的人，男男女女，不分白天黑夜，簇擁在城市中心，等待加百列 [210] 天使吹響的號角。

　　再後來，可以說是一個非常恐怖的時期了。這個先知，憑藉其嗜血成性累積起來的勇氣，竟然親手割斷了他的一個王后的喉嚨。

　　這必將遭到報應。很快，有兩個市民，在非常絕望的情況下，開啟了城門，把主教的軍隊迎進城來。先知被他們的士兵活捉並鎖在鐵籠子裡。不僅如此，他還被拖到西發里亞郊區的各個鄉間集市上遊街示眾，最後被折磨至死。

　　這真是一段不可思議的怪誕的歷史，使得那些眾多懼怕上帝的虔誠而又單純樸素的靈魂，對此充滿敬畏，心懷恐懼。

　　從那一刻起，所有再洗禮教徒都被判為違法之徒而遭到通緝。那些得以逃脫明斯特大屠殺的再洗禮教首領，也像獵捕兔子一樣窮追猛打，並且一旦被抓住就就地處決。在每一個講壇上，神職人員和牧師都在憤怒地譴責再洗禮教徒，他們憤恨地詛咒再洗禮教徒的叛逆行為，抨擊他們是共產主義者、暴亂分子，妄圖推翻現有的社會秩序，比惡狼和瘋狗

---

[210]　加百列（Gabriel），《聖經》七大天使之一，上帝傳送好消息給人間的使者。

更不值得憐憫和同情。

縱觀歷史，對異端邪說的打擊，對異教徒的圍剿，很少能有如此的成功。作為一個教派，再洗禮教已經不復存在了。然而，奇怪的是，他們的很多思想觀點被保留了下來，並且被其他教派汲取，融入到各式各樣形形色色的宗教和哲學體系之中。他們受到人們的推崇，如今已經成為每個人精神生活和智力傳承的重要組成部分。

敘述這樣的事情，倒不是一件困難的事；但是，要解釋其中的原因就不那麼容易了。

再洗禮教徒幾乎無一例外的，屬於把墨水瓶都看作無用的奢侈品的階層。

以往，撰寫再洗禮教徒歷史的人，都把這個教派看成是極其有害的宗教激進主義派別。直到現在，在歷經一個世紀之後，我們才開始懂得和明白，在形成和發展更加趨於理性和寬容的基督教教規與教義過程中，這些卑微的農夫和工匠們的思想造成了多麼偉大的作用。

然而思想就像閃電那樣，我們永遠也無法知曉它下一個霹靂會落在哪裡。當狂風暴雨在西恩納[211]上空迸裂肆虐的時候，安裝在明斯特的避雷針還有什麼用處呢！

[211]　西恩納，義大利城市，是與佛羅倫斯齊名的托斯卡納的古都。其歷史超過 1000 年。在西恩納市和西恩納大學之間幾乎沒有什麼界限，是一座大學城。

第十七章

蘇西尼家族

在義大利，宗教改革從來就沒有成功過，也不可能成功。首先，南部的人並不把宗教看得很重，不需要為它而刀槍相見；其次，裝備精良的宗教法庭中心在羅馬，而這裡就處在羅馬眼皮底下。所以，如果人們還熱衷於發表私人見解，無疑就等於不要命了。

不過半島住著成千上萬個人文主義者，他們中間當然會有幾個害群之馬，重亞里斯多德而輕聖克里索斯托姆。但這些人也有許多機會來發洩精力，有俱樂部、咖啡館和注重禮節的沙龍，男男女女可以發揮知識熱情又不得罪帝國。這一切都是那樣悠閒宜人。其實生活不就是調和嗎？它過去不是一直這樣嗎？在世界的末日到來之前難道就不調和了嗎？

為什麼要為信仰中的枝節瑣事而大動肝火呢？

經過寥寥數語的簡介，輪到本章的兩位主角出場時，相信讀者不會期盼聽到大吹大擂或隆隆槍炮聲了。因為這兩位紳士說話柔和，做事體面，討人喜歡。

然而在推翻使人受難許久的暴政上，他們的貢獻卻比所有虛張聲勢的改革者還要大。但這是無法預見的怪事。事情發生了，我們謝天謝地，可是要問原因，哎呀，連我們也不太明白。

在理智的葡萄園裡安安靜靜工作的這兩個人都叫蘇西尼（Sozzini）。

他倆是叔姪。

不知是什麼緣故，年紀大的雷利歐‧法蘭西斯科（Lelio Francesco）拼寫名字時用一個「z」（Sozini），而年輕的福斯圖‧保羅（Fausto Paolo）用兩個「Z」（Sozzini）。不過，人們更熟悉他們拉丁文形式的名字蘇西尼（Socinius），不熟悉義大利文的形式蘇西尼（Sozzini），我們可以把這類細節留給語法學家和詞源學家去解決。

在影響上，叔叔遠不及姪子大，因此我們先談叔叔，然後再講姪子。

雷利歐・蘇西尼是西恩納人，出身於銀行家和法官世家，命中注定在波隆那大學 [212] 畢業後要從事法律行業。但他卻和許多同代的人一樣自行其是地搞起神學來，不再讀法律了，擺弄起希臘文、希伯來文和阿拉伯文，最後（也像大多數同類人的結局一樣）成為理智神祕主義者——既很通曉世故，又不夠老練。這聽來相當複雜，不過能理解我意思的人用不著多加解釋，無法理解的人我再費唇舌也沒用。

然而他的父親還認為兒子能成為世界文壇上的人物。他給了兒子一張支票，讓他出去開開眼界。於是雷利歐離開了西恩納，在以後的十年裡從威尼斯到日內瓦，從日內瓦到蘇黎世 [213]，從蘇黎世到威登堡，然後又到倫敦、布拉格、維也納和克拉科夫 [214]，不時在城鎮或小村裡住上幾個月或一年半載，希望能找到有趣的夥伴和學到有趣的新東西。在那個年代，人們一談起宗教就沒完沒了，就像現在我們談生意一樣。雷利歐累積了許多五花八門的怪思想，他豎起耳朵到處打聽，很快熟悉了從地中海到波羅的海的所有異端論調。

不過當他帶著知識的行李來到日內瓦的時候，他只受到了喀爾文不鹹不淡的漠然待遇。喀爾文那黯淡的雙眼疑心重重地看著這個義大利來訪者。他是個出身高貴的傑出年輕人，不像塞維特斯那樣貧困無親無靠。可是據說他傾向塞維特斯。按喀爾文所想的，隨著對那個西班牙異端派的火刑，三位一體已經是非論定了。其實，恰恰相反！從馬德里 [215]

---

[212] 波隆那大學，義大利的一所大學。
[213] 蘇黎世，瑞士最大的城市，蘇黎世州首府，位於蘇黎世河畔。有兩千年的歷史，昔由羅馬人在此設立繳稅關而得名。
[214] 克拉科夫，波蘭南部一城市，曾是波蘭的故都。
[215] 馬德里，西班牙首都，位於伊比利半島中心的梅塞塔高原，有四百多年的歷史。

到斯德哥爾摩[216]，塞維特斯的命運已經成為人們談論的主題，世界各地思想嚴肅的人開始站在反對三位一體的一邊。這還沒有完。他們還利用古騰堡的該死發明，四處宣揚自己的觀點，由於離日內瓦很遠，他們的言詞也多有不敬。

在這之前不久，出現一本才學橫溢的小冊子，收有歷代教會神父對迫害和懲罰異端者的事情所說所寫的一字一句。在喀爾文所說的「憎恨上帝」的人們，或按他們自己反駁的「憎恨喀爾文」的人們中，這本書立刻大力暢銷。喀爾文放出風聲，要和這個珍貴小冊子的作者單獨談談。不過作者預見到了這個邀請，明智地在封面上刪去了姓名。

據說這個人叫賽巴斯汀·卡斯特利奧（Sebastian Castellio），曾經是日內瓦一所中學的老師。他對形形色色神學罪孽很有看法，這促成他憎惡喀爾文而讚賞蒙田。不過這並沒有人證實，只是道聽塗說。但是，一有人領頭，其他人便會起步緊隨。

因此喀爾文對蘇西尼敬而遠之，卻建議說巴塞爾[217]的柔和空氣比薩沃伊的潮溼氣候更適合這位西恩納的朋友；蘇西尼一動身去著名的古伊拉斯米安要塞，他就衷心祝他一路平安。

使喀爾文慶幸的是，蘇西尼叔姪不久便引起了宗教法庭的懷疑，雷利歐被沒收了基金，還發高燒，年僅三十六歲便在蘇黎世死去了。

他的早逝在日內瓦引起了歡騰，不過高興的時候不長。

雷利歐除去遺孀和幾箱子筆記本外，還有個姪子。他不僅繼承了叔叔未盡的手稿，還很快成為更勝於叔叔的塞維特斯熱衷者。

福斯圖·蘇西尼從小就像老雷利歐一樣到處旅行。他的祖父給他留

---

[216]　斯德哥爾摩，瑞典首都，北歐第二大城市，位於梅拉倫湖和波羅的海的交會處，由14個島嶼組成。素有「北方威尼斯」之稱。
[217]　巴塞爾，瑞士城市，臨近德國、法國，是歐洲保留最完好的古老城市。

下了一小塊不動產。他直到近五十歲才結婚，因此可以把全部時間用在他喜歡的神學上。

他似乎在里昂做過一段時間的生意。

我不知道他是怎樣的買賣人，但他做買賣經營具體商品而不是精神財富，這一經驗使他相信，如果對方在買賣中處於更有利的地位，那麼靠屠殺或發脾氣是無濟於事的。他在一生中一直保持著清醒的頭腦，這種頭腦在公司辦公室裡固然可以找到，但是在神學院裡卻十分罕見。

1563 年福斯圖回到義大利。在返程中他來到日內瓦。他好像沒有去向當地主教表示敬意。況且喀爾文那時已經生病，蘇西尼家族的人拜訪他只會增加他的煩惱。

在以後的十多年裡，蘇西尼在伊莎貝拉‧德‧麥地奇（Isabella de' Medici）那裡工作。但 1576 年這位夫人在新婚後不久，就被丈夫保羅‧奧希尼（Paolo Orsini）殺死了。於是蘇西尼辭了職，永遠離開了義大利，來到巴塞爾，把《讚美詩》（Psalms）譯成義大利白話文，還寫了一本關於耶穌的書。

福斯圖正像他在作品中表露的那樣，是個審慎小心的人。首先他的耳朵不好使，耳聾的人都天性謹慎。

其次，他能從阿爾卑斯山另一面的幾塊地產中獲取收益，托斯卡納[218] 的當政者暗示他說，被懷疑是「路德學說」的人在評論使宗教法庭惱火的題目時，只要不太過分就行。於是他採用了許多筆名，出版一本書之前，必須請朋友們看一遍，認為比較安全才送去印刷。

這樣一來，他的書沒有列入禁書目錄，那本關於耶穌生平的書一直

---

[218]　托斯卡納，義大利北部地區。

流傳到外西凡尼亞[219]，落到另一個思想自由的義大利人手裡。他是米蘭和佛羅倫斯的一些貴婦的私人醫生，與波蘭和南喀爾巴阡山的貴族結了親。

外西凡尼亞在那時是歐洲的「遠東」，直到十二世紀初期還是一片荒野，一直被用來安頓德國的多餘人口。勤勞的撒克遜[220]農民把這片沃土變成了一個繁榮昌盛、秩序井然的小國家，有城市、學校，還有幾所大學。但這小國家還是遠離旅行通商的要道。一些人由於某種原因，希望遠離宗教法庭的親信，最好與他們相隔幾英哩的沼澤地和高山，於是這個小國家便成了理想的棲身之地。

至於波蘭，多少個世紀以來，人們一提到這個不幸的國家便聯想到保守和沙文主義。但是我要告訴讀者，在十六世紀上半葉，它卻是名副其實的庇護所，保護了所有由於宗教信仰而在歐洲其他地方飽受折磨的人，這是個令人高興的情況吧。

這個出乎意料的情況是由典型的波蘭風格造就的。

在很長時間裡，這個共和國是全歐洲管理得最為拙劣的國家，這是大家都知道的。波蘭的上層教士怠忽職守，但西方各國主教的放蕩和鄉村牧師的酗酒也已經成為司空見慣的惱事，因此波蘭的情況未被重視。

但在十五世紀下半葉，在德國各大高校讀書的波蘭學生迅速增多，這引起了威登堡和萊比錫當權者的注意。後來經他們調查才發現，原來波蘭的古老學府 —— 克拉科夫大學在波蘭當局手中完全沒落了，造成了可憐的波蘭學生要麼背井離鄉去外國唸書，要麼就沒學可上的情況。過

[219]　外西凡尼亞，舊地區名，位於歐洲東南部，東喀爾巴阡山以西多瑙河支流蒂薩河流域。中世紀時，外西凡尼亞曾是一個公國。十一世紀末，併入匈牙利王國。1867 年後，成為奧匈帝國的屬領。第一次世界大戰後，奧匈帝國瓦解，根據《凡爾賽條約》（Treaty of Versailles）為羅馬尼亞所領有。
[220]　撒克遜，日耳曼民族的一支，最早居住在波羅的海沿岸。

了不久，新教的影響輻射到了德國各所大學。於是，這些來自華沙、拉當 [221] 和琴斯托霍瓦 [222] 的學生都紛紛效仿。

他們功滿還鄉的時候，已經是羽翼豐滿的路德派了。

不過，當時還處在宗教改革的初期，無論是波蘭的國王、貴族還是教士都可以輕易遏制住這種錯誤思想的苗頭。可如果要這麼做的話，就必須先把這個共和國的所有統治者用一條統一的政策團結起來，但這又有悖於這個奇特國家的神聖傳統。在波蘭，一張反對票就足以推翻一個法案，即便有國會其他所有議員的支持也行不通。

不久之後，那位著名的威登堡教授（指路德）在宣揚他的宗教時又搞了一個經濟副產品，那就是沒收所有教會的財產，從波羅的海到黑海之間的肥沃平原上的博爾勞斯家族、烏拉蒂斯家族和其他騎士、伯爵、男爵、王子和公爵，都開始果斷倒向新教了，因為這意味著不菲的收入。

隨著這個發現，先是造成人們手段卑劣地瓜分修道院不動產，隨後這種不光彩的行為又導致了著名的「間歇」時期出現。自古以來，波蘭人就是靠這種「間歇」拖延思索時間的。在這期間，所有權力都按兵不動，新教徒便利用機會，不到一年就建起了自己的教堂，而且遍布全國。

當然，新教長之間的爭吵最後又使農民回到教會的懷抱，波蘭又成為天主教的一個堅固堡壘。可是到了十六世紀下半葉，波蘭獲得了允許各種宗教派別並存的許可證。西歐的天主教和新教開始了殺絕再洗禮教

---

[221]　拉當，波蘭中東部城市，拉當省的首府。十二世紀起長期為貿易通道，現仍為重要的交通樞紐。

[222]　琴斯托霍瓦，波蘭中南部的一個省。

徒的戰爭，殘存者便向東逃竄，最後定居在維斯瓦河[223]畔。正是這時，布蘭德拉塔醫生拿到了蘇西尼關於耶穌的書，表示想認識作者。

喬古奧·布蘭德拉塔（Giorgio Biandrata）是義大利人，醫生，而且多才多藝。他畢業於蒙彼利埃[224]大學，是出色的婦科專家。他從始至終都桀驁不馴，卻很聰明。他和當時的許多醫生一樣（想一想拉伯雷和塞維特斯），既是神學家又是神經學專家，扮演的角色時常更換。他成功地治癒了波蘭皇太后的病，她原總是有幻覺，認為凡是懷疑三位一體的人都錯了，病癒後開始悔恨自己的錯誤，以後就只判決贊同三位一體教義的人。

這個善良的皇后後來死了，是被她的一個情夫所殺。她的兩個女兒嫁給了當地的貴族，布蘭德拉塔作為醫療顧問，在政治上發揮了很大影響力。他知道內戰已是一觸即發，除非採取行動終止宗教上的爭吵，於是他盡力想在對立教派之間豎起免戰牌。但是達到目的需要一個比他更精於錯綜複雜的宗教論戰的人。他靈機一動，想起了寫《耶穌的生活》（*De Jesu Christo servatore*）的那個作者，他是再合適不過的人選了。

他給蘇西尼寫了一封信，請他東行。

不幸的是，蘇西尼到達南喀爾巴阡山的時候，布蘭德拉塔私生活中的一大醜聞剛好被公布了，那個義大利人也已被迫辭職，到無人知曉的地方去了。蘇西尼留在了這個遙遠的土地上，娶了個波蘭女子，1604年死在那裡。

依現在看來，他一生的最後二十年是最為有趣的階段，因為這二十

---

[223]　維斯瓦河，波蘭最長的河流，向北匯入波羅的海的格但斯克灣。

[224]　蒙彼利埃，位於朗格多克平原中部。在中世紀時期，當古羅馬城市不斷衰落時，蒙彼利埃卻以驚人的速度發展繁榮起來。起初只是一個莊園，但在幾個世紀內，它就迅速成為一座經濟文化發達的重要城市。儘管經歷了短暫的衰落時期，但蒙彼利埃仍然保持並鞏固了其朗格多克南部省首府的地位。

年裡，他才明確具體地表明了他對「寬容」這一問題的觀點與看法。

我們可以從這本《拉克問答集》（*The Racovian Catechism*）小冊子中看出他的這些觀點。這本集子是蘇西尼為那些期望世界美好、結束宗教爭端的人們寫的共同章程。

十六世紀後半葉是大量出版宗教問答手冊，進行信仰、信條和教旨告解的時代，在德國、瑞士、法國、荷蘭和丹麥，人們都在寫這些東西。可是各地印刷草率的小冊子都表明一個糟糕的信條：他們（也只有他們）才代表真正的真理，所有宣過誓的當政者的職責，就是支持這個特殊形式的真理，用劍、十字架和火刑柱懲處那些肆意信仰其他劣等真理的人。

蘇西尼的信仰具有截然不同的精神。他一開始便開門見山地說，他的真正意圖絕不是和別人吵架。

他繼續說道：「許多虔誠的人有理由地埋怨說，現在已經出版以及各個教會正在出版的形形色色的教義和宗教手冊是基督徒之間產生分歧的根源，因為它們都試圖把某些原則強加在人們的良知上，把持異議者視為異端。」

據此，他以最正式的方法宣布，蘇西尼派絕不主張剝奪或壓抑任何人的宗教信仰。講到廣義的人性，他又做了如下的呼籲：

「讓每個人自由判斷他的宗教吧，因為這是《新約》定下的法則，最初的教會已經給出了先例。我們這些悲慘的人有什麼資格要壓抑和熄滅上帝已經在人們心中點燃的聖靈之火？我們誰能獨占《聖經》的含義？我們為什麼不記住，我們唯一的主是耶穌基督，大家都是兄弟，有誰被賦予了壓制別人的力量呢？可能其中一個兄弟比別人博學一點，但是在自由和基督的連繫上，我們所有人都是平等的。」

這簡直太精彩了，而且是早在三百年前就這樣說了。蘇西尼派和其他新教派都不能指望在那個動盪的世界裡長期堅持自己的立場。反對宗教改革的潮流已經氣勢洶洶地開始了。

成百上千的耶穌會的教士在失去的省分裡大肆放縱。新教徒們一邊工作一邊爭吵，致使東部人很快又回到羅馬一邊。今天來到這些遠隔文明歐洲的地方的旅遊者，很難會想到曾幾何時這裡曾經是最先進最自由的堡壘，也不會想到在幽靜的立陶宛[225]山裡曾經有一個小村莊，世界在那裡第一次獲得了實現寬容的明確途徑。

出於好奇的緣故，不久前的一天清晨，我走進了圖書館，翻閱了供年輕人了解過去的最流行的教科書。沒有一個字提到蘇西尼派或蘇西尼叔姪，所有的書都從社會民主派跳到漢諾威的索菲亞（Sophia of Hanover），從撒拉森跳到索比斯基。其實在這個被跳過的時期裡，偉大宗教革命的領袖是大有人在的，包括艾科蘭巴迪[226]以及其他相對次要的人物等。

只有一卷提及了這兩個西恩納人文主義者，不過是出現在羅列路德或喀爾文所說所做的事情的一個含混不清的附錄裡。

預見的確有危險，但是我卻懷疑，在以後三百年的通俗歷史裡，這一切會被改變的，蘇西尼叔姪會獨自享有一小章節，而宗教改革的傳統主角則下降到次要的地位。

蘇西尼家族的名字即使出現在注腳裡，也一樣會引人注目。

---

[225]　立陶宛，位於波羅的海東岸。十三世紀形成立陶宛民族，十四至十五世紀，立陶宛大公國的領土大部分在西俄羅斯、烏克蘭和白俄羅斯。於 1928 年獨立。

[226]　艾科蘭巴迪（Johannes Oecolampadius, 1482-1531），德國學者和布道家，領導了瑞士巴塞爾的宗教改革。

第十八章

蒙田

人們常說，中世紀的城市氛圍成就了自由。

的確如此。

躲在高高石牆後面的人，可以大膽地表達對男爵和牧師們的鄙視而不必擔心會受到任何的懲罰。

在那以後不久，整個歐洲大陸的社會環境有了很大的改觀，這樣就為國際貿易的再次發展提供了條件，與此同時，一種新的歷史現象開始彰顯。

用三個雙字片語表示就是：商業促進寬容。

你在一個星期內的任何一天，特別是在星期日，在美國的任何一個地方都可以證實這個論點。

俄亥俄州的溫斯堡可以容忍三K黨，但是紐約卻不行。如果在某一時刻，紐約也掀起一場運動，驅逐所有猶太人、所有天主教徒和其他所有外籍人，那麼，整個華爾街就會陷入一片惶恐之中。經濟混亂、員工罷工，這場騷亂將會導致這個城市徹底毀滅，沒有絲毫恢復的可能。

中世紀後半期就出現了這樣的狀況。當時，莫斯科是一個貌似公爵的小小伯爵的領地，可以對異教徒濫施淫威；但是位處國際商業中心的諾夫哥羅德，卻需要小心從事，不然便會冒犯那些前來做生意的瑞典、挪威、日耳曼和佛拉蒙[227]商人，從而把他們趕到維斯比[228]去。

一個純農業國，可以毫不費力地用一整套完善的火刑來「款待」那些農民異教徒。但是，如果威尼斯人、熱那亞人或者布魯日[229]人，也在其領土上開始一場針對異教徒的大屠殺，那麼所有外國公司和商業機構的代表就會馬上撤離，隨之資金也會被抽回，這些城市頃刻之間就會崩潰和破產。

---

[227]　佛拉蒙，歷史上西北歐的一個地區。
[228]　維斯比，瑞典東南部港口城市，位於哥特蘭島西岸。
[229]　布魯日，比利時西北部城市。

有些地方，譬如西班牙、羅馬教宗管轄區和哈布斯堡 [230] 王室的一些領地等，根本不知道汲取教訓，卻依然被所謂的「對信仰的忠誠」的豪情驅使，無情地將那些有「真正信仰」的敵人驅逐出去。結果，它們不是化為烏有，就是淪為第七等騎士的小國 [231]。

然而，商業國家或者城市的管理者通常都是那些尊崇既定事實，深知自己利益所在的人。這些人在精神信仰方面保持一貫中立的態度，因而，那些在其統治範圍內的天主教徒、新教徒、猶太人以及中國主顧就可以照常安心地經商，並仍舊忠誠於自己特有的宗教信仰。

威尼斯通過了一項反對喀爾文教派的法案，但是那只不過是做做樣子罷了。因為「十人內閣」已經向那些執行警察仔細地交代過了，這條法令不必執行得太認真，讓那些異教徒自行其是吧，除非他們企圖攻占聖馬可教堂，並把它變成自己的禮拜場所，否則就不用太管他們，讓他們保留自認為適合他們的信仰。

他們在阿姆斯特丹的好友也如此行事。每個禮拜天，新教的牧師們都會嚴厲譴責那些「羅馬天主教徒」（scarlet woman）[232] 的罪孽。然而就在附近的街區，那些可怕的天主教徒們則在某個不顯眼的小屋裡悄悄地做著彌撒，而當時新教的警長則站在門外警戒，以提防那些《日內瓦教義問答集》（The Geneva Catechism）的狂熱崇拜者闖入這個犯禁的場所，嚇跑了那些給他們帶來利益好處的法國人和義大利人。

這並不意味著威尼斯和阿姆斯特丹的廣大民眾已經不再是他們自己

[230]　哈布斯堡王朝，又稱奧地利王朝，因 1020 年史特拉斯堡主教維爾納（Werner I）和拉德波特（Radbot）伯爵在今瑞士阿爾高州建哈布斯堡而得名。十三世紀到二十世紀初，統治和控制範圍包括現在的西歐和中歐的大多數國家。

[231]　第七等騎士的小國：封建等級分為七等，一等是國王，二等是教會大貴族，三等是世俗大貴族，第七等則是騎士。

[232]　指異教徒的羅馬天主教（極端派新教徒咒罵羅馬天主教的話），源自《聖經》。

第十八章
蒙田

的可敬教會的忠實教民了。他們仍然和從前一樣，仍然是虔誠的天主教徒或新教徒。不過他們牢記這一點，十個來自漢堡[233]、呂貝克[234]或里斯本的可以為他們帶來利潤的經商異教徒，要比十個來自日內瓦或羅馬的寒酸教士更有價值。於是他們便宜行事了，實際上也是這麼做的。

將蒙田開明的思想和自由的見解（這兩者並非總是完全相同）和他那經營鯡魚生意的父親與祖父以及有著西班牙與猶太人血統的母親，這兩者連繫起來未免有些牽強附會。然而在我看來，這些經商的前輩對蒙田觀點的產生有很大的影響。作為戰士和政治家，他整個一生對宗教狂熱者的盲信和偏執深惡痛絕，我想這一切都起源於離波爾多[235]主要碼頭不遠的一家小魚鋪。

我如果當著蒙田的面這樣說，他大概不會感謝我的，因為他出生的時候，他們家早年做販魚買賣的歷史都被從華麗的家族徽章中小心地抹去了，看不到一點痕跡。

他的父親得到了「蒙田」這項產業，如獲至寶，並不惜投擲重金要將其培養成紳士。蒙田剛剛學會走路，他的父親就給他請了家庭教師，以便在他那可憐的小腦瓜裡塞滿了拉丁文和希臘文。六歲的時候，他被送往中學讀書；十三歲的時候，開始學習法律。因此他還不到二十歲，便正式成為波爾多市議會的成熟議員了。

接著他參軍了，後來又在法庭任職了一段時間。直到三十八歲時，他父親死了，他停止了手中的工作和一切外界活動，在他一生中最後的二十一年裡，除去有一段時間違心地涉足政治外，其餘所有的時間，都

---

[233]　漢堡，德國西北部一城市。
[234]　呂貝克，德國西北部一城市。
[235]　波爾多，法國城市，孟德斯鳩（Montesquieu）和蒙田的故鄉。這裡盛產葡萄酒，特等「波爾多紅葡萄酒」被譽為世界「葡萄酒皇后」。

消磨在他的馬匹、狗和書上面，並從中收穫了不少東西。

蒙田是那個時代了不起的人物，但也免不了有幾個弱點。他從沒有徹底擺脫某些情感和禮儀，這個魚販子的孫子認為這才是真正的紳士風度，他一直抱有這樣的想法無法釋懷。直到臨死的時候，他還堅持說自己不是一個真正的作家，稱自己是一個鄉村紳士，只是偶爾在某些無聊的冬日，才草草記下一點略有哲學內容的雜亂思想，聊以打發時間罷了。所有這些全都是無稽之談。如果說有誰把他整個的心、靈魂、美德和罪惡以及一切都獻給自己的書，那就是這位能和不朽的達太安[236]匹敵的開朗的紳士。

因為這心、這靈魂、這美德和缺陷都屬於這個豁達大方、有涵養又和藹隨和的人，所以蒙田的作品遠遠超出了文學作品的範疇，這些作品已經構成了一部真實明確的生活哲學，它們以人們的常識和實際的日常禮儀為基礎。

蒙田生來就是一個天主教徒，到死都是。在他年輕的時候，他還曾是「天主教貴族聯盟」的積極分子。這個聯盟由一群法國貴族所組成，旨在將喀爾文教驅逐出法國。

然而在 1572 年 8 月那個具有決定意義的一天，當蒙田聽到教宗葛利果十三世歡慶成功地處死了三千名法國新教徒這一消息的時候，他便永遠地離開了天主教會。但是他也絕對沒有加入另外的教派。為了避免別人的饒舌也繼續參加某些重大儀式。然而自從聖巴托羅繆大屠殺的血腥之夜以後，他寫的那些作品就如同馬可·奧理略、愛比克泰德[237]或者其他希臘、羅馬哲學家的著作一樣的好。有一篇令人難忘的名為《論良知

---

[236]　達太安（d'Artagnan），大仲馬（Alexandre Dumas）《三個火槍手》(*The Three Musketeers*)中的主角。
[237]　愛比克泰德（Epictetus），西元前一世紀時的希臘斯多葛派哲學家，教師。

的自由》（*On the Freedom of Conscience*）的文章，他在文章裡使用的語氣就好像是古時伯里克里斯的同代人，而不是法國皇后凱薩琳·德·麥地奇[238]的一個忠實的僕臣，他還以「叛教者朱利安」為例，闡明真正寬容的政治家應該做出什麼樣的業績。

那篇文章非常簡短，只有區區五頁紙，你可以在第二冊的第十九章中找到。

蒙田見過許多頑固不化的新教徒和天主教徒所鼓吹倡導的絕對自由，事實上按照當時的情況，這種自由只會導致新的內戰。但是一經條件允許，無論是新教徒還是天主教徒睡覺時不再把匕首和手槍放在枕頭下面了，那麼明智的政府就應該盡量避免干預別人的思想，應該允許所有臣民依照最能使自己心靈獲得幸福的方式來愛上帝。

蒙田既不是唯一的，也不是第一個產生這種想法並且大膽將此觀點公之於世的法國人。早在 1560 年，凱薩琳·德·麥地奇的前大臣麥克爾·德·豪皮塔爾（Michel de l'Hôpital）和多所義大利大學的畢業生（被懷疑與再洗禮教有染）就曾經說過，對異教徒只適宜用文字論戰。他提出這一令人驚訝的觀點的理由就是，「良知就是良知，有自己的本來面目，不是靠武力可以改變的」。兩年以後，他還促成了皇家《南特赦令》（*Edict of Nantes*）的產生，該法規定：胡格諾教派[239]有權召開自己的集會，舉行宗教會議討論本宗教的事務；儼然成為一個獨立、自由的教派，而不是寄人籬下的小派別。

讓·布丹（Jean Bodin），法國巴黎的一個律師，是一個令人非常尊

---

[238]　凱薩琳·德·麥地奇（Catherine de' Medici, 1519-1589），法國皇后。在天主教和新教胡格諾派之間三十年的戰鬥中，她是一支主要的政治力量，同時是聖巴托羅繆大屠殺的煽動者。

[239]　胡格諾教派，是法國喀爾文教派的別稱，十六世紀歐洲宗教改革運動中興起於法國並長期遭受迫害的新教教派。

敬的公民（這個人捍衛個人財產權，反對湯瑪斯·摩爾在《烏托邦》[240]一書中表現出的共產主義傾向），他的觀點與此類似，認為君主無權用武力強迫他的臣民信仰這個教派或者信仰那個教派。

無論是大臣們的演講，還是那些政治哲學家們用拉丁文寫的論文，極少有人問津；然而蒙田的書卻大有市場，人們讀他的書，並將其譯成各種文字和語言予以出版。社會的文明人士也常常聚集在一起，對蒙田的書進行閱讀並展開討論，這樣的狀況一直持續達三百多年之久。

正是因了他的業餘身分，以及他只為樂趣而寫作的說法，使得他的作品深受大眾的喜愛；否則人們絕不會去買一本或者借閱一本被正式列為「哲學」範疇的圖書。

---

[240] 《烏托邦》，作者在書中既批判了舊世界，又描述了一個新世界烏托邦。

第十九章

阿米尼烏斯

為寬容而進行的鬥爭一直都是「組織型社會」與「社會菁英分子」這兩派長期爭鬥的一部分。「組織型社會」永遠把「集體」的長久安全穩定擺在第一位；而「社會菁英分子」則認為迄今為止推動世界進步的功勞應歸於個人，並非大眾努力的結果。其實就大眾而言，他們本質上是反對一切改革創新的。因此，個人的權利遠高於集體。

我們如果認為這個前提是正確的，那麼一個國家的寬容程度便與大多數居民的個性自由程度成正比。

過去，有時會出現非常開明的統治者，他對孩子說：「我堅信『待人寬則人亦待己寬』的原則。我希望所有可愛的臣民們都對別人施以寬容，不然就會自食其果。」

於是，性急的臣民們就趕忙儲存官方徽章，上面刻有壯麗的幾個字：「寬容第一」。

但是這個突然的轉變是出於對皇家劊子手的畏懼，通常並不會長久。國王只有在恫嚇的同時再建立起一整套逐級教育的明智體系，把它當作每天的政治活動，才能取得成果。

十六世紀後半葉，這種幸運的環境在荷蘭共和國出現了。

首先，這個國家有數千個半自給自足的城鎮和鄉村。居民大都是漁夫、水手和商人。這三種人習慣於一定程度的獨立行動，職業的性質迫使他們做決定時要迅速果斷，按照自己的利弊判斷出工作中的機遇。

我不是說他們比世界其他地方的人更聰明、心胸更開闊。但是艱苦的工作和不達目的不罷休的幹勁使他們成為整個北歐和西歐的穀物魚類搬運工。他們懂得，天主教徒的錢和新教徒的錢一樣好用，他們喜歡付現錢的土耳其人，討厭要賒帳六個月的長老會教徒。於是他們成為進行寬容試驗的理想國度，而且重要的是，每個人都能各得其所，占了天時地利人和。

寡言的威廉[241]是「欲要統治世界者必先了解這個世界」這個古老格言的光輝典範，他開始時是個著裝入時、錢多財廣的年輕人，有令人羨慕的社會地位，給當時最大的君王當機要祕書。他在晚宴和舞會上揮霍無度，娶了好幾個頗為聞名的女繼承人，生活放蕩，今朝有酒今朝醉。他不很用功，對他來說對賽馬的興趣遠遠超過研究宗教。

宗教改革引起的社會動盪在他眼裡起初不過是僱傭者之間的又一場爭吵，只要稍用手腕，再擺出幾個虎背熊腰的警察，便可以解決了。

不過，等他了解了國王和臣民之間的爭端的本質時，這個和藹的貴人已經突然變成了卓有能力的領袖。其實，他所要從事的是當時已經完全失勢的事業。他在短期內賣掉了宮殿、馬匹、金盤和鄉間地產（或者立即予以放棄）。這個布魯塞爾的花花公子成為哈布斯堡的最頑固、最成功的敵人。

然而財產的變動並沒有改變他的個性。威廉在倉滿囤流的時候是哲學家，住在兩三間出租房子裡，星期六都不知道如何付洗衣費的時候也還是哲學家。過去有一個主教想建造足夠的絞架來處死所有的新教徒，他竭盡全力挫敗了主教的企圖，如今他同樣盡量要剎住熱情的喀爾文教徒要絞死所有天主教徒的幹勁。

幾乎毫無指望。

二萬至三萬人已經慘遭殺戮，宗教法庭的監獄裡裝滿了新的犧牲品，遙遠的西班牙正在召集一支軍隊，準備在叛亂分子還沒有擴散至歐洲其他地方的時候就把他們一網打盡。

有人說應該熱愛剛剛絞死自己父兄、叔叔和爺爺的人，也有人在拚

---

[241] 寡言的威廉，指威廉一世（William I, 1533-1584），領導荷蘭反抗西班牙國王，被西班牙刺客暗殺。

命反對這個說法，在這裡無需告訴讀者是誰在反對。但是他透過自己的事例和他對反對者的和解態度，已經向追隨者表明有性格的人應該超脫摩西以眼還眼、以牙還牙的律法。

在這場喚醒公共道德和理性意識的運動中，他得到一個傑出人物的支持。至今你都能在豪達教堂看見一條奇特的墓誌銘，全由單音節片語組成，羅列了那位長眠於此的德克·科恩赫特（Dirck Coornhert）的美德。科恩赫特是個很有意思的傢伙，他是富家子弟，年輕時大部分時間都在國外旅行，得到了一些關於德國、西班牙和法國的第一手數據。他一回國，便愛上了一個身無分文的女子。他的荷蘭父親處事謹慎，不准他們結婚。他照樣義無反顧地與這個女孩結了婚，他父親一怒之下，按照族裡的規定剝奪了這個不孝子的財產繼承權。

這使科恩赫特陷入了困境，他只好自謀出路。好在他是個很有才幹的年輕人，很快就學會了一門手藝，成了一名銅雕藝人。

哎！一朝成為荷蘭人，一輩子便改不了說教的脾性。到了晚上，他就急忙扔下雕刻刀，拿起鵝毛筆，記下一天的大事。他的文風夠不上現代人所欣賞的「風趣」標準。但他的書裡充滿了許多讓人倍感親切的常識，與伊拉斯莫斯的嬉笑怒罵皆文章不同，這令他交到不少朋友。後來還認識了沉默者威廉。威廉高度讚賞了他的能力，僱他做機要顧問。

當時威廉正忙於一樁奇怪的爭論。國王腓力 [242] 有教宗撐腰，要幹掉人類的大敵，也就是他的敵人威廉，他以兩萬五千金幣、貴族頭銜和赦免一切罪行的代價，找人去荷蘭殺死這個頭號異端者。威廉已經五次遇險，可是他覺得用一套小冊子駁倒腓力國王是他的職責，這個時候，科恩赫特助了他一臂之力。

---

[242]　腓力，指西班牙國王腓力二世（Philip II）。

論點直指哈布斯堡內閣，不過要是指望內閣會由此而變得寬容，那才是妄想，然而整個世界都在注視威廉和腓力的爭鬥，小冊子也被譯成了不同文字，被廣泛閱讀，其中許多題目人們過去只敢低聲說說，現在卻熱烈地討論起來。

不幸的是，爭論並沒有多久就結束了。1584 年 7 月 9 日，一個法國天主教徒殺掉了威廉，拿到了兩萬五千金幣的報酬，六年以後，科恩赫特還沒有完成把伊拉斯莫斯著作譯成荷蘭文的工作，也與世長辭了。

在以後的二十年中，狼煙四起，炮聲隆隆，淹沒了不同觀點的神學家之間的叱罵。最後敵人被逐出了新共和國的邊界。但此時卻沒有威廉這樣的人來掌管內部事務。不同的教派本來在大批西班牙僱傭軍的壓力下暫時很不自然地和解了，現在又要彼此割斷對方的喉嚨。

他們的爭戰當然要有個藉口，可是，有哪個神學家沒有一點要抱怨的事呢？

在萊頓大學 [243] 裡，有兩個教授持不同的見解。這本稀鬆平常。但是，他們在意志自由的問題上發生分歧，這倒是個嚴重的事。興奮的人們立即參加到討論中去，不到兩個月，整個國家便抽成兩大敵對的陣營。

一方是支持阿米尼烏斯（Arminius）的人。

另一方是支持戈馬爾（Franciscus Gomarus）的人。

後者雖然出生在荷蘭家庭，卻在德國度過了一生，是德國教育體制培養出來的菁英分子。他的學問十分廣博，卻又缺乏起碼的常識。他通曉希伯來律學的奧祕，而心臟卻按照亞蘭語 [244] 的句法規則跳動。

---

[243]　萊頓大學，荷蘭最古老的大學，建於 1575 年，分布於萊頓市的各區，擁有 8 個學院，154 個系，是一所綜合性大學。

[244]　亞蘭語，從西元前七世紀到西元七世紀，在西亞地區廣泛使用的一種閃米特語。

他的對手阿米尼烏斯卻迥然不同。他生於奧德瓦特，是離伊拉斯莫斯度過不愉快的少年時代的斯泰恩修道院不遠的小城市。他幼年時贏得鄰居、馬爾堡大學著名數學家和天文學教授的友誼。這個人叫魯道夫‧司乃耳（Rudolf Snellius），他把阿米尼烏斯帶回德國，讓他受良好的教育。可是這個孩子在第一個假期回家時，發現家鄉已被西班牙人劫掠一空，親戚也都遇難了。

這似乎結束了他的學業，幸虧一些好心的有錢人聽說這個年幼孤兒的遭遇，慷慨解囊，送他到萊頓大學學習神學。他刻苦努力，六年以後便學完了所有的課程，又去尋找新的知識源泉了。

當時，出類拔萃的學生總可以找到資助人為他們的前程花幾塊錢。阿米尼烏斯很快拿到了阿姆斯特丹幾個行會給他開的介紹信，高高興興去南方尋找受教育的機會了。

作為一個頗受尊敬的神學繼承人，他首先來到日內瓦。喀爾文已經死了，但是他的追隨者 —— 博學的西奧多‧貝沙（Theodore Beza）接替了喀爾文，代他掌管這群溫順的綿羊。他可是位老道的異端獵手，憑藉自己靈敏的鼻子在這位前來拜訪的年輕荷蘭人身上聞到了一絲拉米斯主義的氣息，於是阿米尼烏斯的日內瓦之行只好被迫草草收場。

現代讀者不清楚拉米斯主義意味著什麼。但在三百年前，只要讀過彌爾頓文集的人都知道，它由一個名叫皮埃爾‧德拉‧拉米斯（Pierre de la Ramée）的法國人創立或發明（隨你怎樣用詞）的。是一個非常危險的新興宗教派別。拉米斯還在讀書時，就已對教授們使用陳腐的教學方法現象厭惡到了極點，於是他定下了一個令人跌破眼鏡的博士論文題目，名為《亞里斯多德的一切學說都是絕對錯誤的》。

不用說，這個題目肯定沒通過。幾年以後，他又把自己的想法寫進

幾卷很有才華的書裡，這使他的死成了定局，他是聖巴托羅繆日慘案的第一批受害者。

　　但是惱人的書並不會隨著作者一起被殺掉，拉米斯的書殘存了下來，他的驚異邏輯體系也在西歐和北歐受到歡迎。不過真正的虔誠人士卻認為拉米斯主義是去地獄的通行證，於是有人建議阿米尼烏斯去巴塞爾，因為自從這座城市不幸中了喜好揶揄諷刺的伊拉斯莫斯的咒語後，「浪蕩子」（十六世紀對自由主義者的口頭稱呼）就被認為是好榜樣了。

　　阿米尼烏斯，由於事先得到別人的警告，便啟程北上。接著他又做出一項頗為反常的決定。他大膽踏入敵人的境內，在帕多瓦 [245] 大學學習了幾個學期，還去了一趟羅馬。等他 1587 年返回故土時，這段經歷使他成為國人眼裡的危險分子。可是他似乎既沒有長角也沒有添尾巴，於是漸漸地他又贏得了大家的好感，還被允許擔任阿姆斯特丹的新教牧師。

　　在那裡，他既證明了自己的才能，還在瘟疫橫行的時候博得了英雄的美名。人們很快就真心擁戴他，委託他重建城市的公共教育體系，1603 年，當他作為羽翼豐滿的神學教授被調往萊頓時，首都的所有居民還都依依不捨。

　　他要是知道在萊頓等待他的是什麼，我敢肯定他不會去。他到達的時候，萊頓大學的墮落後預定論派和墮落前預定論派正吵得不可開交。

　　阿米尼烏斯無論從本性還是受教育方面來看，應屬於墮落後預定論派。他本想不帶偏見地對待同事 —— 墮落前預定論者戈馬爾，可這實在是太難辦到了。兩派之間的衝突如此激烈，根本不容調和。最後阿米尼烏斯被迫宣布自己是不折不扣的墮落後預定論者。

　　讀者當然會問我，這兩派是什麼啊，我不知道，好像也無法了解這

---

[245]　帕多瓦，義大利北部城市。

些玩意。不過據我所知，兩派的爭論由來已久，一派（如阿米尼烏斯）認為，人們某種程度上有意志的自由，可以決定自己的命運；另一派以索福克里斯[246]、喀爾文和戈馬爾為代表的人均認為，在我們出生前一切早已經注定好了。命運取決於造物時聖骰的一擲。

　　一直到西元 1600 年，北歐的大部分人都是墮落前預定論者。他們願意聽布道說除了自己以外的大多數人已經命定要進地獄，如果有那麼幾個牧師竟膽大包天，勇於宣講善意和仁慈的福音，他們便立即會被懷疑患有罪惡的軟弱症，像心慈手軟的醫生一樣，不忍心給病人開猛藥，結果卻以他們的軟弱心腸把病人置於死地。

　　萊頓的許多饒舌老婦一發現阿米尼烏斯是墮落後預定論者時，這便意味著他的作用也就終止了。他從前的朋友和支持者大肆攻擊咒罵他，把他折磨至死。繼而，兩派都介入政治，這在十六世紀似乎是不可避免的。結果是墮落前預定論派贏得了選票。於是墮落後預定論者被宣判為叛國者。

　　這場荒誕無稽的爭戰還沒有結束，共和國的奠基人 —— 奧登巴爾內夫（Oldenbarnevelt）繼沉默者威廉以後，也去世了，他的頭落在了兩腳之間。還有格勞秀斯[247]，他的中庸之道使他成為鼓吹國際法公平體系的第一人，但其結局也不過是躲在瑞士女王的庇護之下，仰人鼻息。於是，沉默者威廉的事業似乎徹底後繼無人了。

　　但是喀爾文主義者並沒有獲得預期的成功。

　　荷蘭共和國只是名義上的，實際上是商人和銀行家的俱樂部，由幾

---

[246]　索福克里斯（Sophocles, 496-406 B.C.），古希臘劇作家。代表作有《安提戈涅》（Antigone）、《伊底帕斯王》（Oedipus the King）、《伊底帕斯在科羅納斯》（Oedipus at Colonus）。

[247]　格勞秀斯（Grotius, 1583-1645），荷蘭法學家、人文學者和政治家。他的法律著作為現代國家法奠定了基礎。

百個頗有勢力的家族統治著。這些紳士對平等和博愛毫無興趣，卻信仰法律和秩序。他們承認並支持已有的教會。每逢星期天，他們就滿懷熱情來到四壁潔白的聖物存放地，這裡過去是天主教堂，現在是新教徒的布道廳。可是到了星期一，教士前往拜見市長大人和議員們，在人們生氣地想說這人不行、那人不好的時候，官員們卻又「開會」，無法接見這些虔誠的人。如果虔誠的人堅持不懈，召集好幾千名忠誠的教民在市政大廳前「示威」（這種事常常發生），官員們也會彬彬有禮地垂顧，接過虔誠的人抄寫整齊的訴苦書和建議書。可是，大門在最後一個穿黑袍的請願者後面關上以後，官員們就會用那些文稿點菸斗。

他們已經採納了實際有效的格言：「一次足矣，下不為例。」墮落前預定論者掀起的長達數年的大規模內戰把他們嚇壞了，於是他們堅定地壓抑宗教狂的發展。

後代並不總是誇獎這些貴族。他們無疑把國家視為私有財產，也無法持之以恆地把祖國的利益和他們自己的利益區分得一清二楚。他們在管理國家上缺乏遠見，因此常常小事精明、大事糊塗。但是他們做了一件事，值得我們發自內心的推崇。他們把國家變成了國際交換站，持各種思想的人物在這裡都有最廣泛的自由，隨心所欲地去說、去想、去寫、去出版。

我並不想描繪得太動人。不時在內閣否決的威脅下，市議員也會被迫鎮壓天主教的一個祕密協會，或沒收某一本過於囂張的異端派印發的小冊子。不過一般來說，只要不爬到市場區中央的肥皂箱上高聲詆毀宿命論的宗旨，只要不把天主教的念珠帶到公共餐廳裡，或是公開在哈倫市 [248] 南方衛理公會教堂否認聖靈的存在，就可以確保一定程度上的太平

---

[248]　哈倫市，荷蘭北部城市。

無事。在差不多兩個世紀裡,許多人在世界其他地方會因為思想而受到迫害,而荷蘭共和國卻成為他們的名副其實的天堂。

很快,荷蘭「重新變成為天堂」的消息四處傳開了。並且,在隨後的兩百年裡,荷蘭的各大印刷所、咖啡館等總是聚集著形形色色的狂熱主義分子,他們是全新的精神解放的先鋒人物。

第二十章

布魯諾

　　據說（而且很有根據）世界大戰是沒有軍銜的軍官們的戰爭。將軍、上校和三星策略家坐在某個無人光顧的大別墅的大廳裡，守著孤獨的光亮，盯著數英呎長的地圖沉思，直到想出一點新戰術，使他們能得到半英哩的領土（以三千人喪生做代價），而與此同時，下級軍官、中尉、下士卻在聰明士兵的幫助和鼓動下，做著所謂「黑活」，最後導致了德國防線的全面崩潰。

　　為精神世界獨立進行的偉大征戰與它相差無幾。

　　沒有投入幾十萬人的正面交鋒。

　　也沒有孤注一擲的衝鋒，給敵人的炮手提供活靶子。

　　我還可以說得更進一步，大多數人根本不知道在打仗。好奇心會不時驅使人們尋問早晨燒死了誰，明天下午又會把誰絞死。然後他們也許會發現，有幾個亡命徒還在繼續為天主教徒和基督徒從心底贊成的幾項自由原則而抗爭。但是我想，這消息只會使人們輕嘆惋惜而已。不過，要是自己的叔叔落得如此可怕的下場，親戚們一定會痛不欲生。

　　情況大概只會如此。殉道者為事業獻出了生命，他們的業績無法簡化成數字公式，也不能用安培和馬力的概念表示。

　　攻讀博士學位的勤奮學生會仔細閱讀喬達諾‧布魯諾[249]作品集，然後耐心地收集所有充滿感情的話語，如「國家無權告訴人們應該想什麼」和「社會不可以懲治那些對公認教義表示異議之人」，寫出以《喬達諾‧布魯諾和宗教自由的原則》為題的可以被人接受的論文，然後就能順利畢業了。

---

[249]　喬達諾‧布魯諾（Giordano Bruno, 1548-1600），出生於義大利諾拉城的一個沒落的貴族家庭，受時代的影響，15歲時被家人送進了那不勒斯修道院，22歲時，成為一名牧師，並獲得了哲學博士的學位。讀了《天體運行論》（*On the Revolutions of Heavenly Spheres*）之後，他成為科學真理的布道者。為此，布魯諾被革除教籍。

但是，不再研究這樣重要課題的人，看問題的角度也有所不同。

我們在最後的分析中說過，有一批虔誠之士，他們對當時的宗教狂熱深感震驚，也震驚於人們頭上的枷鎖，各國百姓被迫在枷鎖下生活。於是他們起來反叛。他們真是窮鬼，除了背上的披風以外幾乎一無所有，連睡覺的地方都沒有保證。但是聖火在他們胸中燃燒，他們穿梭在大地上，演講、寫作，把高深學府裡的高深教授拉進高深的爭論裡。在普通的鄉間酒館裡與普通的鄉巴佬進行普通的辯論，並且一如既往地宣講要善意、理解和仁慈地待人。他們拿著書和小冊子，穿著破衣爛衫，四處奔走，後來患肺炎死在波美拉尼亞 [250] 的窮鄉僻壤的小村裡，或者被蘇格蘭小村裡的醉醺醺的村民私刑處死，要不就是在法國的大道上被車輪碾得粉身碎骨。

如果我提到喬達諾·布魯諾的名字，我並不是說他是這類人中唯一的一個。不過他的生活、他的思想、他因自己認為正確合意的東西而產生的永不消逝的熱情，的確是所有先驅者的典型，是很好的例子。

布魯諾的父母很窮，他們的兒子是個普通的義大利孩子，沒有什麼天資，只是按照一般慣例來到修道院。後來也成為道明會僧人。他與這個團體格格不入，因為道明會教徒支持一切形式的迫害行為，當時被稱為「真正信仰的警犬」。他們都很機警。不用看到異端思想的印刷品就能覺察別人是否有異端傾向。隨便一個眼神、一個手勢、一個聳肩動作就足以讓這些探子看出端倪，並把人們送上宗教法庭。

布魯諾成長在一切都要俯首聽命的環境中，他是怎樣成為叛逆、丟棄《聖經》而捧起芝諾和安那薩哥拉斯 [251] 的著作的，我也搞不清楚。但

---

[250]　波美尼西亞，舊德國東部州名。
[251]　安那薩哥拉斯（Anaxagoras, 500-428 B.C.），希臘數學家，被認為是第一個把哲學引入雅典的人。

是這個奇怪的新手還沒有完成規定的課程，就被趕出了道明會，從此成了一名浪跡天涯的人。

他翻過阿爾卑斯山。在他之前，有多少人冒險穿過了這個古老的山口，希望能在隆河和阿爾沃河交會處的新教大本營（指日內瓦），以求得到那真正的自由！

又有多少人心灰意冷地離開了，他們發現到處都一樣，只有內在的精神才能指引人的心靈，光靠教義的改變起不了什麼作用。

布魯諾在日內瓦住了不足三個月。城裡擠滿了義大利難民，他們給這個同鄉弄了套新衣服，還找了個工作，當校對員。到了晚間，他就讀書寫作。他得到了一本德拉·拉米斯的書，終於找到了志同道合的人。德拉·拉米斯也相信，中世紀教科書所宣揚的暴政不打碎，世界便無法進步。布魯諾並沒有像他的法國名師那樣極端，不認為希臘人教誨的一切全都錯了。但他始終不明白，十六世紀的人的言行舉止為什麼還要受到早在基督出生前四個世紀寫下的字句的束縛呢？究竟為什麼？

「因為一直都是這樣。」正統信仰的支持者回答他。

「我們與祖先有什麼關係，他們與我們又有什麼關係呢？讓死去的人死去吧。」這位年輕的反傳統觀念者答道。

很快，警方便來找他，建議他最好收拾起行李到別處碰運氣去。

布魯諾以後的生活一直過得顛沛流離，想找個有一定程度的自由和安全的地方生活和工作，卻從未如願。他從日內瓦來到里昂，又到土魯斯。那時他已經開始研究天文學，成為哥白尼（Nicolas Copernicus）的熱情支持者，這是危險的一步，因為在那個時代，人們都在狂吼：「世界圍繞太陽轉動？世界是繞太陽轉動的普通行星？呸！誰聽說過這種胡言？」

土魯斯也使他感到不快。他橫穿法國，步行到巴黎，接著作為法國大使的私人祕書來到英國。但是等待他的又是失望，英國的神學家並不比大陸的強。也許他們更實用一點，譬如在牛津大學，他們並不懲處犯有違反亞里斯多德教誨錯誤的學生，而是罰他十個先令。

布魯諾變得好諷刺挖苦人了。他開始寫一些文采勃發卻又頗為危險的短篇散文和以宗教、哲學、政治為內容的文章，在文章中，他將當時的社會秩序攪得一團亂，對時事剖析得細緻入微，毫不留情。

他還講授他喜愛的科目：天文學。

但是學院的當權者對受學生歡迎的教授是極少給笑臉的。布魯諾又一次被請離開。他回到法國，又到馬爾堡。不久前路德和慈運理還在這裡，在匈牙利的伊麗莎白城堡裡，就化質論 [252] 的實質展開過虔誠的辯論。

他的「自由派」大名早已先他而行。他連授課都得不到允許。威登堡應該好客一些，可是這座路德教派 [253] 的堡壘剛開始被喀爾文的教徒把持，從此，布魯諾這類帶有自由傾向的人也不再有容身之地了。

他向南行，想到約翰·胡斯的地盤 —— 捷克斯洛伐克碰碰運氣。結果新的失望在等待著他。布拉格成了哈布斯堡王朝的首都。哈布斯堡王朝和自由一直以來水火不容，只要哈布斯堡王朝前腳踏進大門，自由立刻就從後門溜之大吉。於是他又繼續流浪，千里迢迢來到蘇黎世。

在蘇黎世他收到一個義大利年輕人喬瓦尼·莫塞尼戈（Giovanni Mo-

---

[252] 化質論，又稱聖餐的變體論。基督教認為，聖餐的餅和酒從本質上變成基督的臨在，也就是祂的肉和血，儘管餅和酒並沒有改變它們的形態。這個變體成為耶穌來到參拜者面前的文字依據。

[253] 路德教派，新教主要宗派之一，是以馬丁·路德宗教思想為依據的各教會的總稱。在教義上主要強調因信成義，認為人要得到上帝的拯救，不在於遵守教會的規條，而在於對上帝的信心；不在於個人的功德或善行，而在於上帝給人的恩賜。

cenigo）的信，邀請他去威尼斯。我不知道什麼使布魯諾接受了邀請。大概是因為他骨子裡的農民意識作祟，被這樣一個古老的貴族姓氏所具有的榮耀打動了，為這個邀請而受寵若驚。

然而，喬瓦尼·莫塞尼戈卻沒有他的祖先那種膽敢蔑視蘇丹[254]和教宗的氣魄。他是個十足的懦夫。當宗教法庭的官員到他家要把客人帶到羅馬時，他居然嚇得動都不敢動。

威尼斯政府一貫小心翼翼地保護自己的權力。布魯諾如果是個日耳曼商人或荷蘭船長，外來勢力膽敢在其管轄的地盤上把人抓走，他們一定會強烈抗議，甚至不惜發動戰爭來維權。但是布魯諾只是一介流浪漢，何必為了他招惹教宗生氣呢？何況這個流浪漢除了自稱有思想外，也沒能給威尼斯帶來任何其他好處。

布魯諾稱自己為學者，這沒錯。威尼斯共和國深感榮幸，但它並不缺少學者。

和布魯諾告別吧，願聖馬可[255]對他的靈魂賜予仁慈。

布魯諾被關在宗教法庭的監獄長達七年之久。

1600年2月17日，他在火刑柱上被燒死，骨灰隨風飄散。

他是在鮮花廣場[256]被處死的。那些懂義大利語的人或許能從中得到些許靈感，寫出一則還不錯的小寓言故事吧。

---

[254]　蘇丹，某些伊斯蘭國家最高統治者的稱號。

[255]　聖馬可（Saint Mark），《聖經·馬可福音》的作者，被威尼斯人奉為護城神，其坐騎是獅子。當威尼斯擺脫拜占庭的控制，成為一個城市共和國後，元老院決定讓聖馬可成為城市的新守護神，以代替狄奧多爾（Saint Theodore），所以威尼斯的城徽是一隻巨大的獅子抱著福音書。

[256]　鮮花廣場，羅馬中心一個大廣場。

第二十一章

史賓諾沙

歷史中的一些事情總是令我費解，其中之一便是對過去那些藝術家和作家的作品數量問題的困惑。

我們現代作家協會的成員，有打字機、錄音機、祕書和自來水筆輔助，每天也才能寫三四千字。而莎士比亞有好幾份工作，還有一個愛嘮叨罵人的妻子，就連蘸水筆也不好用，他怎麼能寫出三十七部劇本呢？

西班牙無敵艦隊的老兵羅培・德・維加[257]一生都忙忙碌碌，他從哪裡弄來那麼多的墨水和紙張，寫下一千八百部喜劇和五百篇文章呢？

那個奇怪的約翰・賽巴斯汀・巴哈又是什麼樣的人呢？他的小屋裡有二十個孩子吵吵鬧鬧，而他卻有時間譜寫五部清唱劇、一百九十部教堂大合唱、三部婚禮大合唱、十二支聖歌、六支莊嚴彌撒曲、三支小提琴協奏曲、一支雙小提琴協奏曲（僅此一部就足以讓他名垂千古）、七部鋼琴與管弦樂隊協奏曲、三部兩架鋼琴的協奏曲、兩部三架鋼琴的協奏曲、三十首管弦樂樂譜，還為長笛、豎琴、風琴、提琴、法國號寫了曲子，足夠讓普通學生練一輩子了。這個巴哈，到底是何方神聖呢？

還有，林布蘭和魯本斯（Rubens）在三十年中幾乎每個月都創作四幅畫或四幅蝕刻劃，他們是怎樣勤奮用功的呢？不起眼的平民安東尼奧・史特拉底瓦里（Antonio Stradivari）怎樣在一生中做了五百四十把小提琴、五十把大提琴和十二把中提琴呢？

我現在不是討論他們的頭腦怎麼能想出這麼多的情節，聽辨出所有的旋律，看出各式各樣的顏色和線條的組合，選擇出好的木材。我只是奇怪他們的體力怎麼那麼好。他們怎麼能勝任呢？他們不睡覺嗎？他們也不偶爾抽點時間玩玩撞球嗎？他們從不疲倦嗎？他們難道不擔心神經衰弱嗎？

---

[257]　羅培・德・維加（Lope de Vega, 1562-1635），西班牙劇作家、詩人，西班牙黃金時代最重要的作家之一。

但是在十七和十八世紀，這樣的人比比皆是。他們無視健康法則，大吃大喝有害的東西，根本不知道作為光榮的人類的一員所負有的崇高使命，但他們活得相當精彩，創造山的藝術和知識財富不僅數量驚人，品質也堪稱一絕。

藝術和科學是這樣，在神學這種過分講究的學科上也同樣如此。

任何一座有兩百年以上歷史的圖書館，其地窖和閣樓裡都堆滿了各式各樣的論文、布道書、討論集、駁論、文摘和評論，用皮革、羊皮紙或普通紙張裝訂起來，有八開的、十二開的，還有十八開的。雖然它們淹沒在厚厚的塵土中，但都包含了廣博的知識，可能現在看來並沒什麼用處。

其中談論的題目和採用的許多詞彙在現代人看來已經喪失了意義。可是這些發了黴的彙編卻有著重要的目的。如果它們一事無成，至少還是消除了隔閡，因為它們或者解決了討論的問題，使有關人士滿意；或者使讀者相信那些問題並不是邏輯推理和辯論所能解決的，乾脆隨便扔在什麼地方算了。

這聽來好像虛假奉承的話。不過我希望將來三十世紀的批評家們在啃嚼我們殘留的文學和科學成就時也能這樣仁慈。

巴魯赫·德·史賓諾沙 [258]，本章的主角，他的著作在數量上沒有追隨當時的潮流，他的全集不過是三四個小本子和幾捆信札。

但是，用正確的數學方法解決他的倫理學和哲學中的抽象問題所必需的大量學習，會使普通的健康人不知所措。而且這個可憐的結核病人還想用九九乘法表來接近上帝，最終因心力交瘁，累死了。

---

[258] 巴魯赫·德·史賓諾沙（Baruch de Spinoza, 1632-1677），荷蘭哲學家。西方近代哲學史上重要的理性主義者，與笛卡兒、萊布尼茲（Leibniz）齊名。哲學上，史賓諾沙是一名一元論者或泛神論者。他認為宇宙只有一種實體。

　　史賓諾沙是猶太人。不過那時的猶太人還沒有受過猶太隔離區的侮辱。他們的祖先在西班牙半島定居的時候，那裡還是摩爾人[259]居住的一個省。西班牙征服那裡以後，引進了「西班牙屬於西班牙人」的政策，最後使國家陷入崩潰，史賓諾沙一家被迫離開了老家，他們走水路來到荷蘭，在阿姆斯特丹買了幢房子，辛勤工作，積蓄錢財，很快就大名鼎鼎，成為「葡萄牙移民」中最受尊敬的家族中的一員。

　　與其說是鄰居小朋友們奚落，使小史賓諾沙意識到自己的猶太血統，倒不如說是他在塔木德律法學校接受的訓練造成的。因為，那時的荷蘭共和國階級矛盾愈演愈烈，無暇顧及種族偏見，所以外來的民族可以在北海和須德海[260]的海岸找到避難所，過上平靜和諧的生活。這是荷蘭生活的一大特點，現代的旅行者在撰寫「遊記」時絕不會遺忘這一點，這是有充足原因的。

　　在歐洲其他大部分地方，甚至到了相當晚的時代，猶太人和非猶太人的關係還是極不理想。二者之間的爭吵簡直達到無可救藥的程度，因為雙方都正確，也都錯了，都可以說是對方專橫和偏見的受害者。這本書裡已經說過，寬容是自我保護的一種方法，按照這個理論，很明顯，只要基督徒和猶太人忠誠於各自的宗教，就會認為對方是敵人。首先雙方都堅持自己信奉的是唯一真正的上帝，其他民族的其他上帝全是假的。其次，雙方是危險的商業對頭。猶太人像最初到巴勒斯坦一樣來到西歐，是尋覓新家園的移民。當時的工會即「行會」不讓他們找到職業，所以他們甘願開個當鋪和銀行作為經濟上的權宜之計。這兩種行業

---

[259]　摩爾人，中世紀時期，西歐西班牙人和葡萄牙人對北非穆斯林的貶稱。自 19 世紀末和 20 世紀初法國入侵並統治西部非洲之後，則專指生活在撒哈拉沙漠西部地區的居民集團。

[260]　須德海，原北海的海灣，在荷蘭西北。十三世紀時海水衝進內地，同原有湖沼匯合而成。從 1920 年代起，荷蘭開始須德海工程建設。

在中世紀很相近，在人們眼裡，正派人不會去幹這一行。教會直到喀爾文時期都還對金錢（稅收除外）深惡痛絕，把拿利息看成罪孽，這真難以理解。當然，沒有一個政府會容忍高利貸，早在四十個世紀以前，巴比倫人[261]就通過一項嚴厲的法律，對付那些企圖從別人錢中謀利的金錢交易者。我們從兩千年前寫下的《舊約》的幾章中讀到，摩西曾經強力禁止追隨者以高利息借給別人錢，不過借給外國人除外。以後，包括亞里斯多德和柏拉圖在內的希臘大哲學家都表示不贊同從別人的錢中生出錢來，教會神父對這種事情的態度更明確。在整個中世紀中，放債人一直被人瞧不起。但丁[262]甚至還在地獄裡為他的金融界朋友們專門準備了一個小壁龕。

從理論上可以證明，開當鋪和開銀行的是不受歡迎的公民，世界要是沒有他們該多好啊。不過，只要世界不再是清一色的農業，那麼不藉助於信用貸款就連最普通的生意都做不成。於是放債人成了大家需要的魔鬼（按照基督徒的看法），注定要下地獄的猶太人被迫從事人們需要的行業，但體面人絕不會問津。

這樣，不幸的出走者被迫做上了不光彩的行業，這使他們自然而然地成為富人和窮人的對頭。他們一發跡，對方便翻臉無情，詆毀謾罵，把他們鎖在城市最髒的地方，衝動之下還會把他們作為不信教的惡棍絞死或作為基督叛徒燒死。

這真是愚蠢至極，而且無知！無休無止的攻擊和迫害並沒能使猶太人喜歡基督徒。直接的結果是，一大批第一流的智者從公共交往中退出

---

[261] 巴比倫人，是古美索不達米亞地區巴比倫國的居民。巴比倫王國，約西元前 1894 年至西元前 1595 年，巴比倫尼亞南部奴隸制城邦，以巴比倫城為中心，西元前十九世紀，亞摩利人住此建國，史稱古巴比倫王國。

[262] 但丁（Dante Alighieri），義大利詩人，現代義大利語的奠基者。歐洲文藝復興時代的開拓人物之一，以長詩《神曲》（*Divine Comedy*）留名於世。

了，成千上萬天性聰明的年輕人本來可以在商業和科學中進取，卻把腦筋和精力浪費在了無用地研究那些深奧莫測的難題和吹毛求疵的詭辯舊書上，數以百萬計無依無靠的男女青年注定要在發臭的小屋裡過著畸形的生活，一面聽老人講他們是肯定會繼承大地和所有財富的上帝的選民，一面卻又聽到別人不停地罵他們是豬玀，只配上絞架或刑車，並為此嚇得魂不附體。

要讓在這種逆境中生活的人（不管是誰）保持用正常的眼光看待生活是不可能的。

猶太人一次又一次被逼得對基督徒同胞採取瘋狂行動，白熱化時還起來反抗壓迫者，於是他們又被稱為「叛徒」、「不知報恩的惡棍」，受到更嚴重的欺侮和限制。在這樣的惡性循環之下，心懷憤恨和精神崩潰的猶太人數量越來越多。慢慢地，整個猶太人區變成了一塊陰鬱之地，到處都是壯志未酬和滿腔憤懣的人。

史賓諾沙生在阿姆斯特丹，因此幸而沒有遭到大部分親戚生來就遭到的苦難。他首先被送進猶太教堂（合適的稱呼是「生命之樹」）掌管的學校，學會希伯來語的動詞變化以後，便被送到博學的法蘭西斯科·阿皮聶斯·范·登·恩德（Franciscus Appinius van den Ende）博士那裡，攻讀拉丁文和科學。

法蘭西斯科博士正如他的名字所示，出身於天主教徒家庭，傳聞他是盧萬大學畢業生，按照城中最為廣傳的教堂執事的說法，他是偽裝的耶穌會成員，是個危險人物。不過這是胡說。范·登·恩德年輕時確實在天主教學校待過幾年，但他對功課心不在焉。離開家鄉安特衛普以後，他來到阿姆斯特丹，自己創辦了一所私立學校。

他有卓絕的鑑別能力，善於想辦法使學生們喜歡古文課，阿姆斯特

丹的喀爾文派自由民不顧他過去與天主教的關係，情願把孩子託付給他，而且很自豪，因為這個學校的孩子在六韻步詩和詞的變格上總比別的學校強。

范‧登‧恩德教小史賓諾沙拉丁文，但他熱情追求科學領域的最新發現，對喬達諾‧布魯諾崇拜得五體投地，因此毫無疑問教給了這孩子一些正統猶太家庭一般不應提及的事情。

小史賓諾沙一反當時的習慣，沒有和其他學生同住，而是住在家裡。他的學識很深，頗使家人驚奇，親戚們都自豪地叫他小先生，毫不吝嗇地給他零用錢。他沒把這錢浪費在菸草上，而是買了哲學書。

有一個作者最使他感興趣。

這就是笛卡兒 [263]。

勒內‧笛卡兒是法國貴族，出生在圖爾和普瓦捷交界處，查理曼大帝的祖父曾在這裡擋住了穆罕默德征服歐洲。他不滿十歲就被送到耶穌會受教育，待了十二年，很惹人討厭，因為他肯思考，沒經過證明的東西就拒絕接受。耶穌會會士能調理這種難管的孩子，既不挫傷他們又訓練得很成功，他們也許是世界上唯一這樣的人。要檢驗布丁就要吃一吃。辦教育也是一樣。如果現代教育家學會了耶穌會羅耀拉兄弟的方法，我們說不定也會培養出好幾個笛卡兒了。

笛卡兒二十歲時開始服兵役，他到了荷蘭，在那裡，納索的莫里斯 [264] 曾經徹底完善了他的軍事體系，使他的軍隊成為有志當將軍的年輕人的進修學校。笛卡兒並不經常去納索親王的司令部。一個虔誠的天主教徒怎能當新教徒首領的僕人！這聽來就像叛國罪。不過笛卡兒感興趣

[263]　笛卡兒（René Descartes），法國偉大的哲學家、物理學家、數學家和生理學家。被譽為「近代科學的始祖」。
[264]　納索的莫里斯（Maurice of Nassau），奧倫治大公威廉一世的兒子。

的是數學和大炮,不是宗教和政治。荷蘭剛剛和西班牙休戰,他便辭了職,來到慕尼黑,在巴伐利亞的天主教公爵麾下作戰。

但是那場戰爭並不長,唯一一場至關重要的戰鬥是在拉羅謝爾[265]附近進行的,那時,胡格諾派正在抵禦黎塞留[266]。笛卡兒回到法國,想學一點高階攻堅戰。可是軍營生活使他厭倦了。他決定告別戎馬生涯,致力於哲學和科學。

他自己有一筆小收入。他不想結婚,清心寡慾,只想過安靜快樂的生活,而且如願以償了。

我不知道他為什麼選中荷蘭作為居住地。不過這個國家充滿印刷商、出版商和書店,只要不公開攻擊政府和宗教,出版檢查的法律就形同虛設。況且,他從未學會他所移居的國家的文字(這種文字對真正的法國人來說本來並不難),所以避開了不必要的夥伴和沒用的談話,能夠把全部時間(每天差不多二十個小時)用在自己的工作上。

對於當過兵的人來說,這種生活太枯燥了。但是笛卡兒有生活的目的,很滿足於這種自我折磨的離鄉背井生活。隨著光陰的流逝,他逐漸相信,世界仍然被深不可測的無知籠罩著,被稱作「科學」的東西其實連真正科學的邊都不沾,陳舊的錯誤和荒謬不首先剷平,整體的進步就不可能實現。這可不是小的命題。不過笛卡兒的耐性很好,到了三十歲,他開始向我們奉獻出了嶄新的哲學體系。他深為自己的工作所激勵,在最初的提綱裡加進了幾何學、天文學和物理學。在工作中他毫不偏袒,這使得天主教徒宣布他是喀爾文派,而喀爾文派又說他是無神論者。

---

[265]　拉羅謝爾,法國西部一個城市。
[266]　黎塞留(Richelieu, 1585-1642),法國紅衣主教,著名的政治活動家、外交家,1624年至1642年間擔任法國首相,法國海軍之父。晚年捲入宗教衝突。

這些喧鬧傳到他的耳朵裡，絲毫未干擾到他。他平靜地繼續自己的探索，在斯德哥爾摩和瑞典女王談論了哲學，最後安詳地死在城裡。

在十七世紀的人們中，笛卡兒主義就如同維多利亞女王時代的達爾文主義[267]，引起了很大轟動。當一名笛卡兒主義者在 1680 年是件可怕的事，很不光彩。它表明某人是社會制度的敵人，是蘇西尼派[268]教徒，是自認不能與體面人同伍的下等人。這並沒能阻止知識界大部分人如飢似渴地接受笛卡兒主義，就像我們的前輩接受達爾文主義一樣。但是在阿姆斯特丹的正統猶太人中，這類題目卻沒有人提及。無論是《塔木德》（*Talmud*）還是《托拉》（*Torah*）（猶太教名詞，指上帝啟示給以色列人的真道，狹義上專指《舊約》的首五卷：《創世記》、《出埃及記》、《利未記》、《民數記》與《申命記》）都不會提到笛卡兒哲學，因此它是空中樓閣，根本不存在。可是，這個叫巴魯赫‧德‧史賓諾沙的人居然相信笛卡兒哲學是存在的，他的結局也是可以預料的，只要猶太教堂的權威人士一出面調查此事，採取官方行動，史賓諾沙也會同樣不復存在。

但那個時候，阿姆斯特丹的猶太教會剛剛度過一場嚴重的危機，卻挽救了史賓諾沙的性命。在他十五歲的時候，來了一個名叫烏列爾‧阿科斯塔（Uriel Acosta）的葡萄牙流亡者。他斷然拋棄了在死亡威脅下被迫接受的天主教，又回到前輩的宗教 —— 猶太教。可是這個阿科斯塔不是等閒的猶太人，而是個紳士，慣於在帽子上插一根羽毛，腰上挎一把劍。那些在日耳曼和波蘭學校受過訓練的荷蘭拉比所表現出的自高自大使他驚訝和惱怒，他也很自傲，他從不屑掩飾自己的觀點。

在這樣一個小圈子裡，如此公開的蔑視是不可能被容忍的。一場你

[26/]　達爾文主義，英國生物學家 C.R. 達爾文創立的以自然選擇為中心的生物演化理論，即一般所指的演化論。

[268]　蘇西尼派，十六世紀歐洲基督教中的一個神學派別。

死我活的鬥爭開始了，一方是清高的夢幻者，半先知半貴族，另一方是鐵面無情的法律護衛士。

他的結局注定是個悲劇。

首先，在當地警察局，阿科斯塔被控是幾本否認靈魂不朽的瀆聖小冊子的作者。這使他與喀爾文派教士產生摩擦。不過事實很快澄清，控告也撤銷了。於是猶太教會把這個頑固的叛徒逐出教會，剝奪了他的謀生之路。

在以後幾個月裡，這個可憐人在阿姆斯特丹的街頭流浪，最後貧困和孤獨又驅使他回到教會。但是他要首先當眾認罪，任所有猶太人鞭抽腳踢，然後才能被批准重新入會。這侮辱使他精神失常了。他買了一支手槍，把自己的腦袋開了花。

自殺事件在阿姆斯特丹市民中引起很多議論。猶太團體覺得不能冒險再惹起另一場風波。當「生命之樹」中最有前途的學生已經無疑被笛卡兒的新異端思想汙染的時候，猶太教會就立即行動起來，試圖加以遮掩。他們私下找史賓諾沙談話，只要他答應聽話，去猶太教堂，不再發表或散布任何反對法律的言論，就可以給他一筆年金。

史賓諾沙最厭惡妥協，三言兩語就回絕了這些事。結果，根據出名的古老《懲處準則》，他被逐出教會。那個準則毫不給人思考的餘地，為了找到足夠多的詛咒和謾罵，可以一直追溯到耶利哥（約旦河西岸的城鎮，約西元前 9000 年就有人居住。《聖經》中提到，耶利哥是約書亞率領以色列人渡過約旦河後攻打的第一個城鎮，因此而出名）時代。

面對五花八門的咒罵，他泰然坐在屋裡，從報紙上了解前一天發生的事。甚至當一個《準則》的狂熱者想結果他的性命時，他也不肯離開城市。

這對猶太教士的威信是一個沉重的打擊，他們儘管乞靈於約書亞和以利沙（Elisha）做禱告，全是白費功夫了，還不到六年的時間，就再次有人敢公開和他們挑戰。他們心急火燎地向市政廳提出訴訟，要和市長見面，告訴他這個剛被趕出教會的巴魯赫・德・史賓諾沙的確是個危險分子，是不可知論者，不信仰上帝，在阿姆斯特丹這樣受人尊敬的基督社團中不應該容忍這種人。

那些長官大人遵照慣例，不願插手此事，而是推給基督教牧師的小組委員會去辦理。這個小組委員會研究之後，發現史賓諾沙並沒有做有害於城市法律的事，便如實向市政府的官老爺做了報告。但同時，他們又不願得罪教會成員，便向市長建議，請這個似乎獨立性很強的年輕人離開阿姆斯特丹幾個月，等風頭過了再回來。

從那以後，史賓諾沙的生活一直平坦無波，就像他從視窗看到的大地一樣。他離開了阿姆斯特丹，在萊頓附近的萊茵斯堡小村裡租了一間房子，白天修磨光學儀器的鏡頭，晚上抽著菸斗，根據自己的興致讀點什麼或寫點什麼。他一直沒有結婚。謠傳說他和拉丁文老師范・登・恩德的女兒有私情，可是史賓諾沙離開阿姆斯特丹時那孩子才十歲，所以不大可能。

他有幾個摯友，每年至少兩次提出要給他一點接濟，使他能用全部時間致力於研究。他回答說他感謝他們的好意，但他更願意獨立，除了一個有錢的笛卡兒主義者每年給他八十塊錢外，他不再多要一分錢，生活在真正哲學家應有的受尊敬的貧窮之中。

他曾經有機會去德國當教授，但他謝絕了。著名的普魯士國王給他寫信，願意當他的資助人和保護人，他也給予了否定回答，繼續度過平靜快活的流亡生活。

在萊茵斯堡住了幾年後，他搬到海牙[269]。他的身體一直不好，半成品鏡頭上的玻璃沫感染了他的肺。

1677 年，他孑然一身孤獨地死去了。

使當地教士憤然的是，不下六輛宮廷豪門的私人馬車陪伴著這個「無神論者」直到墓地。兩百年後，當紀念他的雕像落成的時候，倒楣的警察不得不大批出動去保護參加這個隆重儀式的人，使他們不為成群的狂熱喀爾文教徒的怒火所害。

這就是他，他有什麼影響呢？他難道只是把沒完沒了的理論塞進成堆的書裡、使用的語言能把奧瑪・開儼[270]都氣發狂呢？

不，他不是這樣的人。

他取得的成就絕不是靠發揮才智或靠用巧言善辯正確闡述自己的理論。他之所以偉大，主要靠他的勇氣。他屬於這樣一種人：他們只知道一種法則，它是在早已被忘卻的遙遠的黑暗年代裡定下的不可更改的一套規矩，這些規矩是為那些自命可以解釋聖理的職業教士創立的精神專制體系。

在他生活的世界中，知識自由的思想與政治上的無政府幾乎是同義詞。

他知道他的邏輯體系既會得罪猶太人，也會得罪非猶太人。

但他從來沒有動搖過。

他把所有問題都視為普遍問題，把它們無一例外地看作是一種無所

---

[269] 海牙，荷蘭政府和議會所在地，荷蘭第三大城市，南荷蘭省首府。海牙早年為荷蘭伯爵狩獵駐留地。十三世紀開始發展，1648 年後為荷蘭七省聯合行政機構和中央政府有關部門所在地，成為國際性城市。

[270] 奧瑪・開儼（Omar Khayyam, 1048-1122），古代波斯著名詩人。開儼博學多才，一生中寫過許多很有價值的哲學和數學論文，編製過精確的曆書並主管過天文臺，此外還精於歷史、法學和醫學。

不在的意志反映，無論在創世之初或世界末日，它們都將是終極事實的展現。

這樣，他為人類的寬容事業做出了巨大貢獻。

史賓諾沙像前面的笛卡兒一樣，摒棄了舊宗教設下的狹隘界線，以百萬星辰為基石，建立起了自己的嶄新的思想體系。

這樣一來，他使人類成了宇宙的真正公民，而這正是自古希臘和古羅馬時代以來人類就已失去了的。

第二十二章

新的天國

　　沒有理由害怕史賓諾沙的書會流傳開來。他的書很像三角學教科書一樣枯燥無趣，看了某一章的開頭兩三句後，還想繼續看下去的人寥寥無幾。

　　需要另一種人向人們傳播新思想。

　　在法國，國家一旦轉為君主集權制，獨立思考和調查的熱情便告終止。

　　在德國，「三十年戰爭」[271] 帶來的是貧窮和恐怖，它扼殺了個人的創造力至少達二百多年。

　　十六世紀下半葉，英國是歐洲大國中在獨立思考方面有進步可能的唯一的國家，國王與國會的長期不和增加了不安定的因素，促進了爭取個性自由的事業。

　　首先我們要談談英國君主。多年來，不幸的國王一直夾在魔鬼般的天主教和汪洋大海般的清教徒之間。

　　天主教臣民（包括許多暗地裡投靠羅馬的聖公會教徒）一直叫嚷要重返英王受教宗管制的快樂時光。

　　而清教徒臣民卻用另一隻眼緊盯著日內瓦，夢想英國有一天沒有國王，成為和隱藏在瑞士群山一側的日內瓦共和國一樣的幸福國度。

　　但這不是全部。

　　統治英格蘭的人也是蘇格蘭國王，蘇格蘭臣民在宗教方面清楚地知道自己的要求。他們完全相信自己堅決反對宗教信仰自由是正確的。在他們看來，在新教徒的土地上有其他教派存在，還能自由信仰，這簡直是邪惡。他們堅持認為，不僅天主教徒和再洗禮教徒應該被趕出不列顛

---

[271] 「三十年戰爭」，1618 年至 1648 年歐洲發生的一系列衝突，涉及多數西歐國家，戰爭主要在德國進行。

群島，而且蘇西尼派、阿米尼烏斯主義者、笛卡兒主義者，總之所有對活生生的上帝的存在懷有不同觀點的人，都應該絞死。

但是，這個三角衝突產生了沒有料到的後果。一些人想在對立的教派之間保持中立，便不得不緘默寡言，這使他們變得比原來寬容些了。

如果斯圖亞特王朝[272]和克倫威爾（Oliver Cromwell）在一生的不同時間裡都堅持各教派的同等權力 —— 而且歷史告訴我們他們也這樣做了 —— 那絕不是由於他們對長老會[273]教徒和高教會教徒有什麼感情，或者是他們受到那些教徒的愛戴。他們只是在一個非常困難的交易中爭取最好的結果。麻薩諸塞灣殖民地裡的一個教派最後變得權力很大，這件可怕的事情告訴我們，如果英國的眾多相互傾軋的小教派中的一個教派建立了全國的絕對專制，那麼英格蘭的命運會變成什麼樣子。

克倫威爾當然達到了為所欲為的境地，但是這個護國公很明智。他知道他的統治是靠鐵的軍旅維持的，便小心地避免一切會使反對派聯手對付他的過人行為或法令。不過他的寬容之心也就到此為止。

至於可怕的「無神論者」 —— 也就是前面提到的蘇西尼派、阿米尼烏斯教徒、笛卡兒主義者和其他人類神聖權力的信徒 —— 他們的性命仍然像以前那樣難保。

當然，英國的「持自由思想者」有一個很大的優勢。他們靠近大海，只要量上三十六個小時的船就能到達安全的避難所 —— 荷蘭城市。荷蘭城市的印刷所出版南歐和西歐的犯禁文學，穿越北海就意味去出版商那裡得一筆稿酬，再看一看思想反抗文學中有什麼最新的東西。

有些人用這個好機會進行安定的研究和寧靜的思索，其中最有名望

---

[272]　斯圖亞特王朝，初名為斯迪瓦特王朝，1371 年至 1714 年間統治蘇格蘭和 1603 年至 1714 年間統治英格蘭和愛爾蘭的王朝。
[273]　長老會，基督新教的一派，他們的根源是從十六世紀的西歐改革運動開始的。

的是約翰・洛克 [274]。

　　他和史賓諾沙生在同一年。他像史賓諾沙（其實也像大部分獨立的思想家）一樣，是一個虔誠信教的家庭的兒子。史賓諾沙的父母是正統的猶太人，約翰的雙親是正統的基督徒。他們用不同教旨的嚴格教義訓練孩子，當然他們是好意。不過這樣的教育不是摧毀孩子的心靈，就是使他們變成叛逆。約翰和史賓諾沙一樣，都不是易於屈從的人，他們緊咬牙關離開了家門，自己去謀生路。

　　到了二十歲，洛克來到牛津，第一次聽到笛卡兒的講話。可是在聖凱薩琳大街塵土堆積的書店裡，他發現了其他一些更對口味的書，譬如湯馬斯・霍布斯 [275] 的著作。

　　湯馬斯・霍布斯是個頗有意思的人物，他在馬格德林學院做過學生，總也不安分，去義大利和伽利略 [276] 談過話，與大名鼎鼎的笛卡兒通過信，一生的大部分都住在歐洲大陸，為的是逃避清教徒的怒火。偶爾他寫一本大篇幅的書，把他對所有可以想到的題目的看法都裝進去，用一個引人注目的書名：《極權主義國家，或曰長老會聯盟和國民聯盟的物質、形式和權力》（*Leviathan, or the Matter, Form and Power of a Commonwealth, Ecclesiastical and Civil*）。

　　這本博學的書問世的時候，洛克正在大學裡上二年級。它一針見血指明了王公貴族的本質、權力，尤其是他們的責任，就連最徹底的克倫威爾派也不得不贊同，許多克倫威爾黨徒都傾向於寬赦這個一貫抱懷疑

[274]　約翰・洛克（John Locke, 1632-1704），英國哲學家，是系統地闡述憲政民主基本思想的第一位作家。他的思想深刻地影響了美國的開國元勛及法國啟蒙運動中的許多主要哲學家。

[275]　湯馬斯・霍布斯（Thomas Hobbes, 1588-1679），英國的政治哲學家，他在 1651 年所作的《利維坦》（*Leviathan*），為之後所有的西方政治哲學發展奠定了根基。

[276]　伽利略・伽利萊（Galileo Galilei, 1564-1642），義大利文藝復興後期的天文學家、力學家、哲學家、物理學家和數學家。近代實驗物理學的開拓者，被譽為「近代科學之父」。是一位為維護真理而進行不屈不撓鬥爭的戰士。

態度的人，因為他儘管是個保皇派，卻在一本重量不在五磅以下的書裡揭露了保皇派的虛偽。當然，霍布斯不是那種易於劃分歸類的人。當時的人稱他是「不拘於教條的人」，意思是，他更感興趣的是基督教的倫理學而不是基督教的教義，主張讓人們在不太重要的問題上有一定程度的「自由」。

洛克與霍布斯有相同的氣質。他一生在教會，卻又從心底贊同對生活和信仰應做大度的解釋。他和朋友們認為，國家擺脫一個暴君（戴金冠的），如果只是為另一個暴君（戴黑色耸拉帽的）來濫用權力，那還有什麼用呢？為什麼要今天否認這一幫教士的忠誠，而第二天又接受另一幫同樣傲慢專橫的教士的統治呢？從邏輯上講這當然是對的，不過有那麼一夥人，對他們來說，如果「自由人」一旦成功，把僵化的社會體系變成倫理辯論的社會，他們就會沒飯吃，因而這個觀點在他們當中是行不通的。

洛克本人似乎很有些魄力，他有幾個頗有勢力的朋友，能保護他不受地方長官的懷疑，但是沒過多久，他還是無法再逃避「無神論者」的嫌疑了。

事情發生在 1683 年秋天，洛克便來到阿姆斯特丹。史賓諾沙已去世五六年了，不過荷蘭首都的學術氣氛還很自由，洛克有機會學習和寫作，而且不受官方的干涉。他很勤奮，在外的四年裡寫下了著名的《論寬容》（*A Letter concerning Toleration*），這使他成為我們這本小歷史書的主角。在信中（按照他的反對派的意見應該是三封信），他根本否定國家有權干涉宗教。洛克認為 —— 這源於另一個流亡者，法國人皮埃爾・貝爾（Pierre Bayle），那時他住在鹿特丹，正在一個人編撰百科全書，很有才學 —— 國家只是個保護性的組織，由一批人創立和維持，為的是相互

間的利益和安全。這麼一個組織為什麼要發號施令、讓人信仰這個而不允許信仰那個，洛克和他的信徒始終沒有搞清楚。國家並沒有規定他們應該吃什麼喝什麼，為什麼非要強迫他們去這個教堂而躲開那個教堂不可呢！

清教徒主義的不徹底的勝利使十六世紀成為奇怪的宗教妥協的時代。

為結束所有宗教戰爭而簽署的《西發里亞和約》[277] 規定：「所有臣民都必須服從各自統治者的宗教信仰。」也就是說，如果某大公國信奉的是路德教，那麼當地的所有臣民都應是路德教徒，而因為鄰國的國君是天主教徒，那麼他的所有臣民都應皈依天主教。

於是洛克這樣推理：「如果國家有權力命令人們的靈魂歸宿，那麼一半人都注定要沉淪，因為不可能兩種宗教都正確（按照宗教手冊第一條的說法），生在邊界這邊的肯定會進天堂，生在那邊的注定要下地獄。這樣一來，出生時的地理位置便能決定一個人的靈魂能否被拯救了。」

洛克沒有把天主教徒列入他的寬容計畫中，這的確是件憾事，不過可以理解。在十六世紀的不列顛百姓眼裡，天主教不是宗教形式，而是個政黨，從來沒有停止顛覆英國的安全，它建造了個「無敵艦隊」，還弄來大桶大桶的炸藥要把這個友好國家的國會崩個稀巴爛。

所以洛克寧願主張把權力交給殖民地的異教徒，也不給天主教徒，而且請他們別再踏上英國的國土。但這只是因為他們危險的政治活動，不是因為他們的信仰不同。

要聽到這種看法就必須回溯十六個世紀。一個羅馬皇帝曾經定下著

---

[277] 《西發里亞和約》（*Peace of Westphalia*），1648 年歐洲協定的總稱。它結束了西班牙、荷蘭八十年戰爭和德國三十年戰爭的局面。

名的原則：宗教是人與上帝之間的事，上帝覺得自己尊嚴受到損害的時候，自己會照顧自己的。

英國人在不到六十年裡經歷了四個政府的變更，所以他們較容易接受基於常識的寬容理想所包含的根本道理。

1688 年，奧倫治[278]的威廉（William III）渡過了北海，洛克也緊跟著他坐船來了，同船的還有英格蘭王后。從此，他的生活安定無事，高壽到七十二歲才瞑目，成為人們尊敬的作者，不再是嚇人的異端者了。

內戰是件可怕的事，卻有一大好處。它可以清潔氣氛。

十六世紀英國的政見分歧耗盡了這個國家的多餘精力。其他國家還在為「三位一體」[279]和生前詛咒等問題爭執不下時，大不列顛的宗教迫害業已停止。間或有一個過於放肆的批評家抨擊教會，像丹尼爾·笛福[280]，這也許會倒楣地觸犯法律。不過這位《魯賓遜漂流記》（Robinson Crusoe）的作者被戴上枷示眾，不是出於宗教的原因，而是因為他是個幽默家。盎格魯—撒克遜民族歷來天生就是對諷刺疑心不已。假如笛福寫的是嚴肅的維護寬容的書，也不至於身受責難。他把對教會暴政的攻擊化為一本半幽默的小冊子，名叫《消滅不同教派的捷徑》（The Shortest Way with the Dissenters），這表明他是個不知體面的粗人，不亞於監獄中的小偷。

笛福還是幸運的，因為他的旅行從沒有超出不列顛群島。不寬容從發源地被趕出去以後，在大洋彼岸的殖民地找到了備受歡迎的棲身之地。與其說這應該歸因於剛剛搬進那片土地的人們的性格，不如說是因為新世界比舊世界更具有廣闊的經濟優勢。

---

[278] 奧倫治，法國東南部城市。

[279] 「三位一體」，常用來指聖父、聖子、聖靈三位一體

[280] 丹尼爾·笛福（Daniel Defoe, 1660-1731），英國小說家，英國啟蒙時期現實主義小說的奠基人，被譽為「英國與歐洲小說之父」。

英格蘭是個小島，人口稠密，只是大部分人有立足之地，人們如果不願意再履行古老可敬的「平等交換」的規律，所有的生意都會終止。但是在美國，在這個廣袤、富饒的大陸上，只零星住著些農場主和工人，人與人之間根本不需要做這樣的妥協。

因此，在麻薩諸塞海岸的一塊共產主義性質的居住地後來發展成了一個自以為是的正教堡壘。而這樣的情形之前僅出現過一次，那還是發生在喀爾文既是警長又是審判長，給瑞士西部地區的人們帶來「快樂日子」的那段時期。

一說到在寒冷的查爾斯河畔建立起來的第一個永久居住地，人們便把功勞都歸在那一小群被稱為「朝聖者祖先」的人身上。對「朝聖者」的通俗解釋是：「出於對宗教的虔誠前往神聖之地拜謁」的人。按照這個意思講，「五月花」號的旅客並不是朝聖者，他們只是英國的磚瓦匠、裁縫師、鞋匠、鐵匠和修車匠，離開祖國不過僅僅是為了躲避那仍然把持著大部分教堂的令人咬牙切齒的天主教會。

他們首先渡過北海來到荷蘭，到達這裡時正趕上經濟大蕭條。我們的教科書還繼續描寫說，他們決意繼續旅行是因為不願意讓孩子們學荷蘭語，不然就會被這個國家同化。這些純樸的人居然不圖報恩，卻跑去做什麼美國公民。這聽起來似乎不可能。其實他們大部分時間都不得不住在貧民窟裡，在人口已經很稠密的國家裡謀求生路的確很難。據說在美國種菸草的收入遠勝於在萊頓梳羊毛，於是他們便起程去維吉尼亞。誰知遇上了逆風，麻薩諸塞岸邊的水手又笨手笨腳，他們就決定就地住下，不再乘著漏船到海上的恐怖中去冒險了。

但是他們雖然逃脫了淹死和暈船的危險，卻仍然處在危險之中。他們大多是英國內地的小城鎮的人，沒有開創生活的能力。共產思想被寒

冷打得粉碎，城市的熱情被不息的狂風吹得冰涼，妻子和孩子由於沒有像樣的食物而死去。只有很少的人熬過了三個冬天，他們秉性善良，習慣於家鄉的粗魯而又質樸的寬容。可是由於隨後又來了好幾千新的殖民者，他們完全被吞沒了。那些後來的人無一例外全是更嚴厲、更不妥協的清教徒，他們使麻薩諸塞成為查爾斯河畔的日內瓦，達數世紀之久。

清教徒在彈丸之地上掙扎謀生，總是災難重重，他們比從前任何時候都更想從《舊約》中找到他們所想所做的事情的依據了。他們與體面的社會和圖書一刀兩斷，悟出了自己的一套奇怪的宗教精神。他們把自己看作是摩西和基甸[281]的傳人，而對於西邊的印第安鄰居來說，他們就是真正的馬加比家族[282]的成員。他們唯一聊以慰藉的信念就是：自己在為真正的信仰而受苦，還由此得出結論說，其他的人都是錯的。誰要是含蓄地說清教徒的所作所為並不完全正確，便會由於觀點不同而遭到虐待，不是被無情地鞭笞一頓趕到荒野裡，就是被割去耳朵和舌頭，還要被驅趕出境，除非他們萬幸逃到鄰近瑞典和荷蘭的殖民地藏起來。

這塊殖民地對宗教自由和寬容事業毫無貢獻，如果非要強加一點的話，也不過是些迂迴、間接的貢獻，而且並非有意為之。這在人類進步歷史上十分常見。他們的獨裁統治，反而催生了人們為尋求更寬容自由的政策進行反抗。在經歷了近兩個世紀的宗教專制之後，湧現了新的一代，他們是各種形式宗教統治的公開可怕的敵人，認為政教分家是很必要的，厭惡前人把宗教和政治混為一體。

這個發展過程很緩慢，卻很有點運氣，直到大不列顛和它的美國殖民地的敵對爆發之前危機才出現。結果是，撰寫美國憲法的人不是自由

---

[281]　基甸（Gideon），《舊約·士師記》中以色列人的士師和救星。
[282]　馬加比家族，猶太教世襲祭司長的家族，曾於西元前二世紀領導猶太人奪回耶路撒冷的第二聖殿。

思想者就是舊式喀爾文主義的祕密敵人，他們在這個檔案裡注入了頗為現代化的原則，經過驗證，這些原則在維持共和國的和平穩定中有巨大價值。

可是在這以前，新世界在寬容領域裡已經經歷了一次意想不到的發展，而且是在天主教區裡，在現在馬里蘭州的一個地方。

這次有意思的主要人物是卡爾佛特父子，原籍在佛拉蒙，不過父親後來遷居到了英國，為斯圖亞特王朝效勞，做得很不錯。他們起先是新教徒，但是喬治·卡爾佛特（George Calvert）—— 他做了國王詹姆士一世的私人祕書和總管 —— 煩透了當時人們的神學糾纏，便又回到古老的信仰，老的信仰不用管是好、是壞、還是不好不壞，反正它稱黑為黑，稱白為白，不把每項教義的最後判定權留給一幫半文盲的教士。

這個喬治·卡爾佛特似乎多才多藝，他的倒退（那時很嚴重的罪名！）並沒有使他喪失他的皇上主子的恩寵。相反，他被封為巴爾的摩市 [283] 的巴爾的摩男爵，在計劃為受迫害的天主教徒建立一小塊居住地時，還獲得了各方幫忙的許諾。他先在紐芬蘭試運氣，但是他派去的居住者都被人趕出了家門，於是他申請在維吉尼亞要幾千平方英哩的土地。誰知維吉尼亞人是頑固的聖公會教徒，他們也不要這些危險分子做鄰居。巴爾的摩接著要求得到維吉尼亞和荷蘭、瑞典領地之間的一條荒野，但沒等獲准就死了。他的兒子塞西爾（Cecil Calvert）繼續這件好事，1633 年至 1634 年冬天，「方舟」號和「鴿子」號兩隻小船在喬治的兄弟倫納德（Leonard Calvert）的命令下，穿過大西洋，於 1634 年 3 月滿載著旅客平安抵達乞沙比克海灣。這個新國家叫馬里蘭，以法蘭西國

---

[283]　巴爾的摩，美國大西洋沿岸重要的海港城市，位於乞沙比克灣頂端的西側，距華盛頓 60 多公里。

王亨利四世（Henry IV）的女兒瑪麗命名。亨利四世本來計劃建立一個歐洲各國的聯盟，但這個計劃卻被一個發瘋的僧人用匕首打破了，瑪麗成為英國國王的妻子，而這個國王不久又在清教徒手裡丟了腦袋。

這塊特殊的殖民地不但不排擠印第安人，而且還對天主教和新教徒一視同仁。它歷經了不少艱辛歲月。首先移民區裡有很多聖公會教徒，他們是為了逃避麻薩諸塞清教徒的專橫才來的。後來清教徒也踏進這塊移民區，為的是逃避維吉尼亞聖公會教徒的專橫。這兩夥人都是亡命徒，盛氣凌人，都想把自己的「正確信仰」帶進這個剛剛給他們安身之地的州。由於「所有會引起宗教狂熱的爭執」在馬里蘭的土地上都被禁止，老移民者便有權力讓聖公會教徒和清教徒都安安靜靜的別惹事。但是，家鄉的保皇黨和圓顱黨[284]的戰爭爆發不久，馬里蘭人就害怕不管哪一方獲勝，他們過去的自由都會喪失。因此，1649 年 4 月，剛剛獲得查理一世（Charles I）被處以極刑的消息以後，在塞西爾‧卡爾佛特的直接倡議下，就通過了著名的《寬容法》（*Act of Toleration*）。裡面有這樣一段光彩照人的文字——

「由於宗教對思想的高壓統治在所及的範圍內常常產生有害的結果，為了本省分政權的安定，為了保護居民相互之間的友愛和團結，特此決定，任何人不得以宗教或宗教信仰為理由，對本省所有信仰耶穌基督的人進行干預、騷擾和迫害。」

在一個耶穌會會士掌管重權的國家裡，能夠通過這樣的法案，這顯示了巴爾的摩家族傑出的政治能力和非凡的勇氣。這種寬宏大度的精神深受來訪者的讚揚。後來，一夥外逃的清教徒推翻了馬里蘭的政權，廢除了《寬容法》，以自己的《關於宗教的法案》取而代之，它給予自稱是

---

[284]　圓顱黨，英國國會中的一知名黨派。該黨鼎盛時期約在 1642 年至 1651 年。

基督徒的人以宗教自由，但天主教徒和聖公會教徒卻除外。

幸運的是，這個反動的時期並不長。1660 年，斯圖亞特分子重新當權，巴爾的摩派的人也重掌馬里蘭的大印。

可沒過多久，對他們政策的又一次攻擊來自另一邊。聖公會教徒在本國獲得了完全勝利，因此硬要讓自己的教會變成所有移民區的官方宗教。卡爾佛特家族繼續奮戰，但他們看到要把新移民者吸引到自己一邊是不可能了。經過整整一代人的鬥爭，這次試驗宣告終止。

新教勝利了。

不寬容也占了上風。

第二十三章

太陽王

十八世紀通常被稱為專制的年代。在現今信仰民主的年代裡，專制無論多麼開明，也不是理想的政府。

就連對人類滿懷善意的歷史學家也會對路易十四（Louis XIV）這位偉大的君主豎起輕蔑的手指，並讓我們自己去思考答案。當這位聰明的君主繼位時，在他繼承的國家裡天主教和基督徒兩派勢均力敵。他們經過一個世紀的相互殘殺（天主教人占了很大便宜），最後終於達成了和平。雖然彼此看不慣，但既然低頭不見抬頭見，只好承諾接納對方。1598 年發布的「永久的和不可改變的」《南特詔令》[285] 包括了雙方達成的各項協定，即：天主教是本國官方宗教，但基督徒可以充分享有信仰自由，不得因其信仰而遭迫害。他們還獲准建造自己的教堂和擔任公職。基督徒還獲准掌管法國境內二百個要塞城市，以此表示對他們的信賴。

這當然是不可能實現的安排。胡格諾派教徒畢竟不是天使，把二百多座繁榮的城市和鄉村放在敵視政府的政黨手中，簡直就像我們把芝加哥、舊金山和費城交給民主黨人以換取他們接受共和黨人的統治一樣荒謬無稽。

黎塞留是個精明的統治者，他早就看出這一點。經過長期奮鬥，他剝奪了基督教徒的政治權利，卻絲毫不干涉他們的宗教自由，儘管他本人的職業是樞機[286]主教。胡格諾派教徒不再能與國家的敵人進行單獨的外交談判了，不過享受的權利還和從前一樣，可以唱讚美詩、聽布道。

---

[285]　《南特詔令》，中世紀時期，法國亨利四世為了結束長期的內戰和平息新教徒的憤怒，於 1598 年頒布的法令。

[286]　樞機，教宗治理普世教會的職務上最得力的助手和顧問。1917 年頒布的《天主教法典》（*Code of Canon Law*）稱「樞機」為教宗的參議會，由教宗選拔任命；依法享有選舉教宗的權利，並以集體方式協助教宗處理較重要的事項，或個別地協助教宗處理普世教會的日常事務。

下一個執行類似政策的法國統治者是馬薩林（Mazarin），但是他於1661年就去世了。年輕的路易十四開始當政，這便是人心向善的時代的終止。

　　這位聰明但聲名狼藉的君主生平第一次被迫與正派人士為伍，就被一個名叫法蘭索瓦絲‧德‧多比涅（Françoise d'Aubigné）的漂亮女人給控制住了，這真是不幸啊。這名女人原是御用文人斯卡隆（Paul Scarron）的遺孀。她在宮中擔任路易十四和蒙特斯班（Montespan）的七個私生子的家庭教師，由此開始發跡，等到那位夫人的春藥已經喪失了魔力，國王已經偶爾表露出厭煩的時候，這位女教師便取而代之。她與以前所有國王情婦的唯一不同是，在搬入國王的居室時，巴黎大主教為他們的結婚舉行了隆重的宗教儀式。

　　在以後的二十年裡，王位後面的權力全抓在這個女人手中，而她又聽憑她的懺悔神父的擺布。法國的天主教神職人員從來沒有原諒過黎塞留和馬薩林對基督徒的和解態度。現在他們終於有機會毀掉那些明智的政治家的成就了，便大幹起來，因為他們不僅是王后的官方顧問，也是國王的銀行家。

　　這是又一個很糾結的故事。

　　在前八個世紀裡，修道院積攢了法國的大部分財富，他們不顧國庫開支的與日俱增，拒絕向國家交稅，因而他們握有大量過剩的財產。國王陛下——他的榮耀比他的信譽大得多——抓住了這個機會，重新填滿了自己的金庫。為此，他給支持他的教士一點好處，作為報答，他被允許隨意向教會借錢，想借多少就給多少。

　　這樣一來，「不可撤銷」的《南特詔令》被一項一項地改變了，起初基督徒還沒有被禁除，但是堅持信仰胡格諾派事業的人總是得不到安

寧。據說一些省分裡的錯誤教義很頑固，龍騎兵的人馬便去大肆橫行，住在老百姓家，發號施令，很使人討厭。他們狂吃豪飲，偷走勺子和叉子，打破家具，侮辱安分人家的妻女，就像在被征服的國土上一樣無惡不作。主人們失望極了，便衝到法庭要求保護，誰知卻被嘲弄一番，還說這是他們自作自受，自己應該知道怎樣擺脫這些不受歡迎的來客，重新博得政府的好感。

只有很少的人聽從了勸告，到附近的鄉間牧師那裡接受天主教洗禮。但是絕大部分純樸的人還是堅持自幼就信仰的理想。最後等教堂一個接一個被關閉，教士被送上了十字架，他們才懂得原來他們命裡注定要倒楣。他們不想投降，便決定一走了之，可是剛到邊境，才得知誰也不許離境，抓住就被絞死，幫忙的人大概也得上絞架。

顯然，當時發生了一些後人永遠不會知道的事。

其實自從埃及法老的時候起，各個政府也都不時「關閉邊境」，卻從來沒有成功過。

決意要走的人只要不惜冒各種危險，總是可以找到路的。成千上萬的法國基督徒透過「祕密途徑」來到倫敦、阿姆斯特丹、柏林和巴塞爾。當然這些外逃者沒有很多錢，但他們是以忠誠肯幹而聞名的商人和藝術家，信譽很好，精力又充沛，沒過幾年便重新繁盛起來。這繁盛本來應該是屬於法國的，法國在經濟上失去了無法計算的價值。

如果說《南特詔令》的取締是法國大革命的前奏，並不算誇張。

法國一直是富有的國家。但是商業和宗教從來沒能合作。

自法國政權拜倒在石榴裙和黑色法衣那一刻起，他的命運就注定了。簽署驅逐胡格諾教徒法令的那支筆，後來也簽署了路易十六（Louis XVI）的死刑執行令。

第二十四章

腓特烈大帝

霍亨索倫家族[287]從來也沒有因為喜歡平民執政的政府而出名。但是這個家族的人頭腦清醒,喜歡藏書和救濟窮人,在巴伐利亞威特爾斯巴赫家族[288]的瘋狂氣質侵蝕他們之前,還為寬容的事業做了一些非常有益的貢獻。

在某種難度上這是實際需要的結果。德國王族繼承了歐洲最窮的地方,那是漫無邊際的沙地和森林,只有一半的地方有人住。三十年戰爭使得那裡的居民家破人亡。他們需要人力和資金,以便重整家業,於是開始去尋求這一切,不論其來源於什麼種族,信奉什麼教義和以前的卑賤身分。

腓特烈大帝[289]的父親是個粗俗的傢伙,言談舉止活像個採煤工,對酒吧女招待很感興趣。不過他會見外國逃亡者代表團的時候倒是能彬彬有禮。在處理涉及到王國重要統計數字的事情時,他的座右銘是「越多越好」,他還仔細網羅各國被廢棄的繼承人,就如他招收身高六點三英呎的精銳士兵做他的禁衛軍一樣。

他的兒子則與他完全不同,是一個很有教養的人。父親不允許他學習拉丁文和法文,可他偏要研究這兩種語言。他喜歡蒙田的散文,討厭路德的詩歌,喜歡愛比克泰德的智慧,討厭那些天主教的無知。父親按照《舊約》中的教義行事,對孩子很嚴厲(為了讓孩子學會服從,父親命令把孩子的最要好的朋友在窗前斬首),但這沒有使兒子傾向於正直的猶太理想,那時路德派和喀爾文派牧師都對猶太理想讚不絕口。腓特烈

---

[287]　霍亨索倫(Hohenzollern)家族,德意志的主要統治家族。其始祖布爾夏德一世(urkhard I)約在1100年受封為索倫伯爵。十六世紀中葉,該家族在索倫前冠以「霍亨」(意為高貴的)字樣,稱為霍亨索倫家族。該家族是布蘭登堡、普魯士及德意志帝國的統治家族。

[288]　威特爾斯巴赫(Wittelsbacher)家族,起家於巴伐利亞,因為巴伐利亞的威特爾斯巴赫城堡而得名。

[289]　腓特烈二世(Friedrich II, 1194-1250),霍亨斯陶芬王朝的德意志國王(1211年至1250年在位),1120年加冕為羅馬帝國皇帝。

把所有的宗教都看作是史前的恐懼和無知狀態的復甦，信教等於陷入一種被一小撮聰明卻又無恥的傢伙們小心操縱的奴性狀態，這些傢伙知道怎樣允分利用自己的優越地位靠著損人利己來享樂。腓特烈不僅對基督教義感興趣，而且對基督本人的興趣更大，但是他是按照洛克和蘇西尼的方式來看待此問題，因此，至少在宗教問題上，他是一位非常開明的君主。甚至可以毫不誇張地說，在他的國家，「每個人都能按照自己的方法尋求拯救」。

這句精妙的話就成了他日後推行寬容政策的基礎。譬如他頒布說，只要傳授宗教的人是正直的，過著正派和遵紀守法的生活，那麼所有的宗教就都是好的，因此所有的信念都必須享有同等權利，政府不許干涉宗教事務，只需充當警察的角色，維持不同宗派之間的和平就夠了。他的確相信這一點，只要求臣民順從和忠誠，把對思想和行為的最後評判權留給上帝，「只有上帝才了解人的良知」，他從不對上帝的旨意做哪怕是很小的評論，免得使人們以為他需要人的幫助，也就是用暴力和凶殘來推行神聖的目的。

腓特烈在思想境界上比他所處的年代早了兩個世紀。國王在首都的中心給天主教徒們撥出了一塊土地，讓他們自己修建教堂，當時的人都搖頭不止。耶穌會的人從大多數天主教國家被趕了出來，他又挺身保護他們，於是人們開始咕噥一些惡毒的警告。他宣布說道德和宗教是風馬牛不相及的兩個概念，每個人只要交納稅款和服兵役，就可以隨意信奉什麼宗教，這時候人們再也不認為他是個基督徒了。

由於當時他們恰好住在普魯士境內，批評家都不敢輕舉妄動，因為陛下精通警句，在皇家法律上稍加評論，就可以給那些在某些方面沒能博得他歡心的人的事業造成一些不尋常的後果。

　　不過事實上他是一個掌權三十年的開明的專制君主，他第一次給歐洲帶來了幾乎是完全的宗教自由。

　　在歐洲的這個偏僻的角落裡，新教徒、天主教、猶太人、土耳其人和不可知論者第一次享有了平等的權利和平等的待遇。喜歡穿紅衣服的人不能對穿綠衣服的人稱王稱霸，穿綠衣服的人也不能對穿紅衣服的人稱王稱霸。那些回到尼西亞尋找精神安慰的人，被迫與那些既和壞人打交道、又和羅馬主教打交道的人和平友好地相處。

　　腓特烈真的很滿意他的努力成果嗎？我很懷疑。他在行將辭世的時候，讓人把他忠實的狗叫來。在這最重要的時刻，狗看來是比「所謂的人類」更好的伴侶（陛下是一個能力很強的報刊專欄作者）。

　　他就這樣離開了人世，這是另一個誤入這個錯誤世紀的馬可·奧理略。像他偉大的先輩一樣，他給他的繼承者們留下了一筆極其豐厚的遺產。

第二十五章

伏爾泰

在當今時代，我們常聽到很多關於新聞界的負面言論。很多善良正直的人也公開譴責「宣傳」是現代社會的一項邪惡發明，是一種既新奇又拙劣的方法，為的是使人們注意某個人或某項事業。不過這種責備已經是老生常談了。一般認為「宣傳」是最近才發明的。但是如果不帶偏見地看待過去的事件，就會發現這與事實恰恰相反。

《舊約》中的預言家們，不管大小，都曾是精通吸引老百姓注意力的大師。用新聞行業的話說，希臘和羅馬的歷史是一個長長的連綿不斷的「宣傳噱頭」。有些宣傳是體面的。但大部分都是現在連百老匯都拒絕刊登的眼花撩亂、粗俗卑劣的宣傳。像路德和喀爾文這樣的改革者們都充分懂得精心策劃的廣告的巨大價值。我們不能責怪他們。他們可不是路邊羞澀的雛菊，只要謙卑愉快地生長在路邊就行。他們非常認真。他們想讓自己的觀點發揚光大。要取得成功，不吸引一大群追隨者怎麼行呢？

湯瑪斯·阿·金碧士 [290] 在一座修道院寂靜的角落裡生活了八十年以後，便成了一位在精神領域頗具影響力的人物。假如加以適當宣傳（也確實這樣做了），這種長期自我放逐的生活就會成為一個很不錯的「賣點」，好奇的人們迫不及待地想看看這本傾盡一生的禱告和思考寫成的小書。可是，對阿西西的方濟各或羅耀拉而言，他們希望在有生之年看到自己的努力能換取實質性的回報，便不得不藉助於一些必要的手段，雖然在現代人看來只是捧紅馬戲團或電影明星的宣傳。

基督教特別強調謙虛，讚美那些精神謙卑的人。但是讚揚這些美德的布道現在之所以能成為人們談論的一個話題，卻是因為當時在宣揚時用了特定的方法。

---

[290]　湯瑪斯·阿·金碧士（Thomas à Kempis, 1380-1471），德國修士、神學家、作家，1387 年進入阿格尼滕伯格的奧古斯丁修道院，1413 年受神職，其後終身從事抄寫書稿和輔導新修士工作。

難怪那些被譴責為教堂不共戴天的敵人的男男女女們，在抗爭西方世界的精神專制桎梏時，從《聖經》上撕下一頁來，並採用了一種相當奇特的宣傳方法。

我提供這個不足掛齒的解釋，是因為善於做大量宣傳、最偉大的學者伏爾泰，有時不擇手段地利用了人們思想上的空虛，因而經常受到抨擊。也許他的手法並不總是那麼高明，但是那些因他而得救的人或許不這麼看。

進一步來說，想知道布丁的味道，必須親自嘗一口。同樣的道理，評判伏爾泰是非成敗的依據，不是他的穿衣風格、幽默程度，或是對桌布的喜好，而應根據他究竟為他的同胞們做了些什麼貢獻來評定。

這個奇怪的人有一天忽然覺得自己很了不起，便說：「我沒有王權又有什麼關係？我有一支筆。」他對了。他有一支筆。他有許多支筆。他是鵝的天敵，因為他使用的鵝毛筆比二十多個一般作家用的還要多。他屬於文學巨人那一類人，他們都孤獨一人，在最可怕的逆境中寫的文章也和作家協會所有的作家總數寫的一樣多。他在骯髒的鄉下客棧裡伏案疾書。他在冰冷孤獨的鄉下客房裡創作出了無以數計的六韻步詩歌。他的稿紙布滿了他在格林威治寄宿的屋子的破地板。他把墨水飛濺到普魯士王家住宅的地毯上，還用了大量印有巴士底獄監獄長名字的私人信箋。當他還在玩滾鐵環和做彈球遊戲時，尼儂·德·朗克洛 [291] 曾送給他一筆數目可觀的零用錢，讓他「買一些書」，八十年後在同一個巴黎，我們聽見他說要買一本大頁紙和散裝咖啡，以便在無法逃脫的死亡長眠來到之前再寫完一部書。

---

[291]　尼儂·德·朗克洛（Ninon de Lenclos, 1620-1705），法國高階妓女，哲學家。曾在巴黎創辦了一藝術沙龍，是許多聲名顯赫的文學界和政界人物的聚會場所。伏爾泰的父親幫她料理過生意，她死後部分財產和藏書留給了伏爾泰。

關於他撰寫的悲劇、故事、詩歌、哲學以及物理論文，都無需在本書裡用整整一章的篇幅加以評論。他的十四行詩並不比同時期的幾十個詩人寫得好。作為歷史學家，他的數據並不可靠，而且乏味得很，他在科學領域的探險也只能達到我們在星期日的報紙上看到的那種水準。

但他是愚蠢、狹隘、固執和殘忍的敵人，由於勇敢而堅強，他的影響一直持續到 1914 年的大戰之前。

伏爾泰生活的年代是個走極端的時期，一方面是一個極端自私和腐敗過時的宗教、社會和經濟制度，另一方面是一大批積極但又過分熱忱的青年男女，他們想搞個太平盛世，但完全沒有實際基礎，只不過是一片好心罷了。他是個不引人注意的公證人的兒子，體弱多病，詼諧的命運把他扔進了鯊魚和蝌蚪的大漩渦裡，要麼溺死，要麼游出來。他願意游出來衝到岸上。他長期和逆境鬥爭的方法常常令人懷疑。他乞求、諂媚、充當小丑的角色。但這是在他沒有版稅和成為文學巨人之前的所做所為。讓這個從來也不為混飯吃而粗製濫造作品的作者扔出第一塊石頭吧！

這並不是說，伏爾泰為了幾塊多餘的磚塊發愁。在他漫長而繁忙的一生中，他獻身於與愚蠢的鬥爭，經歷了無數次挫敗，因此不在乎被當眾打一頓或是捱了人家扔來的香蕉皮這類小事。但他是一個不屈不撓、充滿了希望的樂天派。如果他今天在陛下的監獄裡消磨了時光，說不定明天就會在驅逐他的同一個宮庭裡得到一個名聲顯赫的職位。如果說他的一生都被迫去聽那些憤怒的鄉村牧師罵他是基督教的敵人，有誰知道在塞滿了情書的碗櫥的某個角落裡，說不定扔著教宗贈送給他的一枚漂亮的勳章，以證明他既能遭到教會的非難，也能受到教會的讚許。

這是不足為奇的。

他盡情地領略人間的快樂,年復一年、日復一日地過著奇怪的、豐富多彩的生活。

伏爾泰在血統上屬於中間階層。他的父親,由於缺少一個得體的名稱,可以稱為開私立信託公司的那類人。他給許多富豪貴族的心腹打雜,兼管他們的法律和財務利益,因此年輕的阿魯埃(因為這是他家的姓)習慣於接觸比自己的家庭境遇稍微好點的階層,這在後來的生活中給予了他壓倒大多數文學對手的有利條件,他的母親叫德·奧瑪德(Marguerite d'Aumart)。她是個窮女子,沒給丈夫帶來一分錢的嫁妝。但是她的姓前有一個小小的「德」字,所有法國中產階級(和一般歐洲人,特別是為數不少的美國人)對此都肅然起敬,她丈夫覺得獲得這樣的獎賞是相當幸運了。她的兒子也沉浸在被封為貴族的祖輩給他帶來的榮耀裡,他一開始寫作就把帶有平民色彩的法蘭索瓦·瑪麗·阿魯埃改為更具有貴族特色的法蘭索瓦·瑪麗·德·伏爾泰,但是他如何更改、在什麼地方更改了自己的姓氏,還是一個不解之謎。他有一個哥哥和一個姐姐。伏爾泰非常喜歡姐姐,她在母親去世後一直照料他。他哥哥是詹森教派的忠實牧師,非常熱情和正直,但伏爾泰討厭他,這是他盡量不在父親名下生活的一個原因。

父親老阿魯埃不是傻瓜,他很快就發現小兒子是一個不逞之徒。為此他把兒子送到耶穌會,希望他成為一個精通拉丁文六步韻詩和斯巴達式的嚴於律己的人。虔誠的神父們盡最大的努力開導他,給這個下肢細長的學生進行已經消亡和正在使用的語言的扎扎實實的基礎訓練。但是他們感到不可能根除這孩子的某種「古怪」才能,這從一開始就使他有別於其他的學生。

伏爾泰十六歲的時候,教士們都很樂意讓他離開耶穌會。為了贏得

父親的歡心，年輕的法蘭索瓦開始學習法律。不幸的是，一個人不可能整天閉目塞聽地讀書。晚上有許多閒散的時間。為了消磨時光，伏爾泰不是為地方報紙撰寫一些滑稽風趣的小故事，就是在附近的咖啡店給他親密的朋友們朗讀他的文學新作。兩個世紀以前過這種生活一般是被認為要下地獄的。父親老阿魯埃充分意識到兒子所冒的危險。他求助於一個頗有影響的朋友，為法蘭索瓦在海牙的法國使館裡謀得一個祕書職位。荷蘭的首都，當時和現在一樣，單調得出奇。由於沒有事情好做，伏爾泰就開始和一個不特別漂亮的女孩談戀愛了。女孩的母親是一個社交界的記者，一個令人生畏的女人。這位夫人希望把自己的女兒嫁給一個更有前途的黨徒，就趕忙找到法國大使，請求他在整個城市還不知道這件醜聞的時候趕走這個危險的「羅密歐」。大使自己已經是自身難保了，不想再找麻煩。他把自己的祕書匆匆忙忙地攆上去巴黎的下一輛公共馬車，法蘭索瓦丟掉了工作，再次處於父親的支配之中，

在這種緊急的時刻，老阿魯埃想了一個權宜之計，這種方法常常被有朋友在法庭工作的法國人採用。他要求並得到一封「蓋有國王封印的信」，把信放到兒子面前，讓他要麼到強制空閒的監獄去，要麼寫一份到法律學校勤奮用功的申請書。兒子說他選擇後一種出路，並保證做勤奮和用功的模範。他信守諾言，投入自由創作小冊子的幸福生活，這方面的勤奮使整個鎮子都議論紛紛。這當然不符合父親的口味，於是決定運用做父親的權利把兒子從塞納河的尋歡作樂的場所趕走，讓他到鄉下的一位朋友家裡住一年。

在鄉下，天天都有二十四小時的閒暇時間（包括星期日在內），伏爾泰開始非常認真地學習文學並且創作出了他的第一個劇本。十二個月的清新空氣和受益不淺的單調生活之後，他被准許回到花天酒地的首都，

他馬上寫了一系列諷刺攝政王的文章來彌補失去的時間。其實對於那個卑鄙的老傢伙，罵他什麼都不過分，但是他一點也不喜歡伏爾泰這樣替他做宣傳。以後的文章招來了第二次流放，最後還不得不去巴士底獄待一段時間。但是當時的監獄，也就是說為像伏爾泰這樣在社會上很有名望的年輕紳士準備的監獄，並不是壞地方。囚犯不允許擅自離開房間，但是可以隨心所欲地做自己的事情。這正是伏爾泰所需要的。巴黎中心的孤獨牢房給了他做一些認真工作的機會。他被釋放的時候已經完成了好幾個劇本，都非常成功，其中一個連續上演了四十五個晚上，打破了十八世紀的所有紀錄。

這不僅使他賺了一筆錢（他非常需要錢），而且使他獲得了才子的名聲，這對於一個還得為前途奮鬥的年輕人來說是最不幸的，因為從此以後，人們把在林蔭大道上或是咖啡館裡開的能在幾小時內博得人們歡迎的玩笑都歸罪於他。順便提一句，這也是他到英國學習自由黨政治家的研究生課程的原因。

1725 年，伏爾泰對古老而又無用的羅昂家族開了（或沒開）幾句玩笑，羅昂的騎士感到自尊心受到打擊，一定要對此報復一下。當然不可能讓古代統治者的後代和一個公證人的兒子舉行決鬥，這位騎士就把復仇的事交給了他的侍從們。

一天晚上伏爾泰正與父親的一個主顧蘇里公爵一起吃飯，有人告訴他外面有人要找他。他到了門口，就被羅昂爵士的侍從們狠揍了一頓。第二天這件事在鎮子裡不脛而走。伏爾泰在打扮得最體面的時候也活像漫畫上的醜陋的小猴子。他鼻青眼腫，頭上纏滿了繃帶，成了人們評論的再好不過的話題。只有採取一種非常斷然的措施才能挽救他，使他不在滑稽報紙的手裡名聲掃地。肚子裡的生牛排一給他鼓勁，伏爾泰先生

就把他的見證人送到羅昂騎士那裡，然後開始緊張地練習擊劍，準備進行一場殊死的決鬥。

唉，等到大戰的那天早晨，伏爾泰發現自己再次被送進監獄了。羅昂這個道道地地的無賴，把這場決鬥交給了警察，於是決鬥的勇士被拘留起來，直到給了他一張去英國的車票才被釋放。伏爾泰被打發向西北方向起程，並且被告知，只要陛下的憲兵不發邀請，他就不許回法國。

伏爾泰在倫敦和倫敦附近住了整整四年。不列顛王國並不是個真正的天堂，但和法國相比，多少還有一點天國的樣子。

皇家斷頭臺給這塊土地撒下了一道陰影。1649 年 1 月 30 日是所有身居要職的人永遠不會忘記的日子。發生在死去的查理王身上的事也會發生在任何膽敢把自己置於法律之上的人的身上。至於國教，當然官方教堂要享受某種權力和優厚的待遇，但是喜歡在別的地方做禮拜的人也可以平安度日，與法國相比，宗教神職人員對國家事務的直接影響幾乎是微不足道的。承認是無神論者的人和一些令人討厭的不信奉國教的人，偶爾可能得到賞光到監獄裡逛一逛，不過對於路易十五（Louis XV）的臣民來說，英國一般的生活狀況還是完美的。

1729 年，伏爾泰回到法國，雖然得到了允許生活在巴黎，但是他很少利用這種特權。他像一隻戰戰兢兢的動物，樂意從朋友們手裡接過一塊白糖，卻又總是十分警覺，稍微有一點危險的跡象就會逃之夭夭。他努力地工作。他寫了大量作品，根本不管時間和事實，自己選定題目，從祕魯的利馬講到俄國和莫斯科，寫了一系列知識淵博、通俗易懂的歷史劇、悲劇和喜劇。四十歲時，他已經是名噪一時的文學家了。

另一件事，使伏爾泰接觸到了一種不同的文明。

在遙遠的普魯士，優秀的君主腓特烈大帝坐在他那土裡土氣的宮廷

裡被一幫土包子簇擁著、大聲地打著呵欠，想能找到幾個能使他快活的人作伴。他非常羨慕伏爾泰，多年來一直想把伏爾泰請到柏林來。但是對於1750年的法國人來說，這樣的移居就等於遷到荒無人煙的維吉尼亞，腓特烈一再提高給他的款項，伏爾泰這才接受了邀請。

他來到柏林，矛盾也就開始了。普魯士國王和這個法國劇作家都是不可救藥的個人主義者，不可能毫無怨恨地在同一個屋頂下和睦相處。經過兩年的龍爭虎鬥，一場無關緊要的爭吵就把伏爾泰趕回了他樂意稱為「文明」的地方。

不過伏爾泰汲取了一個有益的教訓。也許他是對的，普魯士國王寫的法國詩歌的確很糟糕。但是國王陛下對宗教自由的態度是無可指責的，這就是他比歐洲任何君主更值得一提的地方。

快六十歲的時候，伏爾泰回到了自己的故鄉，他沒有心情去接受嚴酷的判決，而法國的法庭正是靠這種判決來維護其秩序的，不允許有什麼嚴屬的反抗詞句。上帝在創世記的第六天賦予了祂的最偉大的產品以神聖的智慧之光，而人類卻不願意利用它，這使伏爾泰一生都為之惱火。伏爾泰痛恨各種形式、各種樣子的愚蠢。他把大部分憤恨都發洩在那些「邪惡的敵人」身上，像加圖[292]一樣，總是威脅要摧毀它。這個「邪惡的敵人」不是別的，就是「大家」。他們只要有吃有喝，有地方休息就拒絕思考。

從孩提時代，伏爾泰就感到自己是被一架巨大的機器驅趕著，這架機器似乎是透過一種完全沒有生氣的力量，他集維齊洛波奇特利[293]的殘

---

[292]　加圖（此處指老加圖）（Cato Maior, 234-149 B.C.），古羅馬的政治家和演說家，第一位重要的拉丁散文作家。

[293]　維齊洛波奇特利（Huitzilopochtli），阿茲特克人的戰神。

酷和世界主宰[294]的頑強固執於一身。摧毀或至少打翻這個東西成了他老年的遐想。法國政府並沒有虧待這個特殊的魔鬼，在這個世界上製造了一大堆法律上的醜聞，著實幫了伏爾泰的大忙。

第一件事發生在 1761 年。

在法國南部的土魯斯城裡住著一個叫讓·卡拉斯（Jean Calas）的店主，是個新教徒。土魯斯一直是個虔誠的城市。那裡的新教徒不許擔任公職，也不許當醫生、律師、書商或是助產士。天主教的家庭裡不准任用新教徒傭人。每年的八月二十三和二十四日，全體居民要用隆重的讚美盛宴和感恩來紀念殺戮新教徒的聖巴托羅繆日慘案。

儘管環境不太妙，卡拉斯一輩子還是和左鄰右舍和睦相處。他的一個兒子改信了天主教，但是父親對兒子仍然很好，還對人們說，就他自己來說，他完全可以讓孩子們自己選擇喜愛的宗教。

但後來卡拉斯家裡發生了一件不可外揚的醜事，那就是關於他的大兒子馬克·安東尼（Marc-Antoine）。馬克是個不幸的人。他想成為一名律師，但是這個職業不讓新教徒參加。他是虔誠的喀爾文主義者，還拒絕改變自己的信條。思想鬥爭使他患了憂鬱症，最後病魔深深地摧殘了這位年輕人的思想。他開始為父母背誦《哈姆雷特》的著名獨白，他獨自長時間散步，並常常向朋友們講自殺的好處。

這樣過了一段時間，一天晚上，家裡人正在招待一個朋友，這個可憐的孩子悄然離去，跑到父親的儲藏室裡，拿了一根打包的繩子，在門柱上懸梁自盡了。

他父親幾小時以後發現了他，他的罩衣和襯衣都疊得整整齊齊放在鞋子的上面。

---

[294]　世界主宰（Juggernaut），印度宗教中的一位神。

家裡人絕望了。那時自殺的人要臉朝下赤身裸體地被拖著穿過城裡的街道，然後綁在門外的絞刑架上，讓鳥把屍體吃光。

卡拉斯一家是有身分的人，對這樣的奇恥大辱是不甘心的。他們站成一圈，討論應該做什麼和準備做什麼，這時一個鄰居聽到了這場混亂，報告了警察。醜聞迅速傳開了，這條街上馬上擠滿了憤怒的人群，他們大聲呼喊要求處死老卡拉斯，「因為他為了不讓兒子成為天主教徒就把他殺了」。

在小城市裡是無奇不有的，而且在十八世紀法國的鄉下，無聊就像一個黑色的送葬棺材，沉重地壓在人們的身上，因而最無知離奇的故事也有人相信，它們能使人們如釋重負似的鬆一口氣。

高階官員完全清楚在這種可疑的情況下自己應該做什麼，於是他們立即逮捕了卡拉斯全家、客人、傭人及最近去過或接近過卡拉斯家的人。他們把犯人送到鎮公所，給他們戴上鐐銬，扔到專門關押怙惡不悛的敵人的地牢裡，第二天對他們進行了審查。所有人講的都一樣，馬克·安東尼怎樣不露聲色地進了家門，怎樣離開了房間，他們認為他是去一個人散步了，等等。

然而這時土魯斯城的教士們也參與了這件事，在他們的幫助下，可怕的消息傳開了：這個胡格諾派教徒殺害了自己的兒子，因為他要樹立真正的信念，他嗜血成性，因為兒子要轉回到真正的信仰，就殺死了他。

熟悉現代偵破方法的人們會認為官方一定要利用當天對謀殺現場的調查結果。人們都知道馬克·安東尼身強力壯，他二十八歲，父親六十三歲。他父親不經任何搏鬥就輕而易舉地把他掛到門柱上吊死的可能性實在是微乎其微。但是沒有一個鎮議會議員為這微不足道的細節費

腦筋，他們忙著收拾受害者的屍體，因為馬克‧安東尼的自殺現在被認為應當受到殉教者的待遇，屍體在禮堂裡停放了三個星期，最後還是白袍的告解神父將他隆重的下葬。他們出於一些不可思議的原因把已死去的喀爾文主義看作為自己組織的成員，把他的塗抹了防腐藥料的屍體隆重地送到大教堂，這通常是為主教或當地最富有的資助人採用的儀式。

在這三個星期中，城裡每個布道壇都一再敦促土魯斯虔誠的人們提供反對卡拉斯一家的證據，最後大眾報刊徹底丟擲了這個案件，審判在馬克自殺了五個月之後開始了。

當時一個審判官靈機一動，提出應該到這位老人的鋪子裡去看看他所描述的那種自殺是否可能，但他被十二票對一票壓倒了，老人先被宣判施以酷刑，用車輪把他撕裂。

他們把卡拉斯帶到刑訊室吊起來，腳離地有一公尺高，然後使勁拽他的四肢，直到拉得「脫臼為止」（我是抄自官方的報導）。由於他拒絕承認自己根本沒有犯過的罪行，就又被放了下來，灌了大量的水，一會他的身體就比「原來大了一倍」。他還是否認自己的罪行，就又被抬上死囚車送到劊子手那裡，要把他手臂和腿都撕開。在後來的兩個小時裡，他心灰意冷地躺在鐵砧上，地方官和教士們還繼續喋喋不休地用問題打擾他，老人以令人難以置信的勇氣，繼續申辯自己無罪。執行長被這種固執的謊話弄得火冒三丈，便放棄了對這個無望案子的審理，命令把他絞死。

這時大家的憤怒已經平息了，就沒有處死他家裡的人。卡拉斯的遺孀被剝奪了所有財產，允許她隱居起來，在忠心耿耿的傭人陪伴下，忍飢挨餓地度日。孩子們全都送到修道院去了，只有最小的孩子在哥哥自殺的時候正在尼姆（法國南部城市）讀書，他很明智地逃跑到了日內瓦。

這個案子引起了好多人的關注。伏爾泰居住在凡爾內的城堡裡（城堡建得離瑞士的邊界很近，只有幾分鐘的路程），聽到了這個案件，但一開始他並不想插手。因為他一直與瑞士的喀爾文主義的牧師們不和，他們將伏爾泰在日內瓦城裡的私人小劇場看成是對他們的直接挑釁，是惡魔的建築。因此，伏爾泰在目空一切的心境下寫道，這個所謂的新教殉難者並無法激起他的任何熱情，因為如果天主教不好的話，那麼胡格諾教徒一意孤行，拒絕了他的戲劇，就更壞！另外，在他看來（也就是其他許多人看來），那十二個法官似乎很得人尊敬，要說他們無緣無故就把一個無辜的人判處死刑，簡直是不可能。

這位住在凡爾內的賢者很好客，來者不拒，幾天後從馬賽來了一個商人，他在審判期間正好在土魯斯。他向伏爾泰提供了一些第一手的數據。伏爾泰終於開始明白了已經犯下的這種罪行的可怕之處，從那以後，他就再也放不下這個問題了。

勇氣有許多種，但一等功勳應該留給那些舉世無雙的人們，他們單槍匹馬，勇於面對整個社會，在最高法庭進行了宣判，而且整個社會都認為審判是合法和公正的時候，勇於大聲疾呼正義。

伏爾泰清楚地知道，如果他勇於控告土魯斯法庭合法但不公正的死刑判決，大風暴就會降臨，他像一個職業律師那樣，精心準備自己的訴訟。他訪問了卡拉斯家跑到瑞士的孩子。他給每個可能知道內情的人寫信。他還僱用了辯護人來檢查和修改他的結論，以免自己由於滿腔怒火和義憤而喪失了理智。等他自己的根據有了把握，他就開始了這場戰鬥。

首先，伏爾泰推動每一個在法國有影響的人（他認識大部分人）給國務大臣寫信，要求修正卡拉斯案件。然後他開始尋找卡拉斯的遺孀，

找到她以後，又慷慨解囊把她帶到巴黎，僱用了一個最有名的律師照看她。這個女人的精神已經完全崩潰了。她呆呆地祈禱要在她死之前把女兒們從修道院裡領出來。除此之外，她再沒有任何希望。

然後，伏爾泰又和卡拉斯的信奉天主教的兒子取得了聯繫，幫助他逃出學校，到日內瓦找他。最後，他把所有的事實以題為《關於卡拉斯家庭的最原始材料》（*Original Documents Concerning the Calas Family*）的小冊子出版了，這個小冊子由悲劇的倖存者們的書信組成，一點也沒有涉及伏爾泰自己。

後來，在修改這個案件過程中，伏爾泰還是審慎地躲在幕後，但是他成功地策劃了這場宣傳戰，不久卡拉斯家的訴訟就成為歐洲所有國家所有家庭關心的事情，各地成千上萬的人（包括英格蘭國王和俄國的沙皇）都為幫助被告而捐款。

最後伏爾泰打了一生中最艱苦的一仗，並取得了勝利。

當時，聲名狼藉的路易十五占據著法國王位。幸虧他的情婦對耶穌會和他們所做的一切（包括教堂在內）都深惡痛絕，因此站到了伏爾泰一邊。但是國王喜歡使享樂高於一切，人們對一個死了的默默無聞的新教徒喋喋不休，這使他很惱火。當然國王只要不簽署新的判決，大臣就不敢採取行動，只要大臣不輕舉妄動，土魯斯法庭就安然無事。他們自認為很強大，用高壓手段不讓伏爾泰和他的律師們接近判決的原始檔案。

在這可怕的九個月裡，伏爾泰堅持不懈地做鼓動工作，最後在1765年3月，大法官要求土魯斯法庭交出所有關於卡拉斯案件的紀錄，並提議進行新的判決。當這項決定公布於眾時，讓·卡拉斯的遺孀和最後回到她身邊的兩個女兒，都來到了凡爾賽。一年以後，受命調查這個上訴

案件的特別法庭判決讓‧卡拉斯是由於一項他沒有犯過的罪被處死的。人們經過巨大的努力，總算說服國王賜給卡拉斯的遺孀和孩子們一小筆錢。此外，處理卡拉斯案件的地方官們都被解了職，這件事很委婉地向土魯斯人民暗示，這種事情不許再重演了。

雖然法國政府對這件事可以採取委婉的態度，但是法國人民的內心裡卻激起了憤怒。伏爾泰突然意識到這並不是獨此一樁的誤判案，還有許許多多像卡拉斯那樣清白的人蒙受了折磨。

1760 年，土魯斯附近的一個新教徒鄉紳在家裡盛情招待了一個前來參觀的喀爾文主義牧師。由於這是個駭人聽聞的罪行，他被剝奪了財產並被處罰做划船苦工。他一定是個非常強壯的人，因為十三年後他居然還活著。別人告訴了伏爾泰他的困境。伏爾泰又著手於這項工作，把這個不幸的人從船上弄走，送到瑞士；妻子兒女也在那裡靠政府施捨度日。伏爾泰一直照料他們全家，直到政府退還了他們一部分沒收的財產，並允許他們回到荒廢的家宅為止。

下一個是肖蒙（Chaumont）的案件，這個可憐的人在參加新教徒的露天會上被抓了起來，由於這個罪名，他被遣送到船上做無期的划船苦工，但是後來經過伏爾泰的多方調解，他被釋放了。

然而這些案件對於下面所發生的情況來說，不過是一樁小事。

地點還是在法國屢遭蹂躪的朗格多克，阿爾比和瓦勒度異教徒滅絕之後，剩下的是無知和偏見的荒野。

在靠近土魯斯附近的一個村莊裡，住著一位名叫瑟文（Sirven）的新教徒，他已年邁，很受人們的尊敬，精通中世紀的法律，並以此為生。當時的封建司法制度已經變得非常複雜，連一張普通的租契都像所得稅申報單一樣，能賺大錢。

瑟文有三個女兒。最小的是個從不省事的傻子，專門愛瞎思索。1764年3月她離開了家。父母四處尋找，音信全無，幾天之後，地區的主教告訴瑟文說，他的女兒拜訪了他，表示要當尼姑，現在她在一個女修道院裡。

幾百年的迫害已經使法國這個地方的新教徒的精神完全崩潰了。瑟文畢恭畢敬地回答說，在這個糟糕的世界裡，每件事都會有好報，並溫順地接受了不可避免的命運。但是在修道院的異常氣氛裡，這個可憐的孩子很快就喪失了最後一點理智，等她開始令人生厭時，就被送回了家。那時她的精神非常沮喪，四周總是有可怕的聲音和魔鬼，她的父母很擔心她的生命。沒過多久她又失蹤了。兩個星期後。人們從一口舊井裡把她打撈了出來。

當時讓·卡拉斯的案件正在受審，對新教徒的造謠和誹謗大家都相信。瑟文一家還記得發生在無辜的讓·卡拉斯身上的事情，便決定不再重蹈覆轍。他們落荒而逃了，在穿過阿爾卑斯山的可怕的旅行中，他的一個小孫子凍死了，最後他們到達了瑞士。但他們走得有點晚了。幾個月之後，父母被判處犯有殺害自己孩子的罪（缺席判罪），並命令要把他們吊死。女兒們被宣判目睹父母的死刑，然後終身流放。

盧梭的一個朋友把這個案件告訴了伏爾泰，他一處理完卡拉斯的事情，就馬上轉到訴訟瑟文一家的案件上。這時瑟文的妻子已經死了，剩下的任務只是為她的丈夫辯護。伏爾泰用了整整七年的時間做這項工作。土魯斯法庭再次拒絕提供任何數據證據，伏爾泰只好又一次開始宣傳，請求普魯士的腓特烈、俄國女沙皇凱薩琳、波蘭的波尼亞托夫斯基[295]捐款，直到迫使國王問津這件事為止。最後在伏爾泰七十八歲時那

---

[295]　波尼亞托夫斯基（Poniatowski），波蘭親王，曾於1792年帶領波蘭軍隊抵抗俄國支持的波蘭叛軍。

年，也就是他不屈不撓上訴的第八個年頭，瑟文被宣判無罪，倖存的人得到允許重返家園。

第二個案件就這樣結束了。

第三個案子緊接而來。

1765 年 8 月，在離亞眠不遠的阿布維爾城裡，有兩個矗立在路邊的十字架不知被誰折斷了。三個男孩被懷疑犯了褻瀆聖物罪，所以下令把他們抓起來。其中一個逃到了普魯士，剩下的兩個被抓住了。這兩個人中，大一點的名叫巴爾騎士，人們懷疑他是無神論者。人們在他的書堆裡發現了一本《哲學辭典》（*Philosophical Dictionary*），所有思想自由的大師都彙集在這本著名的辭典裡，這一點就很值得懷疑。法官們決定調查這個年輕人的過去，他們尋找能把他和阿布維爾案件連繫在一起的證據。在一次宗教隊伍路過時，他不是沒有下跪、脫帽致敬嗎？

巴爾回答說是的，但是當時他正忙著趕乘一輛公共馬車，並不是有意冒犯。

法官便拷打他，他由於年輕，無法像老卡拉斯那樣忍受痛苦，就承認毀壞了其中的一個十字架，這樣由於他「不虔誠、故意不在聖餅前下跪、不脫帽、唱褻瀆的歌、對瀆神的書有讚許的表示」，還有類似性質不尊敬的罪行，被判處了死刑。

判決非常殘忍（要把他的舌頭用燒得通紅的鐵塊撕下來，右手要被砍掉，並要把他慢慢燒死，而這只是一個半世紀以前發生的事！），激起了民眾的非議。即使犯了所有寫在羅列詳細的起訴書上的罪行，也不能用這種慘絕人寰的方法來屠殺一個少年！人們向國王請願，大臣們被請求緩刑的呼聲包圍了。但是國家動盪不安，必須殺一儆百，巴爾受了和卡拉斯相同的折磨後，被送上斷頭臺斬首了（這是對他的特別恩惠）。他

的屍體，連同他的《哲學辭典》以及我們的老朋友貝爾的一些書，都在大庭廣眾之下被劊子手們付之一炬。

對於那些害怕蘇西尼、史賓諾沙和笛卡兒的不斷增長的影響的人們來說，這倒是賞心悅目的一天。它表明，對於那些誤入歧途的年輕人來說，如果背離正確與錯誤之間這條窄狹道路，追隨一小撮激進的哲學家，這便是不可避免的結局。

伏爾泰聽說後就接受了挑戰。他已快過八十歲生日了，但他還是以過去的熱情和充滿正直怒火的頭腦投入到這個案件中。

巴爾由於「褻瀆」而被處死。伏爾泰首先要找出是否有這樣一條法律，人們犯了假設的罪就能夠被處死。他找不到這樣一條法律，接著他又詢問他的律師朋友們。他們也找不到這樣的法律。人們漸漸地明白了，是法官們用他們邪惡的狂熱「發明」了這樣一個合法捏造，以便幹掉犯人。

在處決巴爾的時候，到處都是不堪入耳的謠言。現在出現的這場風暴迫使法官們不得不審時度勢，對第三個年輕犯人的審判從來沒有得出結論。至於巴爾，他一直未能雪冤。複審案件拖拉了許多年，到伏爾泰去世的時候還沒有結果。但是他打出的這一擊已經開始奏效了，它即使不是為了寬容，至少也是為了反對不寬容。

那些依靠長舌的老婦和昏聵的法官的官方恐怖鎮壓已經窮途末路。

那些以宗教名義殘害人民的法庭，如今也只能偷偷摸摸地行事才可能得逞，而伏爾泰的攻擊更令他們四面楚歌。

伏爾泰打亮了所有的燈光，請來了龐大的演奏樂隊，並邀請大眾前來觀看，然後讓他的敵人盡情表演，顯露原形。

而結果是，敵人一籌莫展。

第二十六章

百科全書

　　有三種不同學派的政治家。第一種人認為：「地球上居住的人們，只是一群蒙昧無知的可憐生物，缺乏獨立思考的能力，一旦需要自己拿主意，就會頭昏腦漲。因此，隨便來個政客就可以將他們唬得團團轉。這時，不僅這個世界需要一個頭腦清醒的人來領導這群『烏合之眾』，他們自己也很樂意將國會、選票的事宜交給別人來打理，這樣他們就可以把精力放在工作和小孩上，閒來還可以兜兜風，管管菜園子。」

　　這一學派的信徒們成了皇帝、蘇丹、大廠、酋長、大主教，他們很少把工會看作是文明的主要部分。他們努力工作，修築公路、營房、大教堂和監獄。

　　第二種政治思想流派倡導者有如下的議論：「每個人都是造物主最寶貴的作品。每個人在自己的天地都是國王，他具有超凡絕倫的智慧，審慎的態度和高尚的情懷。他完全有能力關照好自己的利益，他想透過一個委員會來管理世界，而這個委員會在處理國家的一些棘手問題時慢得出奇，這是盡人皆知的。因此人們應該把執政的事情交給幾位可以信賴的朋友，他們用不著總惦記養家餬口，所以能把全部時間用於為人們造福。」

　　不用說，這種燦爛理想的鼓吹者在邏輯上就是寡頭政府、獨裁者、第一執政官和貴族保護者。

　　他們拚命地工作，修築公路和營房，卻把教堂變成了監獄。

　　但還有第三種人。他們用嚴肅的科學眼光觀察人，認清人的真面目。他們喜歡人的好特質，也了解他的局限性。他們透過對歷史的長期研究，認為一般的人只要不受感情或自私心的影響，就的確能竭盡全力做正確的事情。不過，他們要撇開虛無縹緲的幻想，清楚地意識到自然生長是一個非常緩慢的過程，認為想要提升人們的智力水準，就如同改

變潮起潮落和四季更替一樣白費力氣。他們很少有機會去管理國家事務，但一有機會，他們便不失時機地將想法付諸實踐。他們修築道路，改善監獄的條件，並把剩餘基金用在教育上。這些堅定不移的樂觀主義者相信，正確的教育將會逐步消除世界上大部分根深蒂固的陋習。因此應該不惜任何代價發展教育。

對他們而言，實現理想的最後一步，就是寫部百科全書。

像其他許多需要巨大智慧和極度忍耐力的東西一樣，第一部具有百科全書性質的書源於中國。中國的康熙皇帝想用一部五千零二十卷的百科全書博得臣民的歡心。

第一個向西方引進百科全書的是普林尼[296]，他出版了一部三十七卷本的百科全書便已心滿意足了。

基督教時代的最初一千五百年在啟蒙的方面沒有搞出一點有價值的東西。聖·奧古斯丁的一個同鄉、非洲人費利克斯·卡培拉（Felix Capella）浪費了許多年寫成了一本書，自以為是彙集了各種知識的寶庫。為了使人們能夠輕而易舉地記住他提供的許多趣事，他採用了詩歌的形式。這是一大堆可怕的誤傳，卻被中世紀以後的十八代子孫記住了，他們把這些玩意當成了文學、音樂和科學領域的定論。

兩百年以後，塞維利亞一個叫依西多祿（Isidore）的主教撰寫了一部嶄新的百科全書，從此，百科全書以每一百年兩本的速度增長起來。這些書的情況如何，我一無所知。蛀書蟲（最有用的家禽）可能擔當了我們的搬運工。如果所有這些書都保留下來的話，地球上就沒有其他東西的立足之地了。

---

[296]　蓋烏斯·普林尼·塞孔都斯（Gaius Plinius Secundus, 23-79），又稱老普林尼，著有《自然史》（*The Natural History*）。

最後，在十八世紀上半葉，歐洲經歷了聲勢浩大的求知運動，書商們彷彿置身天堂。這些書和現在的一樣，通常是些窮困潦倒的學者彙集，一週的酬勞只有八美元，勞苦錢還不夠買紙和墨水的。英國是風行這種文學的偉大國家，所以生活在巴黎的英國人約翰·米爾斯（John Mills）自然想到要把伊弗雷姆·錢伯斯（Ephraim Chambers）編撰的《萬能辭典》（*Universal Dictionary*）譯成法文，以便向路易國王的臣民們兜售他的作品，從中撈些油水，出於這個目的，他和德國的一位教授合作，然後又和國王的印刷商雷伯萊頓打交道，讓他做實際的出版工作。長話短說，雷伯萊頓發現了這個小小的生財之道，就故意敲詐他的同夥，把米爾斯和那個德國博士趕走以後，繼續出版自己的盜版書。他把即將出版的著作稱為《藝術與科學的萬能百科全書辭典》（*An Universal Dictionary of Arts and Sciences*），並發出了一系列頗能招來顧客的漂亮書訊，很能吸引人，預訂單很快就排滿了。

然後，他僱用了法國中學的一名哲學教授做總編輯，買了大量的紙張，然後就坐等著結果。不幸的是，等一部大百科全書並不像雷伯萊頓的如意算盤那樣簡單。教授搞出了筆記，但這不是文章，預訂者大吵大鬧地要得到第一卷，一切都弄得一團糟。

在這緊急時刻，雷伯萊頓想起了幾個月前出版的頗受歡迎的《醫學萬能辭典》（*Universal Dictionary of Medicine*）。他把醫學卷的編輯找來，當場就僱用了他。這樣，一本專科的全書就變成了《百科全書》。這個新編輯就是丹尼斯·狄德羅 [2]，這項本來是艱苦無味的工作變成了十八世紀對人類最重要的貢獻之一。

狄德羅那時三十七歲，他的生活既不安逸也不幸福。他拒絕做一個年輕體面的法國人應做的事，不願意上大學。他一離開耶穌會的老師，

就到巴黎當一個文人。經過短時間食不果腹的生活（按照兩個人挨餓和一個人挨餓是一樣的邏輯），他和一個後來證明是虔誠得可怕的婦女、一個不可理喻的悍婦結了婚，這種結合並不是像有人認為的那樣罕見。但是他得養活她，就不得不做各式各樣稀奇古怪的工作，編輯各式各樣的書，從《關於美德與價值的探討》（*Inquiries concerning Virtue and Merit*）到名聲掃地的修改薄伽丘的《十日談》。然而在他心裡，這個貝爾的學生還是忠於他的自由思想。不久政府（像處於艱難時期的政府一樣）發現這個並不使人討厭的年輕作者，他對《創世記》第一章描述的創世故事持嚴重懷疑的態度，是一個重要的異教徒。結果，狄德羅被送進了溫塞納監獄，嚴密監禁達三個月之久。

直到從監獄被釋放以後，狄德羅才當了雷伯萊頓的雇工。狄德羅是當時最善於雄辯的人。他看到在這個終生事業中會有出人頭地的機會。僅僅修改錢伯斯的舊數據簡直是降低身分。當時正處於轟轟烈烈的思想活躍時期。太好了！雷伯萊頓的百科全書要讓每一個可以想到的題目具有最新消息，文章要讓最有權威的人撰寫。

狄德羅熱血沸騰了，他實際上說服了雷伯萊頓讓他全權指揮，而且不限制時間。然後，他列出了一個與他合作的人員名單，拿出一張大頁紙，開始寫道：「Ａ：字母表的第一個字母。」等等。

二十年以後，他寫到了Ｚ，工作完成了。然而很少有人能在這種極為不利的條件下工作。雷伯萊頓僱用狄德羅時，就追加了原始投資，但他付給狄德羅的年薪還不到五百塊。至於其他前來幫忙的合作者，唉，我們都知道會是怎樣一種情況。他們要不就是當時很忙，要不就是下個月再說，或者得去鄉下探望祖母。所以，儘管教會和政府的官員們的謾罵使他感到痛苦，他還得親自做大部分的工作。

　　現在他的百科全書的版本非常罕見了。這倒不是因為好多人想得到它，而是因為好多人都要除掉它。早在一百五十年前，這本書還被人斥為激進主義的毒瘤，而如今它看起來只是一本單調乏味的育嬰讀物。不過，對十八世紀的保守派教士來說，這部書就像吹響了走向毀滅、無政府、無神論和無秩序的嘹亮號角。

　　當然，人們進行了那種司空見慣的譴責，指責總編輯是社會和宗教的敵人，是一個既不信上帝和國家、又不相信神聖家庭關係的放蕩惡棍。但是 1770 年的巴黎只是一個規模宏大的鄉村，人們之間都很了解。狄德羅不但主張生活的目的應該是「做好事，尋找真理」，而且也真正實踐了自己的座右銘，他敞開大門招待飢餓的人，為了人性的解放，他每天工作長達二十個小時，而他只要求有一張床、一張書桌和一疊紙外，從沒有要求過任何報答。這個純正、樸實、努力工作的人是這些美德的典範，而這正是高階教士和君王們明顯缺少的，因此要從這個角度攻擊他不容易。於是官方就想方設法找他的麻煩，建立了一個諜報網，總在他的辦公室周圍打探情況，抄狄德羅的家，沒收他的筆記或者有時乾脆禁止他工作。

　　然而這些障礙都無法阻擋他的熱情。工作終於完成了，《大百科全書》真的按狄德羅所期望的那樣完成了。有些人已經在某種程度嗅到了新時代的氣息，知道世界急需全面徹底的大改造，《大百科全書》便是他們重振旗鼓的轉捩點。

　　看起來我有點誇大了這位編輯的真實形象。那麼，狄德羅到底是什麼樣的人呢？他平日衣衫襤褸，只要他那有錢又有才的朋友德·霍爾巴赫（Baron D'Holbach）男爵每週請他吃頓大餐就會滿足，只賣出四千

冊書就會沾沾自喜。真是這樣嗎？他和盧梭、達蘭貝爾[297]、杜爾哥[298]、愛爾維修[299]、沃爾內（Volney）、孔多塞[300]，還有其他許多人是同時代的人，所有這些人都比他享有高得多的聲譽。但是如果沒有《大百科全書》，這些人也不可能有這樣大的影響力。它不只是一本書，更是社會和經濟的計畫綱要。它反映的是那個時代的主流思想，具體闡釋了即將主宰世界的思想 —— 這是人類歷史上決定性的一刻。

明眼人早已覺察到法國社會暗流湧動，已經到了生死攸關的轉捩點，必須採取某種嚴厲措施避免即將臨頭的滅頂之災，但那些閉目塞聽的人仍然冥頑不化地認為，唯有嚴格遵照從墨洛溫王朝[301]傳下來的古老法律，才能維持社會的和平與穩定。當時這兩個黨派勢均力敵，都按兵不動，這卻導致了奇怪的複雜情況。大西洋彼岸的法國（這裡指美國的路易斯安那州，原屬法國殖民地）旗幟鮮明地捍衛自由和解放，他們給喬治‧華盛頓[302]先生（他是共濟會成員）寄去了言詞懇切的信函，還精心為班傑明‧富蘭克林（Benjamin Franklin）大使先生安排了愉快的週末晚會，別人稱富蘭克林是「不可知論者」，我們稱他為樸素的無神論者。可是，大洋彼岸的法國本土，卻成了報復一切精神進步的反動派領地。它讓哲學家和農民都陷入了飢寒交迫的境地，它在這方面倒顯得很公平。

---

[297]　狄德羅（Denis Diderot, 1713-1784），法國啟蒙思想家、唯物主義哲學家，作家。

[298]　安‧羅伯特‧雅克‧杜爾哥（Anne Robert Jacques Turgot, 1721-1781），法國經濟學家，十八世紀後半葉法國資產階級古典經濟學家，重農學派最重要的代表人物之一。

[299]　愛爾維修（*Helvétius*），法國啟蒙思想家，哲學家。著有《論精神》（*On the Mind*）、《論人的理智慧力和教育》（*A Treatise on Man, his Intellectual Faculties and his Education*）等。

[300]　孔多塞（Condorcet），十八世紀法國最後一位哲學家，啟蒙運動的最傑出代表人物，有法國大革命「擎炬人」之譽。

[301]　墨洛溫王朝，統治法蘭克王國的第一個王朝，相傳以創立者克洛維（Clovis I）的祖父法蘭克酋長墨洛溫（Mérovingiens）的名字命名。

[302]　喬治‧華盛頓（George Washington, 1732-1799），美國首任總統，美國獨立戰爭大陸軍總司令。1789 年當選為美國第一任總統。

最終，這所有的一切都變了。

然而變化的方式卻是出乎預料，這次鬥爭是要掃清非皇廷的人在精神上和社會上的障礙，而參加鬥爭的卻不是奴隸本人，這是少數幾個公正無私的人的活動，新教徒對他們恨之入骨，就像天主教壓迫者痛恨他們一樣。那些無私的人的唯一指望就是期待所有誠實的人都能進天堂。

十八世紀保衛寬容事業的人很少屬於某個特殊的派別。為了個人方便起見，他們有時也參加一些可以把憲兵從書桌前趕走的表面上的宗教活動。然而就內心活動來說，他們不妨說是生活在西元前四世紀的雅典或是中國的孔子時代。

遺憾的是，他們對當時人們頂禮膜拜的東西沒有興趣，他們認為這些東西就跟小時候的玩具一樣，雖然沒有什麼害處，卻很小兒科。

他們從不對《聖經》評頭論足。不知道出於什麼緣故，這本根據巴比倫、亞述、埃及、西臺和迦勒底的古代民族史料所彙編成的歷史書，被看成是約束人們道德和習俗的寶典。而我們的改革家們卻很少從這本古老的民族史書中汲取養料，作為偉大導師的蘇格拉底的真正信徒們，只傾聽自己良心的呼喚，根本不管後果，他們無所畏懼地生活在這個早已變得溫順與怯懦的世界。

第二十七章

革命的不寬容

那座標誌著貴族的榮耀和平民的痛苦的大廈 —— 法蘭西王國，在 1789 年 8 月的一個令人難忘的晚上，轟然倒塌了。

在那個酷暑悶熱的晚上，集聚了一星期的日漸高漲的怒火之後，國民議會沉浸在真正的兄弟般博愛的狂歡之中。直到這個群情激昂的時刻，特權階層終於交出了他們經過三百年的努力才獲得的古老權力和特權；並以平民的身分宣布贊成人權理論，這便為以後的民眾自治奠定了基礎。

就法國而言，這意味著封建制度的消亡。一個貴族階層如果真的由社會上最具有進取心的人組成，勇敢地承擔起領導使命，並決定著這個國家的命運，那它就得到了繼續生存的機會。原來的貴族們都甘願退出公職，在政府的不同部門裡做著有名無實的案頭工作就心滿意足了。他們現在只適合在紐約的五號街上喝茶或者在二號街上開飯店。

舊的法蘭西就此消亡。

這到底是福還是禍，不得而知。

但是它就此滅亡了。伴隨其一起滅亡的還有一種無形的最殘暴的統治。自黎塞留時代以來，教會一直把這種統治強加在塗了聖油的聖·路易斯（Saint Louis）的後代身上。

毫無疑問，人類又獲得了一次機會，這是歷史上前所未有的。

那段歲月，在所有誠實的男男女女們身上迸發的沖天的熱情，更是不言自明。

太平盛世近在咫尺，甚至可以說已經到來了。

獨裁政府所固有的專制及其種種邪惡都要乾淨徹底地從這個美好的地球上永遠清除掉。

前進吧，祖國的孩子們，暴政的時代一去不復返了！

對於它的後果可以有許多說辭。

然後，帷幕落下來了，社會上許多不公正的事被洗滌得一乾二淨，新一輪的牌局已經洗好，一切都將重新開始。但是這一切過去以後，我們又看到了「不寬容」這位老朋友，它穿上了無產階級的馬褲，梳著羅伯斯比爾 [303] 式的髮型，與檢察官並肩坐在一起，安享它罪惡的晚年。

　　十年前，如果有人說「當權者只是靠上帝的垂青度日，有時也會出差錯」，那麼，「不寬容」便會把他們送上斷頭臺。

　　現在，誰要是堅持認為「人民的意願不一定總是上帝的意願」，「不寬容」也會把他們推向毀滅。

　　多麼可怕的玩笑！

　　然而這個玩笑（大家還都歡迎它）卻是一百萬無辜旁觀者的鮮血換來的。

　　遺憾的是，我接下來要講的不是我的原創。你可以從許多不同的古典作家的著作中，找到用不同的語言但更文雅的詞句，對這些觀點進行的表述。

　　在人類的精神生活方面，一直明顯地存在著、而且很可能會永遠存在著兩種完全不同的類型。

　　有一些人透過持續不斷地學習和思考，對不朽靈魂的認真尋求，他們將會悟出某些恰當的哲學結論，從而讓自己超脫人類的普遍煩惱。

　　但是大多數人並不滿足精神上的「淡酒」，他們想找些能刺激精神的，能在舌尖上燃燒的，能刺痛喉嚨的，並讓人精力充沛且精神亢奮的東西。那「東西」具體是什麼，無關緊要；只要它具有上述功效，並且以直接、簡單的方式不限量供應即可。

---

[303]　羅伯斯比爾（Maximilien Robespierre, 1758-1794），法國革命家，法國大革命重要領袖人物，是雅各賓派政府的實際首腦之一。

　　歷史學家似乎對這樣一個事實知之甚少，這使許多人大失所望。憤怒的民眾剛剛摧毀了過去的堡壘（當地的希羅多德和塔西陀之流及時而又熱情地報導了這件事），他們就馬上變身為泥瓦匠，把舊城堡的廢墟運往城市的另一端，在那裡重新建起一個堡壘，它和舊堡壘一樣卑鄙、暴虐，也同樣是為了執行鎮壓和恐怖的目的。

　　恰在此時，妄自尊大的民族終於擺脫了「一貫正確的人」強加在他們頭上的枷鎖，但他們卻接受了一本「一貫正確的書」的指使。

　　是的，就在「舊掌權人」裝扮成僕人騎著馬向邊境狂奔出逃的同一天，「自由」就進入了這座被遺棄的宮殿，他們穿上被人丟棄的皇袍，立刻重蹈前任之覆轍，陷入了那些導致前任被放逐的錯誤和殘酷之中。

　　這一切很令人沮喪，但卻是我們故事裡真實的部分，並且必須得講出來。

　　毫無疑問，那些直接引爆法國大動亂的人最初的意圖是好的。《人權宣告》（*The Declaration of the Rights of Man and of the Citizen*）制定的一條規則，那就是，不得干預公民以和平的方式追隨自己的主張，「即使是宗教主張」，只要他的主張不擾亂由各項法令和法律制定的社會秩序即可。

　　然而，這並不意味著所有的宗教派別都享有同等的權利。新教從此以後得到容許，新教徒不會因為不和天主教徒在同一個教堂裡做禮拜而遭到任何麻煩；但是，天主教仍然是「占主導地位」的國教。

　　米拉波 [304] 憑藉其對政治生活本質準確無誤的直覺本能，他清楚地知道，這個美名遠播的讓步只是一個中庸之舉，不夠徹底。他試圖把一場

---

[304]　米拉波（Mirabeau, 1749-1791），法國政治家。早年多次遭監禁。1789 年他以第三等級代表的身分入選三級會議，儘管個人反對三個等級聯合開會，但他支持新建的國民議會的合法性，並於法國大革命初期在其中成為核心人物。

大的社會變革變成一個人的革命，但壯志未酬就身先死了。許多貴族和主教對他們在八月四日晚上所表現的慷慨姿態後悔不已，便透過妨礙議程的阻撓政策，開始採用設定障礙的方法，這給他們的國王主子造成了致命的後果。直到兩年以後的 1791 年（整整兩年，這對於實現任何實際目的來說都太遲了），所有宗教派別，包括新教和猶太教在內，才獲得了完全平等的地位，被宣布在法律面前享有同等的自由。

從那時開始，各種角色就反轉過來。法國人民的代表給這個前途無量的國家制定了憲法，憲法要求，任何教派的教士，無論具有什麼信仰，都必須宣誓忠於這個新政體，嚴格視自己為國家的僕人，就像他們的同胞，譬如那些學校的教師、郵局的雇員、燈塔看守人和海關官員一樣。

教宗庇護六世（Pius VI）反對這樣做。新憲法對神職人員的規定，直接踐踏了 1516 年法國和羅馬教廷簽訂的各項正式協定。但是國會可沒有時間考慮先例或條約這類不足掛齒的小事。教士要麼宣誓效忠憲法，要麼辭職等著餓死。一些主教和教士接受了這個看來是不可避免的命運。他們把手指交叉在一起，執行了宣誓儀式。但是，大多數忠誠的教士拒絕發偽誓，便效仿被他們迫害多年的教徒胡格諾派，開始在荒廢了的馬廄裡做彌撒，在豬圈裡發聖餐，在鄉村的樹籬笆後面傳教布道，並且在夜深人靜的時候到他們以前教民的家裡進行祕密拜訪。

整體來說，他們的境遇比在類似情況下的新教徒的境遇要好得多，因為那時法國的秩序已散亂不堪，對那些違反憲法的敵人，連採取敷衍了事的措施都顧不上。由於他們似乎覺得不會有上斷頭臺的危險，所以那些傑出的神職人員 —— 人們一般稱他們是拒絕宣誓的倔強分子 —— 很快就壯著膽子要求官方承認自己是「可以被容忍的宗派」，並要求得到

特權。而在過去的三百年裡，也正是他們堅決拒絕把這些特權交給自己的同胞喀爾文教徒。

這樣的情形，對於我們如今處在沒有這方面風險的 1925 年這樣的時代來回顧，難免覺著又冷酷又滑稽。但是官方當時並沒有就他們的要求做出明確的決定，因為議會很快就被極端的激進分子完全控制了。另外，由於法庭的背叛，加上國王陛下愚蠢地與外國結盟，結果在不到一個星期的時間裡，就引起了從比利時海岸到地中海海濱的驚恐慌亂，從而導致了自 1792 年 9 月 2 日至 7 日一系列大規模的屠殺。

從那一刻起，這場革命注定要墮落為一種恐怖統治。

當飢餓的民眾開始懷疑他們的領袖正在策劃一場大陰謀，要把國家出賣給敵人時，哲學家們試圖透過循序漸進的手段取得成功的努力便成了泡影。緊接著發生的劇變在過去的歷史中並不罕見。在如此巨大的危機之中，處理事務的權力勢必落入一群殘暴無情的領導者手中。這種情況，所有認真學習歷史的學生都很熟悉。但是這齣戲的主角，竟然是個一本正經的正人君子，一個公民的楷模，一個百分百美德的化身。這的確出人意料。

等法國開始了解她的新主人的真正本性時，已經太晚了。那些走上協和廣場 [305] 斷頭臺上的人本可以作證，但他們的警告來得太晚，完全是徒勞的。

迄今，我們都是從政治、經濟和社會組織這幾個角度研究革命。但是只有等歷史學家變成心理學家，或者心理學家變成歷史學家時，我們才能真正解釋或理解那些在極度痛苦和艱難時期決定國家命運的暗黑力量。

---

[305]　協和廣場，位於巴黎市中心、塞納河北岸。

有些人認為，世界是由美好和光明統治的；有些人認為，人類只尊崇一樣東西，那就是暴力。幾百年後，我們或許可以在這二者之間做出一個選擇。然而，有一點似乎是肯定的，在社會學的試驗室裡，法國革命是所有試驗中最偉大的，它是對暴力神聖化的典範。

那些想透過理性來建立一個更具有人性的人類世界的人們，要麼壽終正寢，要麼被那些在他們的幫助下贏得榮耀的人處死。隨著伏爾泰、狄德羅、杜爾哥、孔多塞這些人退出歷史舞臺，那些新至善論的無知倡導者，則變成了國家命運的無可爭辯的主人。可是，他們把這項崇高的使命，變成了多麼可怕的一場混亂。

在他們（新至善論者）統治的最初階段，勝利掌握在宗教的敵人手中，出於某些原因，他們憎恨一切基督教的象徵。在教士專權時代，他們曾默默地忍受了很多痛苦，以致看到教士穿的法袍就憤恨不已，聞到薰香味道就臉色慘白，勾起早已忘卻的憤怒。還有些人認為，可以透過數學和化學方式來否認上帝的存在。他們聯合起來，開始動手摧毀教會和它所有的一切。這是一件希望渺茫的事，充其量是一場徒勞無功的工作。但這是革命心理的一個典型特徵，即把正常的變成不正常的，把不可能的事變成每天都發生的事。於是，一紙法律公文就廢除了基督舊曆，廢除了萬聖節，廢除了聖誕節和復活節，廢除了星期和月分，把一年重新劃分為十天一期，每十天有一個異教徒的安息日。接著，又出現了一紙宣告，禁止對上帝的崇拜，使得這個世界無主可依。

但這種局勢持續的時間並不長。

在雅各賓黨派大樓空闊的房間裡，無論人們如何口若懸河地進行解釋和辯論，這些不著邊際、空洞無物的思想還是讓大部分民眾厭煩不已，兩個星期後終於忍無可忍。舊的神再也滿足不了民眾了，那為什麼

不效仿摩西和穆罕默德，創造出一個合於時代要求的新的神靈呢？

於是，理智女神出現了！

她確切的身分還是後來才弄明白的。在當時，一個標致的女演員，穿著得體的古希臘服裝，完全符合人們的要求。她是從以前國王陛下的芭蕾舞團的舞蹈演員中被挑選出來的，在一個適當的時機，她被人們很隆重地送到了舊宗教信徒早已遺棄的巴黎聖母院 [306] 的高大祭壇上。

至於聖母瑪利亞，好幾個世紀以來，她一直站在祭壇上，用善解人意的、容忍的目光，溫柔地注視著那些靈魂受到創傷的人們。現在她也不見了。在她被送進石灰窯變成灰漿之前，被一雙憐愛的手匆忙地藏了起來。她的位置被自由女神的塑像 [307] 取代。這尊用白色的石膏潦草隨便塗刷而成的雕塑，是一位業餘雕塑家的得意之作。但還不止這些。巴黎聖母院還見證了其他方面的革新。在唱詩班席位中央，有四根大柱子和一個屋頂，它們象徵著「哲學神殿」，在國家的重大日子，就成為舞蹈女神的寶座。當這個可憐的女神不再主持儀式、不再接受追隨者的朝拜時，哲學神殿就會高高燃起「真理的火炬」，意在用這火焰照亮世界的文明，直到最後的時刻。

但「最後的時刻」不到六個月就來臨了。

1794 年 5 月 7 日早晨，法國人民被正式告知「上帝又重新確立了」，靈魂的不朽再次被確認成為公共的信仰。6 月 8 日，新上帝（那是用已故的尚 - 雅克·盧梭遺留下的舊材料匆忙塑造出來的）在他迫不及待的信徒面前正式亮相了。

羅伯斯比爾穿著嶄新的藍色馬甲致歡迎詞。他已到達了他事業的巔

---

[306]　巴黎聖母院，法國天主教大教堂。
[307]　自由女神像，法國著名雕塑家巴托爾迪（Bartholdi）歷時十年完成的雕像。女神的外貌設計來源於雕塑家的母親，而女神高舉火炬的右手則是以雕塑家妻子的手臂為藍本。

峰，這位來自三流城市、默默無聞的法律執事，成了法國革命的高階教士。更有甚者，一個名叫凱薩琳‧泰奧特（Catherine Theot）的可憐的精神錯亂的修女，竟被千百萬人擁戴為真正的聖母；因為她剛剛宣布救世主將再度降臨，還透露了救世主的名字，這就是馬克西米連‧羅伯斯比爾。這個馬克西米連穿著自己設計的奇異制服，正在妄自尊大地大講一番，他在演講中還向上帝保證，從今以後他所掌管的小世界一定會完善起來。

為了雙保險，兩天後，他又通過了一項法令，該法令規定，凡涉嫌犯有叛國罪和異教罪的人（二者又一次被視為一體，就像古宗教法庭時代一樣）將被剝奪所有自衛的權利。這項措施非常奏效，在之後的六個星期內，就有一千四百多人在斷頭臺傾斜的刀下掉了腦袋。

剩下的事情是大家熟知的。

由於羅伯斯比爾認為自己是所有「美好」事物的完美化身，在他本質上的狂熱狀態之下，他不可能認同其他那些不夠完美的人，有和他生活在同一星球上的權利。隨著時間的推移，他對「罪惡」的憎恨達到無以復加的地步，以至於使法國瀕臨人口滅絕的邊緣。

於是，為了保護自己的性命安全，「美德」的敵人終於開始反擊。經過一場短暫的殊死搏鬥，他們摧毀了這個可怕的「公正使徒」。

隨後不久，法國大革命的力量很快消失殆盡了。法國人民當時通過的憲法承認了不同宗派的存在，並賦予它們以平等的權利，至少就官方而言，共和政體不再干預宗教事務。那些希望組建教會、公理會和聯盟的人可以放手去做，但是必須在支持自己的教士和牧師的同時，承認國家至高無上的權力以及個人選擇的完全自由。

從那時起，法國的天主教徒和新教徒開始和平共處。

　　事實上，天主教會從未承認過自己的失敗。它仍然反對政教分離的原則（見羅馬教宗庇護九世於 1864 年 12 月 8 日頒布的教令），並且支持那些希望顛覆共和政體、恢復君主制或帝權的政黨，以圖東山再起重掌大權。但是這些戰鬥通常都是在大臣夫人的會客廳裡，或者是退伍將軍加上一個野心勃勃的岳母在打兔子的山林小木屋裡進行的。

　　他們只是為趣味報刊提供了極好的素材，但這愈加證明了他們的枉費心機與徒勞無功。

第二十八章

莱辛

1792 年 9 月 20 日，在法國的革命軍和前來剿滅這場可怕暴動的君主聯盟軍之間，爆發了一場戰爭。

這是一次戰果輝煌的勝利，但勝者不是聯盟軍。聯盟軍的步兵在瓦爾密村光滑而無遮攔的山坡上無計可施，因此只能以大量舷炮猛攻，可是叛軍比皇家軍隊打得更猛烈更迅速，這樣聯軍就率先撤離戰場，傍晚時分向北方撤退了。參加這場戰鬥的士兵中，有一個名叫約翰·沃爾夫岡·馮·歌德[308] 的人，他是世襲威瑪王子的助手。

若干年後，這位年輕人出版了關於這一天情形的回憶錄。當他踏入洛林的又稠又黏的沒踝泥漿裡的那一刻，他變成了一個先知。他預言經過這場炮戰，世界再也不會是原來的樣子了。他的預測是對的。在那個永遠值得記憶的日子裡，受上帝垂青的君主權力被扔進了垃圾堆。人權運動的參加者們並沒有像人們預想的那樣如同雞一樣逃之夭夭。他們握著槍支，推著炮車，穿過山谷，翻越高山，把「自由、平等、博愛」的思想傳播到歐洲最偏遠的角落；把他們的戰馬拴進整個歐洲大陸的每一座城堡和教堂。

寫出這樣的句子，對我們來說輕而易舉。這場革命的領導者離開這個世界也將近一百五十年了，我們可以盡情地嘲弄取笑他們。我們甚至還可以感謝他們贈與這個世界許多美好的東西。

但是經歷了那些日子的男男女女，卻不可能對這場動亂抱有置身度外、坦然超脫的態度。因為，也許他們曾在某一天的早晨聚在「自由之樹」的下面歡快地舞蹈，但在接下來的三個月中又像城市下水道裡的老鼠被追得四處逃竄。他們剛從地下室和閣樓裡爬出來，梳理一下假髮上

---

[308]　約翰·沃爾夫岡·馮·歌德（Johann Wolfgang von Goethe, 1749-1832），出生於美因河畔法蘭克福，是偉大的德國作家。

的蜘蛛網，就開始想方設法，以避免重演這種可怕的災難。

　　但是作為反對者，要取得成功，他們首先必須掩蓋過去。這不是廣義歷史學意義上的那個含混的「過去」，而是他們自己偷偷摸摸地閱讀伏爾泰先生的著作並公開表示對百科全書欽佩的「過去」。現在，人們把伏爾泰先生的著作堆放在閣樓裡，把狄德羅先生的書賣給了廢品商，把曾經被敬奉為真正理性之光的小冊子丟進了煤箱。為了掩蓋可能暴露他們曾在自由主義領域裡逗留過的蛛絲馬跡，他們用盡了一切可能的方法，真可謂是煞費苦心。

　　唉，就像在類似情況下經常發生的那樣，洗心革面的人們在小心翼翼地毀滅文字數據時，卻常常會忽略一個在表達流行思想上比文字數據更為重要的證據，這就是戲劇舞臺。他們曾經為《費加洛的婚禮》（ *The Marriage of Figaro* ）敬獻了整車的鮮花，卻又宣稱他們從沒有相信過人類權利平等的主張，這未免有些幼稚；他們曾為《智者納坦》[309] 黯然神傷甚至流淚，所以也無法再有效地證明自己一直堅持認為宗教寬容是政府軟弱的表現。

　　戲劇本身與戲劇的成功所證明的與他們所說的恰恰相反。

　　這部在十八世紀下半葉迎合了民眾感情的廣受歡迎的著名戲劇，它的作者是德國人，名叫戈特霍爾德‧埃夫萊姆‧萊辛 [310]。他是一名路德派牧師的兒子，在萊比錫大學攻讀神學。但是他對以宗教為職業的想法毫無興趣，經常逃學。他的逃學的消息傳到他父親的耳朵裡，父親把他叫回家，給他兩條路選擇，要麼是馬上退學，要麼是寫一份到醫學系學

---

[309]　《智者納坦》（*Nathan the Wise*）是萊辛與路德正統派牧師歌茲（Goeze）進行宗教論爭的產
　　　　物，該劇表達了資產階級上升時期的人道主義理想。

[310]　戈特霍爾德‧埃夫萊姆‧萊辛（Gotthold Ephraim Lessing, 1729-1781），德國啟蒙運動時期劇
　　　　作家、美學家、戲劇理論家。生於勞西茲地區的卡門茲，父親是牧師。

習的申請書。戈特霍爾德當醫生的興趣並不比當牧師大，他答應了父親的要求。他雖然又回到萊比錫，卻繼續為一些他喜愛的演員朋友們做借貸的擔保人。後來這些人從城裡跑得無影無蹤了，萊辛為了避免因負債而被捕坐牢，就不得不落荒逃到威登堡。

他的逃跑意味著長途跋涉、飢寒交迫生活的開始。他先來到柏林，在那裡的幾年，靠給幾家戲劇報社寫文章的低廉稿酬收入維持生計。後來他又給一個準備做環球旅行的有錢朋友當私人祕書。意想不到的是，他們剛一啟程，「七年戰爭」[311]就爆發了。這個朋友被迫從軍，必須趕回自己的部隊，於是坐上第一班郵政馬車踏上了回家的路。萊辛再次失業，在萊比錫城裡流浪。

但萊辛是個善於交際的人，不久又結交了一個新朋友，名叫愛德華・克里斯汀・馮・克萊斯特（Ewald Christian von Kleist）。這位朋友白天做官，晚上寫詩，是個思想敏銳的人，他給了這個飢餓的前神學家洞察力，使他察覺到了這個世界正慢慢出現的新思想。但是克萊斯特在庫勒斯道夫戰役中被打死了，陷入山窮水盡地步的萊辛，迫於生計，成為一名專欄作者。

接下來的一段時間，萊辛又成為布列斯勞（現樂斯拉夫）城堡指揮官的私人祕書。為打發枯燥乏味的要塞駐防生活，他開始潛心研讀史賓諾沙的著作。恰在這個時候，這位哲學家去世一百年以後，他的著作才開始流傳到國外。

然而，所有這一切還是解決不了日常生活的問題。萊辛這時已經差不多四十歲了，他想要組建自己的家庭。他的朋友們建議他應徵皇家圖

---

[311]　七年戰爭，1756年至1763年間，第一次影響加拿大歷史進程的英法戰爭，歷時七年，故稱「七年戰爭」。

書館管理員一職。但是幾年前發生的一件事已經使萊辛成了普魯士宮廷不受歡迎的人。那是在萊辛首次到達柏林的時候，他結識了伏爾泰。這位法國哲學家是個極為慷慨的人，而且也是一個毫無「章法」的人。他允許這個年輕人借閱當時已經準備出版的《路易十四世紀》（*Century of Louis XIV*）的手稿。不幸的是，萊辛匆匆忙忙地離開柏林時，倉促間意外地把這本手稿裝進自己的行李箱。伏爾泰本來就對吝嗇的普魯士宮廷的劣質咖啡和硬板床很是惱火，便馬上大喊大叫，說自己被盜了，那個年輕的德國人偷走了他最重要的手稿，警方必須嚴守邊境，等等，那樣子完全像一個客居外國的激動萬分的法國人。沒過幾天，郵差帶回了他丟失的稿件，但與稿件一同送達的還有萊辛的一封信，這個直率的年輕德國人在信中對勇於懷疑自己品行的人表達了自己的看法。

這場發生在巧克力罐裡的風波應該很容易就被人們淡忘了，但是十八世紀是一個巧克力罐在男人女人的生活中都起著很大作用的時代。即使在將近二十年後，腓特烈國王仍然不喜歡他那位愛找麻煩的法國朋友伏爾泰，所以也就不許萊辛踏進宮廷門檻半步。

無奈的萊辛告別了柏林，來到漢堡。聽說在漢堡即將修建一座新的國家劇院。但是這項規劃未能實現，失望中，萊辛接受了在世襲大公爵布倫斯威克的圖書館當管理員的工作。那時他居住的沃爾芬比特爾城算不上是大城市，但是大公爵的圖書館在德國卻是數一數二的。它存有一萬多部手稿，其中部分手稿是歷史上基督教改革運動的最重要的文獻。

生活的枯燥乏味免不了會製造流言蜚語和惡意中傷。在沃爾芬比特爾城，當過藝術批評家、報刊專欄作者和戲劇小品文作者的人，自然會引起人們的高度懷疑。不久，萊辛就又遇到了麻煩。這倒不是因為他做了什麼事，而是有人懷疑他曾經做了什麼事，即他出版過一些抨擊老一

派路德教會神學學派正統觀點言論的文章。

這些布道（因為它們是以布道的形式出現的）文章實際上是由一位漢堡的前任教長撰寫的，但是布倫瑞克大公爵唯恐在他的領地裡會爆發一場宗教戰爭，於是便命令他的圖書館管理員謹慎行事，避開一切爭論。萊辛遵從了他雇主的命令。然而，當時誰也沒有旗幟鮮明地論述過這個問題，於是萊辛開始工作，透過戲劇形式重新闡述他的觀點。

在小城娛樂室裡誕生的這部戲劇，叫作《智者納坦》。主題非常古老，之前我在書中提到過它。喜歡古典文學的人可以在薄伽丘《十日談》中找到這個故事（如果薩姆納先生允許的話），在《十日談》裡它被稱為《三個戒指的悲慘故事》（*The Tale of the Three Rings*）。故事內容如下：

很久以前，有一位伊斯蘭王子，想要從他的一個猶太臣民那裡榨取一大筆錢財。但是他苦於無正當的理由剝奪這個可憐人的財產，於是想出一條詭計。他派人把這個受害者找來，對他的學識和智慧大加恭維，然後問他，在土耳其伊斯蘭教[312]、猶太教和基督教這三種流傳最廣的宗教教派當中，哪個教派最正確？這個令人尊敬的老人沒有正面回答王子，而是說：「噢，偉大的蘇丹，讓我給你講個小故事吧！從前，一個有錢人，他有一個非常漂亮的戒指。他在遺囑裡寫道，他死的時候，哪個兒子手上帶著這個戒指，哪個兒子就能繼承他的全部財產。他的兒子後來也立了同樣的遺囑，孫子也一樣，如此好幾百年來，戒指一代一代傳下去，一直完美無缺。但是最後，這個戒指的主人，他有三個兒子，他都很喜愛，簡直無法決定哪一個應該享有這無價之寶。於是他到一個金匠那裡，讓他做了兩個和自己手上的一模一樣的戒指。他臨終時躺在床

---

[312] 土耳其民族源於中亞西突厥烏古斯人的游牧部落聯盟。七世紀中期至八世紀，阿拉伯人征服中亞後，一部分突厥人歸信了伊斯蘭教，十世紀塞爾柱突厥人實現了伊斯蘭化。

上，把三個孩子都叫來，為每個人祝福，他們也都認為自己是那個戒指的繼承人。父親的葬禮完畢後，三個孩子都宣布自己是繼承人，因為他們都有那個戒指。這導致了許多爭吵，最後這件事被提交給法官處理。由於這三個戒指一模一樣，連法官也無法確定哪個是真的，所以這個案件就拖了下來，一拖再拖，很可能要拖到世界的末日。阿門！」

萊辛用這個古老的民間故事來證明他的信念，那就是，沒有一種宗教可以壟斷真理。人的內心世界比他表面上遵奉某種規定的儀式和教條更有價值，因此人們有責任互愛互助友好相處，任何人也無權把自己視為完美無缺的偶像讓別人來崇拜，更無權把自己放在一個自命不凡的寶座上高喊道：「我高於他人，因為只有我掌握真理。」

但是，這個在 1778 年曾備受推崇的思想，在三十年後的小諸侯國裡卻不再受歡迎。這些小諸侯們，在革命的大浪潮中都極力設法保住殘存的財產和牲畜。為了恢復他們往日的聲望，他們卑微地把土地拱手交給警察管轄，並期望那些依賴他們謀生的神職人員造成精神支柱的作用，協助警方重建法律和秩序。

雖然這場純粹的政治反動取得了完全的成功，但是，那些試圖按照五十年前的宗教寬容的模式重新塑造人們思想的努力卻以失敗而告終。不會有其他的結局。誠然，各個國家的大多數民眾都厭倦了革命和暴亂動盪，厭煩了議會和那些毫無意義的講演，被那些徹底破壞了工商業的各種稅收形式弄得焦頭爛額。他們渴望和平，為了和平可以不惜一切代價。他們想要工作，想要坐在自家的客廳裡喝咖啡，不再受到住在家裡的士兵的騷擾，不再被迫喝那些難以下嚥的從橡樹上擠出的液汁。只要能享受這種幸福愉快安寧的生活，他們寧願忍受一些細小的不便，譬如，向每一個穿黃銅鈕釦制服的人行禮，在每個皇家信箱前鞠躬，並用

「先生」來稱呼官方打掃煙囪的助手。

　　但是這種謙卑的態度完全是出於需要，在經歷了長時間的動盪年月之後需要一個短促的喘息的機會。那段時間，每天早晨都會出現新的制服、新的政治講臺、新的條例，以及新的統治者，既有屬於上帝，也有屬於平民的。然而，單從這種普遍的謙卑順從的態度、對上帝任命的統治者的高聲歡呼聲中，就斷定人們在內心深處已經把曾經撞擊過他們的頭腦和心靈的格朗中士的鼓聲忘得一乾二淨，那可就大錯特錯了。

　　就像所有反動統治者所固有的道德犬儒主義思想一樣，政府主要要求的也只是表面的循規蹈矩和秩序，對於人們的精神生活、內心世界絲毫不予理會，所以平民百姓就享有了相當程度的自由。星期日他們腋下夾著一本厚厚的《聖經》去教堂做禮拜，一週中剩餘的時間便可以隨心所欲地思考。當然，前提條件是他們必須保持緘默，把自己的想法藏在心裡。發表言論和見解之前要仔細觀察周邊的環境，先要保證沙發底下或是爐子後邊沒有藏著暗探。他們盡可興致勃勃地談論當天發生的事情，而當他們從那些經過正式檢查、反覆推敲、嚴格消毒的報紙上得知統治者為了邦域的和平所採取的某種新的愚蠢措施和方法，把人們帶回到西元 1600 年的世界時，他們就又會悽慘地搖頭嘆息。

　　他們的統治者所做的，正是自從西元元年以來所有對人類不甚了解的同類統治者在類似情況下一直做的事情。這些統治者命令搬走裝餅乾的大木桶，因為有人站在上面發表抨擊政府的激烈言詞，以為這樣就能徹底摧毀言論自由。只要有可能，他們就把出言不遜的演說家送進監獄，從嚴宣判（四十、五十或一百年的監禁），使這些可憐的人得到先烈的名聲。然而，在許多情況下，他們不過是些輕率浮躁的白痴，只讀過幾本他們根本看不懂的書和小冊子而已。

受到這種例子的警示，人便遠離公共場所，躲到偏僻的酒館裡或擁擠不堪的城市公共旅店裡發洩不滿。因為他們確信在這裡有更謹慎的聽眾，而且他們的影響也比在公共講臺上的大得多。

上帝以其智慧賦予某些人少許的權力，而他們又因害怕失去權威與聲望而時時刻刻擔驚受怕、提心吊膽，世界上沒有什麼事情比這更可悲了。一個國王失去了王位，他可以對自己的這種際遇報之一笑，並且把它當作打斷他枯燥無味生活的一個小插曲。無論他是戴著男僕的褐色圓頂禮帽，還是戴著他祖父的王冠，他都是一個國王。但是對於一個三流城市的市長來說，一旦被剝奪了官槌和徽章，就只不過是一個普通的平頭百姓，一個曾經自以為是的、現在受人奚落的可笑傢伙。因此，誰要是膽敢接近當時的掌權人而沒有明顯向他表示應有的尊敬和崇拜，那麼就勢必會大禍臨頭。

而對於那些在市長面前不但不低頭，還用博學的地質學、人類學、經濟學的書本和手冊公然質疑現有秩序的人們，他們的處境就更加悲慘。

他們立即就會被剝奪了生計，且手段極不光彩；然後又被從他們散布的有毒教條的城鎮裡驅趕出去，留下妻兒由好心仁慈的鄰居照看。

這種反動精神的爆發，給許多真摯的原想根除社會弊病的人帶來很大不便。然而，時間是偉大的洗衣工，它早已把地方警察能夠在這些和善學者們的制服上發現的汙跡清除乾淨了。如今，普魯士國王腓特烈‧威廉之所以能被人記住，主要是因為他干涉了伊曼努爾‧康德 [313] 的學說。這位危險的激進分子教導我們，我們行為的準則要具有變成普遍

---

[313]　伊曼努爾‧康德（Immanuel Kant, 1724-1804），德國哲學家、天文學家，德國古典唯心主義創始人，星雲說的創立者之一。

適用之規律的價值。按照警方的記錄報導，他的教導只受到那些「嘴上無毛的年輕人和無所事事的饒舌者」的青睞。昆布蘭公爵之所以長時間臭名昭著，就是因為他作為漢諾威國王時，流放了一位名叫雅各·格林（Jacob Grimm）的人，這人在一份《國王陛下非法取締國家憲法》的抗議檔案上簽過字。梅特涅（Metternich）的名聲也不好，那是因為他把懷疑之手伸進了音樂領域，審查過舒伯特[314]的音樂作品。

可憐的老奧地利！

現在，奧地利已經消亡了，不復存在了。對於這個「快活帝國」的逝去，，整個世界都感到如釋重負，而且都忘記了這個國家曾經有過積極的學術生活，有一些東西遠遠勝過了秩序有趣的鄉村集市上的那些物美價廉的葡萄酒、烈性雪茄，以及由約翰·史特勞斯[315]本人作曲和親自指揮的迷人的華爾茲。

進一步看，我們甚至可以說，在整個十八世紀，奧地利在宗教寬容思想的發展方面起了非常重要的作用。基督教改革運動結束後不久，新教徒就在多瑙河和喀爾巴阡山脈之間找到一塊肥沃的土地，作為他們活動的地方。但是在魯道夫二世（Rudolf II）登基成為皇帝以後，這一切就都發生了改變。

這位魯道夫是西班牙菲利普的德國化身，在這個統治者看來，與異教徒簽定條約沒有任何意義。儘管魯道夫受的是耶穌會士的教育，但他懶得不可救藥，這反而使他的帝國避免了政策上的劇烈變動。

這種劇變在斐迪南二世（Ferdinand II）當選皇帝時發生了。他當君

---

[314]　舒伯特（Franz Schubert, 1797-1828），奧地利作曲家，浪漫主義音樂的代表人物。最能代表舒伯特藝術的還是他的六百餘首歌曲，對於後世的影響也最大，被稱為「歌曲之王」。

[315]　約翰·史特勞斯（Johann Strauss II, 1825-1899），奧地利的輕音樂作曲家、指揮家、小提琴演奏家。創作了不朽的名作《藍色多瑙河》（*The Blue Danube*）圓舞曲。

主的主要資格是，在整個哈布斯堡家族中唯獨他有好幾個兒子。在位初期，他去朝拜過著名的天使報喜館。據說，這個天使報喜館是由一群天使在 1291 年從拿撒勒 [316] 搬到達爾馬提亞，並最後搬遷到義大利中部的一個建築。在那裡，斐迪南爆發的宗教熱情一發不可收拾，他發誓，要把自己的國家變成百分之百的天主教國家。

他言出必行，踐行誓言。1629 年，天主教再一次被宣布為奧地利、施蒂里亞、波希米亞和西里西亞的唯一官方宗教信仰。

與此同時，匈牙利與這個奇怪的家族建立了婚姻關係。每個新娘都給他帶來了大片歐洲土地，作為嫁妝。斐迪南試圖將新教徒從馬扎爾人集中居住的地區趕出去。但是，由於外西凡尼亞的　·神派教徒和土耳其異教徒的支持，直到十八世紀後半葉，匈牙利仍然保持獨立。而這時，奧地利內部卻發生了巨大的變化。

哈布斯堡皇室是教會的忠實子民，但是最後就連這些思想最遲鈍的人也對教宗的不斷干涉產生了厭倦，打算冒一次險，制定一項違背羅馬意願的政策。

在本書前面篇幅裡我已經說過，許多中世紀的天主教徒認為教會體制是完全錯誤的。這些批評家認為，在殉道者時代，教會才是真正的民主機構，因為它由年長者和主教掌管，而這些人又是由教區居民推選的。他們願意承認羅馬大主教的地位，因為他（主教）自稱是聖徒彼得的直接繼承人，有權在教會委員會裡占有顯著的優越的位置。但是他們堅持認為這種權力只是一種榮譽性的，因此教宗就不應該認為自己高於其他主教，並且不得把影響延伸到自己的管轄領地之外。

教宗從自身利益出發，與所有的投機分子、被教會詛咒或驅逐出教

---

[316]　拿撒勒，巴勒斯坦北部古城。

的人在一起，全力反對這種思想，好幾個勇敢的改革者由於大膽地倡導教會分權而丟了性命。

這個問題一直沒有明確解決，到了十八世紀中期，有錢有勢的特里爾主教的代理人再次提出這一思想。這位主教代理人名叫約翰・馮・霍特姆（Johann von Hontheim），但他的拉丁文筆名弗布羅紐斯（Febronius）更為人熟知。他受過自由思想的教育。他在魯汶大學學習幾年以後，暫時離開家人，到萊頓大學讀書。他到達萊頓的時候，恰逢這座純粹的喀爾文主義的古老城堡被懷疑內部有自由主義傾向。等到法律部成員傑拉德・努特德（Gerard Noodt）教授進入神學領域，發表推崇宗教寬容思想的演說的時候，這種懷疑就成為公開的罪證了。

至少可以說，努特德的推理方法還是極具獨創性的。

「上帝是萬能的。」他這樣說道，「上帝可以制定在任何時間、任何情況下、對任何人都適用的科學定律。所以，只要上帝願意，他就可以很容易地引導人們的思想，使所有人在宗教問題上持相同的觀點。我們知道上帝並沒有這麼做。因此，如果我們用武力迫使別人相信我們自己認為是正確的東西，那我們就違背了上帝的明確意旨。」

很難斷定霍特姆是否受到伊拉斯莫斯的直接影響。但是從霍特姆的著作中可以發現與伊拉斯莫斯理性主義思想相似的東西，他在他的著作中就主教權威和教宗制度分權的問題發展了自己的思想。

不出所料，他的著作立刻受到羅馬教廷的譴責（在 1764 年 2 月）。但這時瑪麗亞・特蕾莎（Maria Theresa）支持了霍特姆，因為這符合她的利益。他發起的這場運動被稱為費布羅尼主義或主教統治主義，它繼續在奧地利繁榮起來，最終形成了實用的《寬容特許權》（*Patent of Tolerance*），瑪麗亞・特蕾莎的兒子約瑟夫二世（Joseph II）在 1781 年 10 月

13 日將它賜予了自己的臣民。

　　約瑟夫是他母親的大敵普魯士國王腓特烈的一個軟弱的翻版，他有一項驚人的天賦，那就是能在錯誤的時刻做出正確的事情。兩百年來，奧地利的小孩子上床睡覺前，大人會嚇唬他們說，如果不趕緊入睡，新教徒就會來把他抓走。這樣一來，要讓孩子們再把新教徒（他們知道的樣子是長著角和一條又黑又長的尾巴的人）當作親如手足的兄弟姐妹是根本不可能的。同樣，可憐、誠實、勤奮、易犯錯的約瑟夫，總是被那些高薪厚祿的主教、紅衣主教以及女執事的伯父、伯母和堂兄妹包圍著，因此他能這樣做，實在是勇氣可嘉。他是所有天主教統治者中第一個大膽宣布寬容是治理國家的理想和實用的財富的人。

　　三個月之後，他所做的事更加令人震驚。西元 1782 年 2 月 2 日，他頒布了一部有關猶太人的著名法令，法令把當時只有新教徒和天主教徒才享有的自由賦予猶太人，因此當猶太人可以和他的基督徒鄰居呼吸相同的自由空氣的時候，他們感到自己是真正的幸運兒。

　　我們應該在這裡停筆了，讓讀者們相信這樣的好事還在繼續，奧地利現在已經成為那些希望按照自己的良心行事的人們的天堂。

　　我希望這是真的。約瑟夫和他的大臣或許在觀念上來了一個飛躍，但是奧地利的農民，自古以來就一直被教導說猶太人是他們的天敵，新教徒是反叛者和背教者，所以他們不可能克服這個根深蒂固的偏見。

　　傑出的《寬容法令》（*Edict of Tolerance*）已經公布 150 年了，可是天主教會外面的人的地位仍然和十六世紀一樣不利。理論上，猶太人和新教徒都有望成為首相或被任命為軍隊總司令。但實際上，他們連和皇帝的擦鞋匠吃一頓飯的機會都沒有。

　　關於這份紙上的法令，就講這麼多吧！

第二十九章

湯姆・佩恩

　　曾經有一首詩，在某個地方流傳，大意是，上帝在神祕地活動，在創造奇蹟。

　　對於研究過大西洋沿海地區歷史的人來說，這個說法的真實性是很明顯的。

　　十七世紀上半葉，一群虔誠的追尋基督教《舊約》理想的人落戶美洲大陸北部，他們的狂熱，使得不知情的訪客，把他們當作摩西的追隨者，而不是基督的信徒。浩瀚無邊、波濤洶湧的寒冷海域把他們與歐洲國家隔斷了，這些開拓者在美洲大陸建立了一種恐怖的精神統治，這在對馬瑟家族的大規模搜捕和政治迫害的狂潮中達到了巔峰。

　　現在，乍一看，似乎不大可能把這種寬容的傾向和這兩位令人起敬的紳士連繫在一起，而這寬容傾向在英國與其從前殖民地之間的敵對情緒爆發前的《美國憲法》（*Constitution of the United States*）以及其他許多檔案裡又講得明明白白。然而，真實的情況是，由於十七世紀的鎮壓非常殘酷，這勢必導致支持更加自由的思想的強烈反彈。

　　這並不是說，所有的殖民主義者都會突然派人去收集蘇西尼的文集，不再用罪惡之地和罪惡之城的故事來嚇唬孩子們。但是，他們的領導者幾乎無一例外的都是新思想流派的代表人物，而且都是些頗有能力和智謀的人；他們把自己的寬容思想寫進羊皮紙宣言，新的獨立民族的大廈就要在這上面拔地而起。

　　如果面對的是一個統一的國家，他們或許不會這麼成功。但是，美洲北部的殖民化一直是件很複雜的事情。瑞士的路德教會已經開闢了部分領域，法國派來了一些胡格諾教徒，荷蘭的阿米尼教徒也占領了大塊土地。而英國的各個宗派都曾經試圖在哈德遜灣和墨西哥灣之間的蠻荒地帶建立自己的小天堂。

這有利於各種教派的共同發展。不同宗教之間如此完美的平衡，使得一些殖民地的人們，被迫保持一種最原始的初級的互相忍耐形式；若是在一般情況下，他們非擰斷對方的脖子不可。

　　對於那些坐收漁利的體面紳士來說，這種局面當然不受歡迎。自新的仁慈思想出現數年之後，他們仍然在為維持舊的正直理想而戰鬥。雖然收效甚微，卻成功地使年輕人疏遠了一種信條，而這個信條裡的仁慈、善良的概念似乎是從比它野蠻的印第安人那裡借用來的。

　　對我們美國來說，幸運的是，在這場爭取自由的長期鬥爭中，首當其衝的是一批人數雖少但卻勇氣十足的那些持不同觀點的人。

　　思想的傳播異常輕快，即使一艘八十噸重的雙桅小帆船裝載的新思想，都足以顛覆整個大陸。十八世紀的美洲殖民者沒有什麼雕塑和大鋼琴，但他們卻不缺乏書籍。十三個殖民地中的聰明人士開始明白，在這個浩大世界中，有一些不穩定的因素在蠢蠢欲動，而這是他們在星期日的布道中從未聽過的。那時的書商成了他們的先知。儘管他們沒有公開與現有的教會脫離，表面的生活方式也沒有發生太大的變化，但是一旦時機成熟，他們就馬上表示自己是古老的外西凡尼亞王儲的最忠實信徒。這位老王儲沒有對「一神論」教派的臣民實施迫害，原因是仁慈的上帝已經明確地給了他做三件事的權力：「創造新事物、預知未來、支配人的良知。」

　　當需要為將來治理國家，制定一個具體的政治和社會綱領時，這些勇敢的愛國者就把自己的思想寫進檔案裡，並將其呈現在公共輿論這個最高法庭面前。

　　假如維吉尼亞善良的公民知道，他們帶著萬分崇敬的心情去聆聽演講，是由他們不共戴天的敵人──自由思想者──直接操縱的話，他

們一定會驚恐萬分。然而，他們最成功的政治家湯瑪斯·傑佛遜 [317] 本人就是一個有著極度自由思想的人，當他聲稱只能用理性和信念，而不是強制或暴力來統領宗教，又或者，當他主張所有的人都有權利按照自己的良知和意願，平等地從事宗教活動時，他只是在重複伏爾泰、貝爾、史賓諾沙以及伊拉斯莫斯已經思考過並寫在著作裡的思想而已。

後來，人們又聽到如下邪說：「在美國，無須把信仰宣告作為謀求公職的條件」；「國會不得制定法律來干涉宗教的建立，或者禁止宗教活動的自由行使」，美國的反叛者對此默許，並予以接受。

就這樣，美國成為第一個宗教和政治明確分離的國家；成為第一個公職候選人在接受任命時無須出示主日學校畢業證的國家；成為第一個人民在法律範圍內可以按照自己的意願選擇信仰或不信仰宗教的國家。

但是，在這方面，美國與奧地利（或在這方面的其他任何國家）一樣，平民百姓遠遠落後於他們的領導人，只要與慣常做法稍有偏離，他們就跟不上了。不僅許多州繼續對主流宗教以外的人施加種種限制，而且像紐約、波士頓或費城等地的公民，在他們的私人權利範圍內，仍然無法容忍與自己的信仰不同的人，就好像他們從未讀過一句本國憲法一樣。所有的這些，不久就在湯姆·佩恩（Tom Paine）事件中表現出來了。

湯姆·佩恩為美國的事業做出了巨大貢獻。

他是美國獨立戰爭的宣傳家。

他生於英國，職業是水手，天賦與教育將其塑造成了一個反叛者。

他造訪各殖民地時已經四十歲了。在他去倫敦的途中，他與班傑明·富蘭克林相識，並接受了「西行」的建議。1774 年，他帶著班傑明親筆

---

[317] 湯瑪斯·傑佛遜（Thomas Jefferson, 1743-1826），第三任美國總統，十八世紀美國最偉大的科學家，著名的社會活動家、思想家、文學家和外交家。

寫的推薦信，啟航前往費城，並幫助富蘭克林的女婿理查·貝奇（Rich-ard Bache）創辦了《賓夕法尼亞公報》（*The Pennsylvania Gazette*）。

作為一個老練的業餘政治家，湯姆很快就發現自己處在了考驗靈魂的重大漩渦之中。不過他的頭腦非常清晰，有條理。他把有關美國人不滿情緒的零散數據收集起來，編寫成小冊子，篇幅不長，內容簡介而通俗。這些小冊子透過對一般性問題的闡述，使人們相信美國的事業是正義的事業，應當得到所有忠誠的愛國者們同心同德的合作。

這本小冊子很快就傳到了英國，傳到歐洲大陸，那裡很多人生平頭一次知道有一個「美利堅民族」，而且這個民族還有向自己的宗主國開戰的充分理由和神聖使命。

獨立戰爭剛一結束，佩恩就返回歐洲。他告訴英國人，統治他們的政府是何等的荒唐，展示了政府那些充滿種種假象的蠢行。那時，塞納河沿岸正發生著可怕的事情，體面的英國人開始滿懷憂慮地注視著海峽對岸的情況。

一個名叫艾德蒙·柏克（Edmund Burke）的人剛剛發表了《對法國大革命的反思》（*Reflections on the Revolution in France*），這篇文章令人驚恐。憤怒的佩恩以他的《人的權利》（*Rights of Man*）立即進行回擊。結果，英國政府通令，以叛國罪對佩恩進行審判。

與此同時，他的法國崇拜者們選他進入國會。佩恩對法文一竅不通，但由於生性樂觀，他接受了這份榮譽，來到巴黎。他一直在法國生活，直到羅伯斯比爾對他產生疑心。佩恩知道自己隨時有可能被捕或砍頭，於是草草地寫就了一本關於人生哲學的書。這本書名叫《理性時代》（*The Age of Reason*），第一部分是在他行將入獄時發表的；第二部分是他在獄中的十個月裡完成的。

　　佩恩認為，真正的宗教（他稱之為「人性的宗教」），有兩個敵人，一個是無神論，另一個是盲信主義。但是他在表達這個思想時，受到了所有人的攻擊。1802 年，他返回美國，遭到了人們的極大仇視，以至於他那「又骯髒又可鄙的無神論者」的名聲，直到他去世之後還持續了一個多世紀。

　　他沒出什麼事，這倒是真的。他既沒有被絞死或被燒死，也沒有在輪子上被分屍。只是大家都不理睬他，他被孤立了。當他壯著膽子出門時，小孩子在大人的慫恿下對他吐舌頭，他去世的時候，已經變成一個遭人唾棄、被人遺忘的人。他撰寫了一些反對獨立戰爭英雄人物的愚蠢的小冊子，以此來發洩自己的憤怒。

　　對於輝煌的開端來說，這似乎是一個最不幸的悲慘結局。

　　但這也是在過去兩千年的歷史中反覆發生的典型事件。

　　一俟大眾不寬容的憤怒發洩殆盡，個人的不寬容便又開始了。

　　官方死刑一結束，私刑便開始操刀。

第三十章

最後一百年

若在二十年前寫這本書會容易得多。那時在大多數人的頭腦中，「不寬容」這個詞幾乎完全和「宗教的不寬容」的意思一樣，歷史學家寫「某某是一個為寬容而戰的勇士」，通常大家都認為他畢生都在反對教會的弊病以及職業教士的暴虐。

然後戰爭爆發了。

世界發生了巨大的變化。

人們面對的不是一種專制體系，而是十幾種。

人們相互間實施的殘酷暴政不止一種，而是上百種。

社會剛剛開始擺脫宗教偏執的恐怖，又得忍受更為痛苦的種族不寬容、社會不寬容以及其他許多不足掛齒的不寬容。對於諸如此類的不寬容，十年前的人們連想都沒想過。

許多安分守己的良民，直到最近還生活在幸福的幻想之中。他們認為，進步與發展是一種自動時針，只要偶爾表示一下讚許，就不用再上發條。這種想法真的是太糟糕、太可怕了。

他們悲傷地搖著頭，輕聲說道：「虛無，虛無，所有這一切都是虛無！」他們低聲抱怨人類本性所表現的令人討厭的固執，總在經受挫折，卻又總是拒絕吸取教訓。

直到完全絕望的時候，他們才加入迅速擴大的精神失敗主義者的行列，使自己依附於這個或那個宗教組織（這樣他們就可以把自己的包袱轉移到別人身上），用最深沉悲哀的語調宣布自己失敗了，並且不再參與以後的社會事務。

我不喜歡這樣的人。

他們不僅僅是懦夫。

他們是人類未來的背叛者。

話已至此，那麼解決的辦法是什麼呢？如果有解決的辦法的話。

我們對自己要誠實。

沒有任何解決的辦法。

至少在當今的世界是看不到解決辦法的。在這個世界上，人們要求立竿見影，希望藉助數學或醫藥公式、或國會的一個法案，迅速而輕鬆地解決地球上所有的困難。但是我們這些習慣於用發展的眼光看待歷史的人，知道文明不會隨著二十世紀的到來而開始或消亡，還能感到些許希望。

現在我們聽到的許多悲觀絕望的論斷（如「人類一貫是這個樣子」、「人類將永遠是這個樣子」、「世界從未有過變化」、「現在的事情和四千年前的沒什麼兩樣」），都是不符合事實的。

這是一個錯覺。

人類進步的道路常常會中斷，但是，如果我們把所有情感上的偏見放置一旁，對過去的兩萬年的歷史做個冷靜的評判（這是一個我們唯一擁有或多或少詳實數據的時期），就會注意到，進步與發展雖然緩慢，卻是毋庸置疑的；事情總是從幾乎難以言表的殘忍、野蠻以及不開化狀態，發展到較為高尚、較為完善的境界。即使戰爭犯下的滔天大錯，也無法動搖「進步」這個事實。

人類具有難以置信的生命力。

它經過宗教神學的洗禮仍然活躍。

在適當的時候，它還會在工業主義的文明中煥發生機。

它經歷了霍亂和瘟疫，經歷了殘酷迫害與藍色法規 [318]。

---

[318] 藍色法規，原本是美國殖民時期清教徒所定的法律，禁止在星期天跳舞、喝酒等，後來轉用為有關個人行為的嚴格規定，如禁止公務員涉足酒吧、舞廳、夜總會以及接受宴請等等。

它還將學會如何克服困擾這一代人的諸多精神疾病。

歷史謹慎地揭示了自己的祕密，它已經給我們上了重要的一課。

人類的雙手所創造的東西，同樣也可以毀於人類手中。

這是一個勇氣的問題，之後，便是教育的問題。

當然，這樣說，聽起來像是老生常談。在這最後一百年裡，「教育」一詞灌滿了人們的耳朵，直到我們聽膩了，厭煩了。我們留戀過去，渴望回到那個人們既不會讀書也不會寫字的年代，一個能將多餘的精力用於偶爾的獨立思考的年代。

我這裡所說的「教育」，不是指純粹的事實累積，這被看作是現代孩子們的必需的精神儲備。我想說的是，在對以往知識善意理解的基礎上真正理解現在。

在本書中，我已經力圖證明，不寬容不過是集體自我保護本能的一種展現。

一群狼不會容忍一隻與眾不同的狼（無論牠是更弱小或是更強大），總是盡一切可能除掉這個不受歡迎的夥伴。

食人族部落不能容忍那些因癖性而激怒神靈從而給整個村落帶來災難的人，他們會把他殘忍地放逐荒野。

希臘城邦不能容忍在其神聖的領域內質疑社會賴以生存的基礎的人。在一次可悲的不寬容爆發中，這位滋事的哲學家（蘇格拉底）就被仁慈地判處飲毒藥而死。

如果任由幾個無惡意的狂熱者去踐踏自羅慕路斯以來就不可或缺的某些法律，羅馬帝國就不可能生存下去。儘管相當程度上違背它的本意，它也只能採取不寬容的措施，而這一點與它的傳統的自由政策恰好背道而馳。

教會作為這個古老帝國財富領域的繼承人，它的生存依靠於自己最恭順臣民的絕對服從，因而它被迫走向鎮壓與殘暴的極端，致使許多人寧可忍受土耳其的殘暴，也不願接受基督教的仁慈。

反對教會暴政的偉大戰士總是處於種種困境之中，但是他們要想維持自己的生存，就必須對所有的精神革新或科學試驗表示不寬容。於是，以「改革」的名義，他們犯下了（或者試圖犯下）自己的敵人曾經犯過的錯，而敵人正是因為這些錯誤才失去權力和勢力的。

多少個年代過去了，生命本是一次光輝的歷程，卻變成了一次可怕的經歷。這一切之所以發生，是因為迄今為止，人的生存完全被恐怖左右。

我在此重複一遍，恐怖是所有不寬容的根源。

無論迫害採取何種的方法和形式，它都是由恐懼造成的；那些支起絞刑架，或把新鮮原木扔向火刑柴堆的人，他們所流露出的極端痛苦的表情，正是這種恐懼的集中展現。

一旦我們認清了這個事實，立即就會有解決問題的方法。

在沒有恐怖籠罩的情況下，人是很傾向於正直和正義的。

但是迄今為止，人類還少有機會實踐這兩種美德。

也許，在我有生之年是看不到這兩種美德得以實現，這並不重要，這只是人類發展必經的階段。人類畢竟是年輕的，太年輕了，年輕得幾乎可笑。要求這些幾千年前才開始獨立生活的哺乳動物，具備那些只有隨著年歲和經歷的增長累積才能獲得的美德，這樣的要求未免太苛刻了，既不合理，也不公平。

而且，它會使我們的思想出現偏差。

當我們應該有耐心的時候，它卻使我們變得憤怒。

當我們應該表示憐憫時,它卻使我們說出刻薄的話語。

在撰寫這樣一本書的最後幾章時,往往會有一種強烈的欲望,那就是去充當悲哀的預言家的角色,沉迷於業餘的說教。

千萬不能這樣!

生命是短暫的,而布道卻易於冗長。

用一百個字都表達不清楚明白的事情,還是不說為好。

我們的歷史學家,因犯下一個巨大錯誤而深感不安。他們高談闊論史前時期,給我們講述希臘和羅馬的黃金時代 [319],再信口編造一段假設的黑暗時期,還為我們這個比過去輝煌十倍的現代生活大唱讚歌。

如果這些學識淵博的學者偶然間發現,某些情況和事實與他們完美拼湊的圖畫不相匹配,他們會謙遜地道歉,並低聲嘟囔,某些不受歡迎的特質是過去野蠻時代遺留下來的,這很不幸;但是,只要時機一到,這種情況就會消失,就像公共馬車讓位於火車一樣。

這一切似乎很動聽,但不是真實的。它或許可以滿足我們的自尊心,使我們相信自己是時代的繼承人。如果我們知道自己是什麼人 —— 是住在洞穴裡的人的現代翻版,是叼著香菸、駕駛著福特汽車的新石器時代的人,是坐著電梯上公寓大廈的穴居人 —— 也許這對我們精神健康將會更有好處。

到那時,也只有到那時,我們才能向那個還隱藏在未來山峰上的目標邁出第一步。

---

[319]　希臘神話中的黃金時代。在古希臘神話中,人類與神的關係被劃分為五個階段。第一階段為「黃金時代」,這個時代是由時間之神克洛諾斯(Cronus)、宙斯的父親,在天上統治著世界,人類在神創造的世界中過著無憂無慮的幸福生活。春天常在,糧食與果實自然生長,河裡流淌著牛奶和蜂蜜。人類無憂無慮,沒有疾病,沒有衰老,無需勞作,沒有紛爭。這個世紀的人類擁有強壯的身體和神一般的力量,他們不用擔心疾病和死亡。他們虔誠地聽從神的旨意。當一個人度過漫長的人生之後,他的靈魂會變成精靈環繞著土地。

只要這個世界還被恐怖所籠罩，那麼，談論黃金時代、談論現代時期和發展進步，純粹是浪費時間。

　　只要不寬容是我們的自我保護法則中不可或缺的一部分，那麼，呼籲寬容簡直就是犯罪。

　　等到那些不寬容的行為成為荒誕無稽的傳說，譬如殺戮無辜俘虜、焚燒寡婦鰥夫、盲目崇拜書面檔案這樣的事情，寬容一統天下的日子就將來臨了。

　　這可能需要一萬年，也可能需要十萬年。

　　但是它一定會到來，當人類戰勝自身恐懼心理之後，那場載入史冊的、人類獲得的第一次真正意義的勝利，必將到來。

康乃狄克州　西港

1925 年 7 月 19 日

後記　但是這個世界並不幸福

出版商給我寫信說：「《寬容》一書出版於 1925 年。現在已經快成古典作品了，我們想搞一個普及本的永久性版本，重新定一個『大眾化的價格』。」如果他們要對原作做必要的安排，我還願意寫最後一章嗎？也許我可以試著盡力說明，寬容的理想在近十年內為什麼這樣慘淡地破滅，我們如今的時代為什麼還沒有超脫仇恨、殘忍和偏執！這一切肯定有原因，如果確實有，而且我也知道的話，那我可以講出來嗎？

我回答說，解剖美麗的寬容女神的屍體不是一件令人高興的事，卻是應該做的。我覺得這是我的責任。

下一個問題是，我應該在哪一頁與十五年前寫的這本書告別，開始寫後記呢？

出版商建議我刪去最後一章，因為結尾部分是崇高的希望和歡呼。關於這一點他們無疑是對的。的確沒什麼可高興的，用《英雄》中的《葬禮進行曲》伴隨我的結束語，比用貝多芬《第九號交響曲》充滿希望的大合唱更合適。

不過細想之後，我覺得這並不是解決問題的好方法。

我和出版商一樣，對前景都很悲觀。但是這本書還要留在世上許多年，我想唯一公正的方法還是讓下一代知道，1925 年怎樣激起了我們對更幸福更高尚前程的憧憬，而 1940 年又是怎樣徹底打破了這些光輝的夢想。為什麼會發生這種事情，我們犯了什麼錯才導致這場可怕的災難。

經過幾次通訊後，我說服了出版商，使他相信我還是通情達理的，

下面便是我給出版商寫的內容，作為《寬容》的最新、也是最後一版的補充。

　　最近這七年可以說是個不折不扣的「醜巫婆的小耳朵」，人類所有的邪惡弊端全部彙集在裡面，成了大雜燴，它會毒死我們所有的人（除非我們發明一種又快又靈的解藥）。我仔細研究了倒入這個令人作嘔的容器中的各種成分，也不厭其煩地觀察了對這個可惡的大雜燴負主要責任的那些人。那個大雜燴臭氣沖天，正在我們整個星球上蔓延，我和其他住在剩下的為數不多的民主國家中的人一樣，看到下等的廚房僕人居然被那麼多人擁戴，真是大惑不解。這些下等的僕人不但因為這令人作嘔的大雜燴而欣喜若狂，而且還用全部時間把它強灌進對他們毫無妨害的旁觀者的喉嚨。這些旁觀者顯然更喜歡祖傳的善意和寬容的濃湯，可他們要是不對大雜燴表示出高興的樣子，不吃下這堆翻腸倒胃的東西，立即就會被殺死。我盡力了解了這種事情是怎麼發生的，以滿足我的好奇心。現在讓我告訴你，經過我耐心仔細觀察後發現的結果。

　　為了弄清這個問題的起因，我建議大家效仿精明可敬的政治家艾爾弗雷德·E·史密斯（Alfred Emanuel Smith）先生，他原住在紐約州的阿爾巴尼，現在住在帝國大廈。我們首先看一下紀錄，看能找到什麼。

　　我這裡提一個問題，它似乎有點離題，但是（過一會你就會看到）和我們要解決的難題卻有著密切關係。你養過狗、貓或其他家禽動物嗎？你研究過這些卑賤的動物對豢養牠的家庭以及主人的花園和後院的態度嗎？你一定注意到，這些不能說話的動物出於天性、本能或訓練，或是三種因素兼而有之，都荒唐地珍視著牠們自認為的「權利和特權」。同一條警犬，牠可以讓主人的孩子拉著牠的尾巴在屋裡轉圈，也可以讓孩子從身上揪下一撮毛，但另一個和藹可親的小孩子剛剛踏上屬於「牠」

家的草坪時，牠立即就會狂吠不止。德國種的最小的獵狗一定注意到了鄰居家北歐種粗毛大獵狗能把牠撕成碎片，可是只要那獵狗勇於跨越牠認為是區分自家領地和鄰居地盤的界限一步，牠便會撲向那頭凶猛的大獸。甚至，那些慵懶的、自顧舒適的貓，當另一隻貓膽敢闖入自己的爐邊時，也會勃然大怒。

捕捉大型獵物的獵人都熟悉森林居住者的習慣。他們告訴我說，野獸具有叢集本能，外面的野獸休想加入牠們的部落，不管加入者增添的力量對於牠們迅速削弱的實力來說是多麼有利。那些假裝懂得不會說話的魚的心理的人對我講，甚至在這些冷血動物當中，當一個陌生的魚出現時，也有一種固定的行為準則，在河流岩石之間固定的場所棲息的魚，從來也不會讓一條外來的魚加入自己的行列。

我不是很精通動物學，但我學到了一點關於人類的知識。當我研究人類在所謂歷史時期（在這段短暫的時間裡人類記錄了自己的思想和行為）的行為記載時，我發現了什麼呢？我發現從開始到現在，人類從來就是「群居動物」。只有當一個人感到自己屬於由志同道合的人結成的某種排他性集團，這個集團的成員都苟和於自己繼承的信仰、偏見、偏愛、恐懼、希望和理想時，這個人才真正感到幸福。

當然，經濟上的需求偶爾可能迫使某些人群，包括互相對抗的部落，按照某種政治方式行事。然而這種安排總不能持久。真正使許多人不顧艱難險阻和危險聚集在一起的原因，是因為他們有許多涇渭分明的共同信仰、共同偏見、共同偏愛、共同恐懼、共同希望和理想。

看一下從喬普斯和哈姆拉比到希特勒（Hitler）和墨索里尼（Mussolini）的記載。各個時代各個地方的情況都一樣 —— 每個團體、每個部落、每個宗派、甚至每個家庭，都堅持與鄰居們保持一定的距離，認為

自己都大大優越於旁人，沒有共同理念或共同行為的任何基礎。

我給你舉一個人盡皆知的例子。

世界各地差不多所有的人從一開始都用什麼名字稱呼自己呢？這種例子多得驚人，他們稱自己是「上帝的人」或「上帝的選民」，更荒謬的是，「屬於上帝的人」。埃及人在其他人的眼裡是卑賤的小農，但他們卻把自己看作是「上帝的人」。猶太人認為自己是「上帝的選民」。「蘇密」——現在人們所知的官方名字是芬蘭，它的意思（別人告訴我的）是「上帝的人」。太平洋上的許多部落——我們最熟悉的只是塔希提島人——也稱自己為「上帝的人」。波里尼西亞和西亞、北非和北歐相距萬里之遙，在這些地方居住的種族彼此間毫無共同之處。可是有一點，他們都明顯地認為自己才是真正的有價值的人，他們看不起人類的其他成員，認為他們是異己，不體面，應該受到鄙視，如果可能，還得躲遠一點。

在這個怵目驚心的規律中，乍看起來，希臘像是一個例外。但是他們高傲地堅持自己是海倫的直系子孫，是天神的兒子，是大洪水的唯一倖存者，這表明他們很尊重本種族的人。他們輕蔑地把非希臘人指為野蠻人（希臘文 barbarous 這個詞的意思是陌生、外來、粗野、奴性和無知），這暴露了他們非常蔑視所有的非希臘人，粗率無禮地稱他們為異己，甚至那些在各方面的確高出一籌而且心胸寬廣的著名科學家、哲學家們也認為他們是劣等人。這表明至少在這個方面，他們和愚昧無知的澳洲土著的水準一樣，那些土人從來沒學過三以上的數，但卻十分得意地告訴來自歐洲的最早的造訪者說，如果問他們是什麼人，將是非常愚蠢的，因為他們顯然是獨一無二和絕無僅有的「上帝的人」。

我們注意到，羅馬人不受這種傲慢無禮的討厭形式的束縛。這並不

是因為他們對自己的評價低於旁人。千萬不要這樣認為！他們像現代的英國人一樣，認為自己理所當然是至高無上的，所以他們從不認為有必要就這一點做任何明確的解釋。他們是羅馬人，就足夠了。對這麼一個顯而易見的事 —— 這是人人都能看見的 —— 大驚小怪不免有失體統。羅馬人對此並不在乎，至少在這方面是不在乎的。

對於純種族的概念促使大多數部落和民族認為自己是獨一無二值得被稱為真正的人民這一問題，我就談這麼多吧。但這只是一個細節，因為伴隨這種奇怪的排外和優越感的種族意識，還有對宗教、道德、風俗這些不同但至關重要的問題的特定的信仰。結果，每個集團無論大小都總是居住在壁壘森嚴的城堡裡，用偏見和固執這個堅固的屏障抵禦外界所帶來的影響。

美國已經獨立地生存一個半世紀了。誠然，清教徒的不寬容行徑是沒有什麼可吹噓的，但是我們畢竟避免了最危險的極端行為。可是現在，邊遠地區已經開發了，國家正迅速地走向定型，我們卻似乎沒有從地球上古老一些的種族的錯誤事例中吸取足夠的東西。就在我們的土地上，各個種族團體仍緊緊地抱成團，各自推行自己的禁忌，好像根本沒有聽說過《人權宣言》一樣。宗教團體似乎從未談過憲法中對出版自由是如何規定的話題，不但強令自己的成員應該閱讀和思考什麼，全然不顧由全體人民選出的代表所制定的法律，竟然自己制定起法律來。在距離現在最近的時間裡，我們就能看到（如果我們願意這麼做的話）一種狹隘的精神和種族排外性的發展，它直到 1914 年戰爭爆發時，還一直被認為是黑暗時代的不幸殘餘。

很顯然，我們對形勢的看法過於樂觀。在近六年的發展中，納粹主義、法西斯主義以及各種形形色色偏見和片面的民族主義、種族主義意

識形態的增長，開始使最抱有希望的人們相信，我們已經不知不覺地回到了幾乎是不折不扣的中世紀。

　　這並不是一個愉快的發現，但正如一個喜歡哲學的法國將軍不久前說的那樣（幾乎是預言）：「對不愉快的事情生氣是沒有用的，因為事實本身根本不在乎，因此也不會改變。」所以讓我們勇敢地面對這些最不受歡迎的發展，做出合乎邏輯的結論，然後找出對付它們的方法吧！

　　從最廣博的意義講，寬容這個詞從來就是一個奢侈品，購買它的人只會是智力非常發達的人，這些人從思想上擺脫了不夠開明的同伴們的狹隘偏見，看到整個人類具有廣闊多彩的前景。他們就如跟我在這本書的一開始引用老朋友昆塔斯·奧里利厄斯·希馬丘斯向我們提出質問的那種情形一樣：既然我們舉目共望同樣的星星，既然我們都是同一星球上的旅伴，既然我們都住在同一個天空裡，既然生存之謎深奧得只有一條路能使人找到答案，那我們為什麼還總是彼此為敵呢？但是如果我們勇於這樣做，並且引證一個古代異教徒的高尚之語，那些堅持只有一條通往拯救的道路（也就是他們的那條道路）的幫派的不寬容首領，就會立刻向我們吼叫起來，並投來石塊和木棒；那些沒有沿著他們的狹窄小路走的人，注定要永遠墮入地獄。因此，必須嚴厲鎮壓他們，以防止他們的懷疑影響別的人——使別的人也去試一試在「唯一權威性的地圖」上沒有標出的路徑。

　　昆塔斯·奧里利厄斯·希馬丘斯生活在西元四世紀。從那以後，有高尚思想的人們，偶爾用提高嗓門的方法來捍衛這種精神和種族問題上的中立態度。他們偶爾（但僅僅是很短的時間）甚至成功地建立了自己的團體，在那裡人們可以隨心所欲地思考，並且允許按照自己的方式尋求拯救。但這種寬容的態度總是由上層領導者強行實施的，它從不來自下

層。他們不甘於接受來自上層的干預，便憑藉著傳統的權力，總是要強迫別人接受自己的觀點。而如果沒有別的方法使別人開竅，就用武力迫使他們「入會」，而為了防止流血，常常需要警方出馬。

所有的美國人應該永遠感激的是，他們的聯邦是由一批真正的哲學家締造的。這些人無愧於哲學家這個詞，他們具有廣泛的實際經驗，完全擺脫了十三個移民區早期歷史上典型的狂熱宗派主義。這一代人得到了最後的報答。但等他們過世以後，千百萬飢餓的歐洲人便如潮水般地湧進了他們曾希望建立理智王國的美麗土地。這些歐洲人不僅帶來了強壯的臂膀（這是他們必需的），還帶來了古老的先入為主的偏見。他們只相信自己觀點的正確性，在各個問題上只依從自己，絕不會兼聽旁議。

當時我們太樂觀了，又忙於探勘大陸的資源，以致覺得有了這個大熔爐就能解決一切。但是要熔化任何物質，最好是經過緩慢複雜的過程，還需要經常的監督和照管，因為人的靈魂不願意被液化，它比我們知道的任何物質都頑固。結果便是現在這個局面。用機關槍和集中營武裝起來的各式各樣現代的不寬容，比中世紀的不寬容又勝一籌，因為中世紀要「說服」異教徒也只不過使用地牢和緩慢燃燒的火刑柱。

這就向我們提出一個問題，我們能做些什麼？之前我講過，我並不信賴對不愉快的事採取視若無睹的政策。因此我得出了不樂觀的結論：至少在目前，我們對眼下非常不幸的事態是做不了建設性的事情的。我們必須接受這種形勢，同時又要緩慢地為將來做出仔細的規劃，這點是確定無疑的。我們再也不能讓自己措手不及了，因為文明再也經受不住類似近六年中所遭受的各種無休止的打擊了。

1914 年到 1918 年的戰爭，像一場颶風。它不僅摧毀了大部分人類組織，而且使許多人死去或陷於窮困潦倒之中，要在不長的時間裡消除這

些損失是不可能的。那些在這場災難中倖存下來而且毫髮無損的人們，只顧興致勃勃地修理自己的房屋，根本不管別人變成了廢墟的大廈。最後，在周圍受打擊最重的被遺棄的巷弄裡，要進行各種正常和健康的生活，已經完全不可能了。接著，在一些淒涼的地下室的廢墟裡，誰也不知道從哪裡跑來了一些陌生的、不健康的人。他們聚集一些被拋棄的人，開始宣講自己發明的學說。這些人是在荒涼的灌木叢里長大的，那裡根本不會培育出健康和理智的生活哲學。

　　既然重建工作已經落後了許多年，我們就可以用正確的觀點觀察它。世界大戰後，世界需要大量的新鮮空氣、陽光和好的食物，這比得到其他任何東西的願望都要迫切。但它得到的卻是飢餓和失望。於是許多有害的新學說應運而生，它使我們想起了那些難以置信的信條，它們是在三、四世紀小亞細亞衰敗的沿海城市裡的臭氣沖天的彎曲小巷裡發展起來的。

　　但是最後，新的拯救預言家們的那些信徒，餓得實在受不了，便逃了出來，湧入我們相對平靜的村莊裡。對此，我們毫無準備，就像十七個世紀以前的亞歷山大人一樣。那時，附近沙漠裡的暴徒瞪圓雙眼，闖入學校，處死了哲學家。因為他們傳授的寬容學說意味著是對那些自認為掌握了唯一真理的人們的詛咒。

　　是的，我們現在像過去一樣驚訝和絕望。現在我們再想掃除席捲了整個地球的瘟疫 —— 偏執和暴虐的瘟疫，為時已晚。但至少我們應該有勇氣承認它們依然存在的這個事實，把它們看作是某些非常古老的人類性格在現今生活中的再現。多少年來，這些性格一直在沉睡著，等待時機東山再起。時機一到，它們不僅要捲土重來，而且由於受了這麼長時間的壓抑，其狂暴、憤怒和凶殘的程度比歷史上任何時候都有過之而無不及。

這就是現在展現在我們恐怖的目光前的圖景。我們自己（為遼闊的大西洋祝福吧！），在最近爆發的這場種族和宗教狂熱的風暴中，還相對安全。但如果我們稍有鬆懈，病毒就會登上我們的海岸，把我們毀掉。

剛才我問自己：「我們能做些什麼？」就我看來，除了保持頭腦冷靜，時刻提高警惕，沒有什麼事情好做。耍嘴皮子不會有什麼成效。幻想自己如何優越，這種思想上和感情上的衝動，只會加速崩潰的過程。因為民主的敵人會把我們的憐憫和長期容忍的態度誤解為單純的軟弱，因而會採取相應的行動。將來我們被關進集中營的時候，我們才會想到，歐洲中部的民主國家和我們一樣，也是這樣被毀滅的。他們對持完全對立的理論觀點的人，大談什麼寬容，就猶如對白螞蟻甜言蜜語地吹噓「大家具有不可分割的權力」，而這些白蟻卻正在摧毀我們腳下的基石。

不！就我所理解的當前形勢，進行直截了當的反攻已經太晚了。是我們鼓勵了敵人進來。我們給予他們各種安全保護，直到他們有足夠的力量反對自己的保護人，並且迫使保護過他們的人過下等的生活 —— 沒有自由的生活。但在我們星球上屈指可數的幾個角落裡還殘存著自由，那些正直的和有正義感的人有責任 —— 迫切的和絕對的責任 —— 養精蓄銳，儲存自己，以便迎來開始進行重建工作的那一天。

任何人都不應該認為這是失敗主義者的表現，或是不敢應戰的人提出的想法。根本不是！事實就是事實，由於不可饒恕的粗心大意和缺乏承擔責任的勇氣，我們暫時喪失了許多領土，因而在目前這種情況下，我們應該稍稍撤退，然後為再發動一次啟蒙運動做好準備。

這樣就給予我們在寬容問題上實際鍛鍊自己的任務。我們應該結束得過且過、漠不關心的局面，首先要根除這種事情不會在這裡發生的想

法。它們不僅可能發生，而且已經發生了，還屢見不鮮。當我們勇敢地接受軍隊式的嚴明紀律 —— 這支軍隊受命進行一場決戰 —— 時，必須為那個快樂的時辰做好充分的準備。那時，我們又一次為那場能夠帶來最後和永久理性的鬥爭而勇往直前，使它發揮威力，給予自由。

　　朋友們，這裡有一項留給幾個堅定的志願者的工作。我承認這將是我們所接受的最困難的一場鬥爭，但是擔當它的人將流芳百世。這場光榮鬥爭的倖存者將作為人類真正的慈善家而受到人們的歡呼 —— 他們使人類解脫了多少代以來的偏見和自詡正確的優越感的束縛，這種偏見和優越感一旦加上懷疑和恐懼，會使最謙卑、最溫順的人，變成萬物之中最殘忍的畜生，變成寬容理想的不共戴天的敵人。

1940 年 8 月於康乃狄克州老格林威治市

房龍經典代表作——寬容：
戰亂 × 極權 × 暴政 × 偏見，一部人類的「不寬容」史

作　　者：[美]亨德里克·威廉·房龍
　　　　　（Hendrik Willem van Loon）

譯　　者：端木杉

發 行 人：黃振庭

出 版 者：崧燁文化事業有限公司

發 行 者：崧燁文化事業有限公司

E-mail：sonbookservice@gmail.com

粉 絲 頁：https://www.facebook.com/sonbookss/

網　　址：https://sonbook.net/

地　　址：台北市中正區重慶南路一段六十一號八樓 815
　　　　　室

Rm. 815, 8F., No.61, Sec. 1, Chongqing S. Rd., Zhongzheng
Dist., Taipei City 100, Taiwan

電　　話：(02)2370-3310

傳　　真：(02)2388-1990

印　　刷：京峯數位服務有限公司

律師顧問：廣華律師事務所 張珮琦律師

國家圖書館出版品預行編目資料

房龍經典代表作——寬容：戰亂 ×
極權 × 暴政 × 偏見，一部人類的
「不寬容」史 / [美]亨德里克·威
廉·房龍（Hendrik Willem van
Loon）著，端木杉 譯 . -- 第一版 .
-- 臺北市：崧燁文化事業有限公司，
2024.05
面；　公分
POD 版
ISBN 978-626-394-263-9(平裝)
1.CST: 基督教思想史 2.CST: 寬容
240.9　　113005348

定　　價：499 元

發行日期：2024 年 05 月第一版

◎本書以 POD 印製
Design Assets from Freepik.com

電子書購買

臉書

爽讀 APP